École Royale Des Éléves Protégés

by Louis Courajod

École royale des éléves protégés

Louis Courajod

HISTOIRE DE L'ENSEIGNEMENT DES ARTS DU DESSIN

AU XVIII⁰ SIÈCLE

L'ÉCOLE ROYALE

DES

ÉLÈVES PROTÉGÉS

PRÉCÉDÉE D'UNE
ÉTUDE SUR LE CARACTÈRE DE L'ENSEIGNEMENT DE L'ART FRANÇAIS
AUX DIFFÉRENTES ÉPOQUES DE SON HISTOIRE

ET SUIVIE DE
DOCUMENTS SUR L'ÉCOLE ROYALE GRATUITE DE DESSIN
FONDÉE PAR BACHELIER

Par LOUIS COURAJOD

Ancien employé au cabinet des Estampes de la Bibliothèque nationale,
attaché à l'administration de la Sculpture et des objets d'Art du moyen âge, de la renaissance
et des temps modernes au Musée du Louvre

A PARIS

CHEZ J.-B. DUMOULIN

Libraire de la Société des Antiquaires de France
13, QUAI DES GRANDS-AUGUSTINS

1874

L'ÉCOLE ROYALE

DES

ÉLÈVES PROTÉGÉS

PARIS. — IMPRIMERIE PILLET FILS AINÉ.
Rue des Grands-Augustins, 5.

HISTOIRE DE L'ENSEIGNEMENT DES ARTS DU DESSIN
AU XVIII° SIÈCLE

L'ÉCOLE ROYALE

DES

ÉLÈVES PROTÉGÉS

PRÉCÉDÉE D'UNE

ÉTUDE SUR LE CARACTÈRE DE L'ENSEIGNEMENT DE L'ART FRANÇAIS
AUX DIFFÉRENTES ÉPOQUES DE SON HISTOIRE

ET SUIVIE DE

DOCUMENTS SUR L'ÉCOLE ROYALE GRATUITE DE DESSIN
FONDÉE PAR BACHELIER

Par LOUIS COURAJOD

Ancien employé au cabinet des Estampes de la Bibliothèque nationale,
attaché à la conservation de la Sculpture et des objets d'Art du moyen âge, de la renaissance
et des temps modernes, au Musée du Louvre.

A PARIS
CHEZ J.-B. DUMOULIN
Libraire de la Société des Antiquaires de France,
13, QUAI DES GRANDS-AUGUSTINS

1874

INTRODUCTION

Quand un art, après avoir atteint dans un pays un certain développement, a légué à la postérité des preuves de son existence, non pas dans des œuvres rares et isolées, mais dans des monuments nombreux et similaires, on peut affirmer *a priori* que cet art, au moment de son épanouissement, possédait des écoles, c'est-à-dire une organisation à l'aide de laquelle les procédés se transmettaient et où les résultats acquis par une génération étaient transmis intacts à la génération suivante. Cela est si vrai que la langue a donné le nom d'*Écoles* à ces témoignages collectifs de l'activité des divers peuples dans les arts, témoignages qui, sortis de mille mains différentes, peuvent cependant se grouper pour chaque nation par familles, parce qu'ils possèdent tous des caractères identiques puisés à une source commune : l'enseignement. De même, lorsqu'à une époque quelconque de l'histoire on relève l'existence d'un enseignement régulièrement dispensé, on s'aperçoit rapidement que cette éducation correspondit à une période brillante de la civilisation. L'histoire de la pédagogie est donc inséparable de l'histoire des

a

progrès et des décadences de l'esprit humain. Après avoir été trop négligée, l'étude de cette précieuse source d'informations vient, avec raison, d'être officiellement mise à l'ordre du jour. Car si la connaissance de la *cause*, partout et toujours, ne saurait être indifférente à l'intelligence complète de l'*effet*, l'étude des procédés successivement employés pour la propagation des doctrines est indispensable à l'appréciation éclairée du développement historique des lettres, des sciences et des arts.

Depuis qu'elle compte dans l'histoire du monde civilisé, c'est-à-dire depuis la conquête romaine, la France eut-elle un art personnel et particulier, ou plutôt interpréta-t-elle d'une manière personnelle et nationale un art que ses vainqueurs lui avaient communiqué? La France eut-elle des écoles d'art? La réponse affirmative n'est pas douteuse[1]. On sait avec quelle rapidité la Gaule s'assimila les arts de Rome, pour les empreindre bientôt de son caractère et, sur certains points, les perfectionner. Au milieu du iᵉʳ siècle de notre ère, elle n'était plus barbare depuis longtemps[2]. Au iiᵉ et au iiiᵉ siècle, elle brillait dans les lettres[3].

1. *La Renaissance à la cour de France*, par le marquis de Laborde, Introduction, p. xxxvii. — Emeric David, *Histoire de la Sculpture française*, chap. Iᵉʳ.
2. *Histoire littéraire de la France*, tome I, p. 47 et 69. Pline nous apprend, liv. XXXIV, ch. xviii, que le sculpteur gaulois Zénodore fut appelé à Rome pour exécuter une statue colossale de Néron. — Juvénal, *Satire XV*, vers 111.
3. *Hist. litt.*, tome I, p. 319.

Au ɪvᵉ, l'Italie lui demandait ses leçons et allait apprendre d'elle la rhétorique[1]. Les empereurs venaient y chercher des maîtres pour leurs fils[2]. On connaît directement l'existence et la prospérité des Écoles qui attiraient en Gaule la jeunesse du monde entier. Les rivaux de Julius Titianus à Lyon et à Besançon, d'Ausone à Bordeaux, les poëtes et les rhéteurs gallo-romains, ne déclamèrent très-certainement que sous d'éblouissants portiques. Ils eurent nécessairement pour contemporains des artistes de la même valeur qu'eux, les diverses branches de la culture intellectuelle prospérant et s'abaissant simultanément. Les écoles établies dans les principales villes des Gaules, à Lyon, Vienne, Arles, Clermont, Agen, Périgueux et Bordeaux[3], abritèrent et formèrent de nombreux artistes, car on ne peut oublier combien l'éducation antique développait les facultés esthétiques[4]. Veut-on d'autres preuves? Qui pourrait admettre que tous les monuments antiques gisants sur notre sol ou chaque jour exhumés de ses entrailles soient exclusivement l'œuvre d'artistes étrangers? D'ailleurs quelques-uns de ces monuments sont évidemment supérieurs à ce que produisaient, à la

1. *Hist. litt.*, tome II, p. 281.
2. Voyez la notice consacrée à Ausone dans l'*Histoire littéraire*, tome II.
3. *Hist. litt.*, tome II, p. 39.
4. Marquis de Laborde, *Union des Arts et de l'Industrie*, p. 13 et 23.

même époque, les nations voisines[1]. Nous pouvons donc l'affirmer hardiment : la Gaule devenue romaine eut un art sinon absolument national, puisqu'il venait de Rome — comme Rome avait emprunté le sien à la Grèce, — du moins particulier et personnel. La Gaule eut des écoles d'art et un enseignement qui, à le juger sur le caractère uniforme de ses produits, fut fortement organisé[2].

Tard venue dans le développement du monde antique, née vieille, notre civilisation jeta, au milieu de la décadence romaine, un brillant mais fugitif éclat. A l'épuisement naturel qui ruinait l'antiquité vint se joindre, aux ve et vi[e] siècles, le tumulte des invasions barbares[3]. Devant ce déluge nouveau, toujours grossissant, ce qui put survivre de la culture intellectuelle se réfugia dans l'Église, et les monastères, arches nouvelles, recueillirent les épaves et les naufragés de la civilisation. Car Dieu n'avait pas condamné tout entière l'œuvre des hommes, et ne voulait pas que tout pérît dans le laborieux édifice de l'antiquité[4]. Il semble même que la Providence ne se décida à livrer l'empire aux terribles agents de sa vengeance qu'après avoir mis en réserve les

1. Viollet-le-Duc, *Dictionnaire d'Architecture*, t. 8, p. 103, v° Sculpture. — Marquis de Laborde, *Union des Arts et de l'Industrie*, p. 29.

2. Cf. Jules Labarte, *Histoire des Arts industriels au moyen âge*, 2ᵉ édition, tome I, p. 236, 237.

3. Saint Avit, qui mourut en 525, se plaignait déjà hautement de la décadence. *Hist. litt.*, tome III. — *Patrologie* de Migne, tome LIX.

4. *Hist. litt.*, tome III, p. 22 et 29.

germes précieux de la semence intellectuelle. Elle n'abandonna irrévocablement l'Occident aux barbares qu'après avoir répandu le monachisme et suscité saint Benoît, dont la règle ménageait à l'art une honorable place[1]. Saint Martin et saint Colomban sont passés par la Gaule. Le mont Cassin, ce grand phare de l'humanité s'est allumé : « Venez maintenant, ô barbares ! s'écrie le comte de Montalembert[2], l'Église n'a plus à vous redouter. Régnez où vous voudrez ; la civilisation vous échappera. » Et tandis que les invasions désolaient partout l'Europe, on put encore sous la bure bénédictine, à l'ombre des cloîtres, prier Dieu pour désarmer sa justice et pratiquer, dans une paix relative, les arts qui concouraient le plus à l'honorer.

Les artistes de la période mérovingienne étaient des évêques et des moines, ou plutôt les évêques et les clercs étaient les seuls témoins de cette effroyable époque qui fussent assez éclairés pour pratiquer les Arts. Les évêques[3] bâtissaient eux-

1. Chapitre LVII de la règle de saint Benoît. Cf. Albert Lenoir, *Architecture monastique*, tome I, p. 34.
2. *Les Moines d'Occident*, 4e édition, tome II, p. 75.
3. Saint Martin dirigea la construction du premier monastère des Gaules, à Ligugé, et plus tard celle de Marmoutiers. Saint Agricol, évêque de Châlon-sur-Saône, bâtit à la fin du ve siècle plusieurs églises de son diocèse. Vers la même époque Namatius, huitième évêque de Clermont, construisit sa cathédrale, pendant que l'ancienne épouse de cet évêque achevait les embellissements de la basilique de Saint-Etienne. Saint Germain, à Paris, éleva vers 550 une église à saint Vincent, qui devint plus tard Saint-Germain-des-Prés. Grégoire de Tours construisit au chef-lieu de son diocèse, en 582, sous le vocable de Saint-Maurice, une église qui partagea, avec la basilique élevée à

mêmes leurs basiliques, modelaient et ciselaient les châsses de leurs apôtres et de leurs martyrs[1]. Tous nos arts nationaux inscrivent en tête de leurs listes d'honneur les noms de quelques saints, patrons glorieux que l'histoire de l'art dispute à l'Église, et que toutes deux elles ont couronnés. Le cloître, de sa nature, est partout et toujours une école[2]. En y entrant, l'art devait s'y propager. Les artistes doivent donc saluer comme leurs premiers ateliers tous les monastères mérovingiens que nous connaissons[3]. Il est certain que dans ces pieux asiles le caractère national des arts français se développa et trouva moyen de se révéler. Un savant[4] a récemment établi que,

saint Martin par saint Perpète, l'admiration des Gaules pendant près de six siècles. Patient, archevêque de Lyon, rebâtit sa cathédrale, l'enrichit de marbres et de mosaïques, et en orna les fenêtres de vitraux. Citons encore les travaux d'art de quelques illustres prélats de l'époque mérovingienne : Euphronius éleva à Autun une église à saint Symphorien. Siagrius, à Autun, saint Colomban, à Nevers, Didier et Pallade, à Auxerre, firent et sculter dans leurs églises des peintures et des mosaïques.
Cf. Grégoire de Tours. *Hist. Fr.*, liv. I, ch. XXIX; liv. II, ch. XIV, XV, XVI, XVII; liv. III, XVII. — Sidoine Apollinaire, liv. II, *Epist.* 10, *Edit.* de 1609, p. 150 et ss. — Ph. Labbe, *Nov. Bibl. man.*, tome I, p. 423, 425, 437. — Lebeuf. *Mém. concernant l'hist. d'Auxerre*, tome I, ch. VI. — D'Achery, *Spicilège*, tome III, p. 405. — Emeric David, *Hist. de la Peinture au moyen âge*, p. 45, 52 et 58. — Alb. Lenoir, *Architecture monastique*, t. I, p. 33 et 34. — Ad. Lance, *Dictionn. des Architectes*, Introduction, p. II. — Jules Labarte. *Histoire des Arts industriels au moyen âge*, 2e édition, tome II, p. 134.
1. Saint Éloi. Cf. Emeric David, *Histoire de la Sculpture française*, p. 25. Idem. *Histoire de la Peinture au moyen âge*, p. 57. — Jules Labarte. *Histoire des Arts industriels au moyen âge*, 2e édition, tome I, p. 237 à 250.
2. Voir *l'Art et les Moines*, par le comte de Montalembert; *Annales archéologiques*, tome VI, p. 121 à 138.
3. Alb. Lenoir, *Architecture monastique*, Introd., p. x, et tome II, p. 429.
4. M. Jules Quicherat, *Restitution de la basilique de Saint-Martin de Tours*, Paris, Didier, 1869, in-8°. extrait de la *Revue archéologique*. Voyez aussi sur ce sujet la *Gazette des Beaux-Arts*, 2e série, tome IV, p. 231 à 243.

dès le vi° siècle, la France possédait un système personnel d'architecture, type particulier et caractéristique. C'était le produit de nos premières écoles d'art[1].

Tandis que l'Orient et le sud de l'Europe conservaient servilement dans leurs écoles la tradition inintelligente de l'antiquité et conduisaient insensiblement à une irremédiable décadence un art qui se figeait partout dans un poncif et se momifiait chaque jour davantage, il semble que ce pauvre art antique, condamné à périr, retrouva pour la première fois en Gaule, dans des mains à demi barbares, le principe qui depuis les beaux temps de la Grèce lui avait toujours fait défaut, le seul principe qui pût le sauver : la personnalité. Je ne veux pas exagérer cette observation ni les conséquences de la découverte de M. Quicherat, mais il est curieux de signaler la première manifestation du principe auquel l'art français devra pendant si longtemps son ressort et son caractère ; il importe de montrer, d'après ses œuvres, ce que devait être l'enseignement monacal, d'où la tradition n'avait exclu ni le progrès, ni la recherche du mieux, ni la production de types inconnus aux Romains. Le traditionalisme dans l'art fut donc en France, dès l'origine, tempéré par la liberté, par un incorrigible et invincible

1. Cf. Grandmaison, *Documents inédits pour servir à l'histoire des Arts en Touraine*, Introduction, p. VII et VIII.

individualisme, par une raisonneuse et inventive personnalité. C'est peut-être, dans la constitution définitive de notre tempérament national, un des premiers apports faits par les barbares; il vint augmenter la dose d'indépendance déjà naturelle à l'esprit gaulois.

Le VII° siècle fut chez nous relativement assez brillant. Il marqua, ainsi que la fin du siècle précédent, la belle époque de la société barbare, je n'ose dire de la civilisation mérovingienne, dont le règne de Dagobert fut l'apogée[1]. Cet éclat devait d'ailleurs être bien passager. Les désordres du VIII° siècle le dissipèrent rapidement sous les derniers mérovingiens, et cette période fut l'une des plus ténébreuses, des plus sauvages, des plus ignorantes qu'on ait vues dans l'Occident[2]. La puissante épée de Charles Martel arrachait en ce moment, il est vrai, la France aux invasions sarrazines, mais elle s'appesantissait en même temps sur l'Église, et, en détruisant les asiles de la prière et du travail[3], la main même qui avait sauvé la chrétienté l'aveugla.

Charlemagne tenta dans les arts comme en politique, non de renouveler, mais de rajeunir l'Occident. Il parvint même à galvaniser pendant

1. Gesta Dagoberti, ch. xx, apud Dom Bouquet, tome II, p. 584 et 585. — Labarte, *Histoire des Arts industriels au moyen âge.* 2° édition, t. I, p. 19 et 236 à 276.
2. *Hist. litt.*, tome IV.
3. On sait que Charles Martel distribua les biens de l'Église à ses soldats. Cf. *Hist. litt.*, tome IV, p. 4.

quelque temps le cadavre du monde antique. Il
s'efforça de concentrer sur la France les lumières
qu'il empruntait à toute l'Europe[1] et qu'il savait
aussi dérober à ses ennemis les musulmans. L'é-
nergique restaurateur de l'Empire romain, le
fondateur de l'Académie palatine, n'oublia pas
plus l'art que les lettres. Dès 788, une lettre cir-
culaire invitait les métropolitains à établir des
écoles publiques dans tous les diocèses et dans
tous les monastères[2]. En 789, la même ordonnance fut renouvelée[3] par le capitulaire d'Aix-
la-Chapelle. Des orfèvres furent, par ordre im-
périal, établis dans toutes les juridictions de
l'empire[4]. L'époque mérovingienne avait légué
à celle-ci une tradition qui consistait à couvrir de
peintures toute la surface intérieure des églises.
L'empereur Charles en fit une loi. Les envoyés
royaux qui parcouraient les provinces furent
chargés de constater dans quel état se trouvaient
ces travaux d'art. De minutieux règlements in-
diquaient à qui les charges et les dépenses de

1. Charlemagne attira des maîtres de tous côtés : Pierre de Pise, Paul
Warnefride, Alcuin, etc., etc. *Hist. litt.*, tome IV. « L'empereur, dit le moine
de Saint-Gall, appela de tous les pays en-deçà des mers des maîtres et des
ouvriers dans les arts de tout genre. » Ap. Pertz, *Monumenta Germ.*, tome II,
p. 744, *De gestis Karoli*, liv. I, § 28, 29, 31. — Cf. Alb. Lenoir, *Architecture monastique*, tome II, p. 382. — Léon Maître, *Les Écoles épiscopales
et monastiques de l'Occident, depuis Charlemagne jusqu'à Philippe-
Auguste*, Paris, 1866, in-8°.
2. Baluze, *Capitulaires*, tome I, p. 201, 203. — *Hist. litt.*, tome IV,
p. 12, 13, 14, 15, 16, 17, etc.
3. Baluze, *Capitul.*, tome I, p. 237, article LXX.
4. Capit. de Villis; ap. Pertz, *Monum.*, *Germ.*, tome I, p. 184, chap. 45.

ces décorations devaient incomber [1]. L'empereur pensait à l'art même à la guerre, et le culte religieux ne cessa, même au milieu des camps, d'être entouré du plus pompeux appareil [2]. Toutes les abbayes bénédictines devinrent de brillants foyers d'études sous l'impulsion impériale et la direction plus immédiate de quelques grands hommes comme l'archevêque de Reims, Hincmar, ou Raban-Maur, l'archevêque de Mayence. Ainsi que dans les écoles épiscopales, on y enseignait à l'Europe les lettres latines, la théologie, la musique, les arts d'architecture, de peinture, de sculpture, toutes les industries et tous les métiers. De grandes constructions monastiques [3], quelques monuments élevés à Aix-la-Chapelle [4], à Ingelheim [5], et semés depuis les bords du Rhin jusqu'aux marches d'Espagne, sont parvenus jusqu'à nous dans des descriptions littéraires ou à travers des remaniements postérieurs, pour témoigner des principes communs que les artistes français et allemands puisaient dans ces centres

1. Emeric David, *Histoire de la Peinture au moyen âge*, p. 67. Les textes originaux y sont reproduits.

2. Consulter le moine de Saint-Gall, ch. xxvi, apud Dom Bouquet, tome V, p. 132.

3. Voyez le plan de l'abbaye de Saint-Gall dans l'*Architecture monastique* de M. Albert Lenoir, et dans le *Dictionnaire d'Architecture* de M. Viollet-le-Duc, tome I, p. 243.

4. *Hist. de la France*, tome V, p. 389 ; *Alcuini versus de Carolo magno*, v. 94. — Eginhardi *Vita imp. Karoli*, ap. Duchesne, *Hist. Franc. script.* Tome II, p. 102.

5. *Ermoldi Nigelli Carmina*, liv. IV, v. 243, 245, ap. Pertz, *Monumenta Germ.*, tome II, p. 506.

scientifiques. A Saint-Gall, à Fulda, à Reichenau, à Marmoutiers, à Ferrières, à Saint-Germain d'Auxerre, à Saint-Wandrille, à Corbie, à Saint-Riquier, à Saint-Denis, à Hautviller et à Orbais, les moines professèrent tous les arts, et dans cette période de civilisation internationale, la France, luttant avec l'Italie, l'Allemagne, l'Irlande et l'Angleterre, se montra sinon supérieure, certainement égale à ses rivales [1].

Voici les caractères et les résultats de l'enseignement carolingien. On s'était efforcé de renouer les traditions antiques, bien altérées déjà dans leur source la plus pure, l'Orient. L'art donc, par une fatalité qui pesa sur toute cette époque, fut condamné au pastiche [2], car le grand empereur avait décrété la seule restauration qu'on pût tenter, celle de la décadence. On copia sans comprendre et sans raisonner, c'est-à-dire mal, ceux qui déjà ne savaient que copier. Les Byzantins ne livrèrent leurs procédés qu'avec leur méthode absolue, leur traditionalisme étroit. Jamais la

1. Mabillon, *Ann. Bened.*, tome II, p. 295, n° 41. — Flodoard, *Hist. de l'église de Reims*, liv. II, ch. 19. — Loup de Ferrières, *Opera*, Epist. xxii. —*Hist. litt.*, tome IV.—Labarte, *Description des objets d'art qui composent la collection Debruge-Duménil*, p. 16 et 17; *Histoire des Arts industriels au moyen âge et à l'époque de la renaissance*, 2° édition, tome I, p. 76 à 81, 179 à 180, 363 à 378; tome II, p. 155, 195 à 199, 200 à 214.—Emeric David, *Histoire de la Peinture au moyen âge*, p. 68, 69, 70, 76, 77, 79. — Léon Maître, *Les Écoles épiscopales et monastiques de l'Occident, depuis Charlemagne jusqu'à Philippe-Auguste*, Paris, 1866, in-8°, p. 250. Les textes originaux y sont reproduits. — Grandmaison, *Documents inédits pour servir à l'histoire des Arts en Touraine*, p. viii et ix.

2. Viollet-le-Duc, *Dictionnaire d'Architecture*, p. 104. — *Eginhardi omnia quæ exstant opera*, Ep. xxx; Collection Migne, tome CIV, col. 519, 520.

Gaule ne fut plus rigoureusement astreinte à la culture des arts antiques, jamais elle ne subit une infiltration plus considérable des arts romano-grecs, mais jamais aussi la communication de ces arts ne lui fut moins profitable, parce qu'elle fut trop absolue, parce que la méthode byzantine empêcha l'éclosion des talents qu'auraient pu produire ses procédés s'ils eussent été seuls introduits ; parce que l'enseignement byzantin se chargea d'étouffer lui-même les germes qu'il répandait. N'exagérons pas pourtant. La personnalité, caractère propre de l'art occidental, indomptable instinct de nos races aryennes, ne put être entièrement supprimée. Le génie national se trahit par quelques rares et timides manifestations[1]. On doit donc admettre qu'un art carolingien a existé, art caduque, inférieur à celui qu'il copiait, impuissant à créer un style nouveau ; système imbécile qui ne savait ni suivre l'ornière, ni s'ouvrir une voie nouvelle. En effet, comme l'a fort bien dit M. Viollet-le-Duc[2], les ferments apportés par les invasions en Gaule ne pouvaient encore agir, étant depuis trop peu de temps mêlés à la vieille civilisation gallo-romaine. L'heure de la renaissance n'était pas encore sonnée. Avec les

---

1. Labarte, *Histoire des Arts industriels au moyen âge*, 2ᵉ édit., tome II, p. 201, 205, 206, 209, 210.
2. *Dictionnaire d'Architecture*, tome VIII, p. 104. Sur quelques monuments du Xᵉ siècle, voir Emeric David, *Histoire de la Peinture au moyen âge*, p. 80, 81, 82, 106.

successeurs immédiats de Charlemagne s'éclipse le rapide rayon qui avait réchauffé le monde. L'invasion, un moment contenue et arrêtée, reflue à flots plus pressés. Normands, Hongrois, Sarrazins, toutes ces nuées de barbares viennent crever sur l'Occident. Tout retombe dans une nuit presque aussi profonde qu'avaient été les ténèbres mérovingiennes. Jamais peut-être les foyers intellectuels ne furent plus rares ni plus refroidis.

Mais voici l'aurore des temps nouveaux qui se lève. Du mélange des populations autochthones et des envahisseurs se dégagent les éléments de notre société moderne. La féodalité, ce grand bienfait, morcèle le pays pour le reconstituer. Elle démonte en quelque sorte, pour les reforger et les retremper pièce à pièce, tous les rouages de l'organisation géographique, politique et sociale de la France. La vraie Renaissance, celle d'où découlera toute la grandeur du moyen âge, commence. L'art dont la précieuse semence a été conservée dans le monastère trouve un terrain généreux où il peut germer. « La terre, dit poétiquement un chroniqueur, se couvre d'une blanche robe d'édifices[1]. » Car, à la hauteur de

---

1. « Igitur infra supradictum millesimum, tertio jam fere imminente anno, contigit in universo pene terrarum orbe, præcipue tamen in Italia et in Galliis, innovari Ecclesiarum basilicas, licet pleræque decenter locatæ minime indiguissent. Æmulabatur tamen quæque gens Christicolarum adversus alteram decentiore frui : Erat enim instar ac si mundus ipse excutiendo semet, rejecta vetustate, passim candidam ecclesiarum vestem indueret. » Raoul Glaber, liv. III, c. IV, dans les *Hist. de la France*, tome X, p. 29. Cf. *Hist.*

leur mission, les moines ont préparé une admirable génération qui crée de toutes pièces un art vraiment national, un art profondément original et sans réminiscences intempestives, un art issu des conditions du sol et des nécessités du climat. C'est alors que la grande association des fils de saint Benoît, maîtresse et éducatrice de l'Occident, fournit à tous les besoins d'activité de cette dévorante époque. Subdivisés en plusieurs familles qui rivalisent entre elles, les Bénédictins, simultanément agriculteurs, lettrés, savants, artistes, répandent partout, à l'aide de l'enseignement, les bienfaits d'une civilisation essentiellement française[1].

Nous savons très-bien ce qu'on enseignait dans les écoles monastiques aux étudiants des sept arts libéraux[2]. On pourrait donc reconstituer la bibliothèque littéraire d'un écolier des XIe et XIIe siècles, et faire un tableau des exercices pédagogiques qui lui étaient imposés. Nous connaissons les traités de grammaire qui étaient en usage dans les monastères, aussi bien que les œuvres littéraires ou scientifiques qu'engendrait cet en-

lit., tome VIII, p. 139. — Emeric David, *Histoire de la Peinture au moyen âge*, p. 108, 109, 110, 112, 117, 120, 121. — Labarte, *Histoire des Arts industriels au moyen âge*, 2e édition, tome I, p. 389 à 391, 409 à 421.

1. Sur le rayonnement de la civilisation clunisienne à l'étranger, voir Viollet-le-Duc, *Dictionn. d'Architecture*; — Dussieux, *les Artistes français à l'étranger*. Cf. Emeric David, *Hist. de la Peinture au moyen âge*, p. 117, 119.

2. Léon Maître, *Les Écoles épiscopales et monastiques de l'Occident, depuis Charlemagne jusqu'à Philippe-Auguste*, Paris, 1866, in-8°, p. 201, 208, 217.

seignement. Il n'est pas plus difficile de connaître ce qu'on enseignait aux étudiants artistes [1]. La grammaire pittoresque, les procédés, nous ont été transmis par le moine Théophile [2], qui écrivait à la fin du xi⁰ siècle ou au commencement du xii⁰. Les résultats, — ce qu'on pourrait appeler l'éloquence des arts dont la *Schedula artium* est la grammaire, — nous sont révélés par de nombreux monuments. Le style roman est le produit de ces écoles. C'est l'œuvre monastique par excellence ; et, je ne crains pas de le dire, jamais les plus fanatiques admirateurs de la littérature du moyen âge n'oseront la comparer au prodigieux développement des arts plastiques dont l'époque romane fut témoin. Voici les théories mises en pratique par les moines. L'artiste ne travaille plus en manœuvre, d'après des procédés purement traditionnels et quelque peu cabalistiques, sans idées supérieures, sans intervention personnelle. Les entraves, qui pendant toute sa durée embarrassèrent la marche de l'art byzantin, sont brisées [3]. La peinture [4] et la

1. Labbe, *Nov. Bibl. man.*, t. 1, p. 453 (note). — Léon Maître, *Les Écoles épiscopales et monastiques*, p. 250, 251.

2. *Theophili presbyteri et monachi libri III seu diversarum artium schedula.* Ed. L'Escalopier, Paris, 1843, in-4⁰. Voir sur la date du Traité de Théophile : Labarte, *Histoire des Arts industriels au moyen âge et à l'époque de la renaissance*, 2⁰ édition, tome I, p. 85 à 91. M. Viollet-le-Duc paraît le croire un peu moins ancien et du milieu du xii⁰ siècle. *Dictionn. d'Archit.*, tome VIII, p. 230.

3. Labarte, *Histoire des Arts industriels*, 2⁰ édit., tome I, p. 83, 91, 93.

4. P. Mérimée, *les Peintures de l'église Saint-Savin*. Paris, 1844, in-fol.

mosaïque sont renouvelées, et quelle spontanéité
dans leurs œuvres ! L'architecture est complète-
ment rajeunie. A part le plan et les divisions tra-
ditionnelles nécessitées par le culte, tout est
nouveau dans la construction. Au lieu de copier
servilement les monuments de l'âge précédent,
on invente et on raisonne ; on lutte avec les forces
de la matière et avec les nécessités du moment ;
on en triomphe par l'habileté et le raisonnement.
Jamais l'ornementation à aucune époque n'a été
plus belle, plus riche, plus rationnelle, plus exu-
bérante. Loin de reproduire à l'infini un vieux
dessin qu'on ne comprend plus, on ouvre la porte
à la nature et on lui demande des modèles. L'i-
magination a cessé de travailler sur des abstrac-
tions. On ne verra plus dans les chapiteaux de
froids et roides pastiches des ouvrages antiques
d'une époque abâtardie. Les symboles antérieurs
sont, sinon abandonnés, du moins interprétés différemment. L'imagination des sculpteurs se crée
une faune et une flore nationales. composées
d'éléments empruntés tous à la nature[1], qu'on
ne copie pas encore, mais dont on s'inspire ; ce
qui est le propre des grandes époques. Nos races
occidentales, après avoir dérobé à l'antiquité la
pratique du ciseau, du pinceau et du compas,

---

1. M. Viollet-le-Duc attribue, en général, tout l'honneur de ce changement
au XIIIᵉ siècle et à l'école laïque. Il est cependant bien certain que la nature fut
étudiée dans le cloître. Il le reconnaît lui-même en plusieurs endroits de son
Dictionnaire d'Architecture, et notamment tome VIII, p. 210, 211 et ss.

lui font exclusivement servir leur esprit. Enfin, une admirable pondération peut s'établir dans l'enseignement entre la tradition et l'individualisme, entre la théorie et la pratique, la seconde restant soumise à la première. Que faut-il encore à cet art pour être sans rival ? Un certain raffinement d'élégance, une certaine liberté d'outil, de la légèreté de main ; un peu plus de hardiesse, un peu moins de cette gravité poussée quelquefois dans l'architecture jusqu'à la lourdeur. Telles sont les seules qualités que la grande ère qui succédera pourra lui apporter, mais à quel prix ? En préparant une inévitable et rapide décadence par une modification trop sensible dans le système d'éducation, par un bouleversement subit dans les proportions qu'y avaient réciproquement prises les deux méthodes de l'enseignement. Ce sera là l'œuvre du xiii° siècle. « On se demande en vain, a fort bien dit M. Renan en parlant de l'époque gothique [1], à quel moment d'un art aussi tourmenté on eût pu trouver une base stable pour fixer le canon et fournir un point de départ à la tradition. » Cette base stable, ce point fixe, l'art du moyen âge les a connus et possédés dans le roman ; l'esprit démocratique et l'individualisme à outrance du xiii° siècle les ont rejetés.

Sans doute nous ignorerons longtemps encore

---

1. *Etat des Beaux-Arts au* xiv° *siècle*, in-8°; p. 208.

b

quelle fut, avec tous ses détails, l'organisation matérielle de l'enseignement pittoresque dans les cloîtres; dès maintenant on peut cependant savoir quels furent sa nature et ses moyens. Le maître enseignait les secrets et procédés qu'il tenait des Romains par l'entremise des Grecs, mais il savait singulièrement agrandir leur manière et remédier aux défauts d'une école dégénérée. La bonne méthode était déjà trouvée. L'élève consultait la nature et l'interprétait avec son sentiment. Dans cette interprétation personnelle il était guidé et retenu par le respect des règles générales d'une esthétique rigoureuse qui, plus ou moins bien formulées peut-être, n'en étaient pas moins universellement obéies. Aux xi° et xii° siècles on a depuis longtemps rejeté l'inféconde théorie du byzantinisme : « Non est imaginum structura pictorum inventio, sed Ecclesiæ catholicæ probata legislatio et traditio [1]. » On n'avait pas encore adopté la maxime un peu large du xiii° siècle, qu'un prélat de cette époque nous a transmise en citant Horace : « Diversæ historiæ tam novi quam veteris Testamenti pro voluntate pictorum depinguntur :

Nam pictoribus atque poëtis
Quidlibet audendi semper fuit æqua potestas [2]. »

A l'école du cloître l'exubérance de l'imagina-

1. Labbe, *Conciles*, tome VII. Synod. nicæna II, actio VI, col. 831, 832.
2. Guillaume Durand, évêque de Mende, dans son *Rationale divinorum officiorum*, liv. I, chap. III.

tion, les excitations au réalisme suggérées par l'étude de la nature, les tendances à l'individualisme développées par l'emploi du raisonnement, étaient contenues et tempérées par de rigides traditions de convenance pittoresque, de sobriété, de sévérité, de style, par les conditions et les nécessités imposées à un travail toujours collectif. Car presque jamais un art ne trouvait l'occasion de se produire isolément, et tout, dans une œuvre quelconque, était dirigé vers l'effet général ; les détails, l'apport particulier des industries spéciales — où une liberté disciplinée se jouait à l'infini, — concouraient sans froideur comme sans intempérance à la majesté de l'ensemble.

Voici maintenant quels furent les procédés de cet enseignement. Il n'était pas uniquement transmis, comme il le sera plus tard, par l'apprentissage, au milieu d'une absolue indifférence théorique. Il ne se communiquait pas d'abord par la copie exclusive des œuvres du maître, pour se continuer par la collaboration à ses travaux, et se terminer par la poursuite d'un style personnel, à l'aide des seuls moyens légués par le professeur. L'enseignement monacal affectait, en outre, un caractère dogmatique[1] qui dominait la transmission matérielle des procédés, et

---

1. J'en trouve la preuve dans les considérations élevées auxquelles est subordonnée la pratique. Voir la *Diversarum artium schedula*, préfaces des différents livres.

s'oumettait les différentes branches de l'art à de communes croyances, à un *Credo* unique. En un mot, l'art s'enseignait probablement par la parole et par l'écriture, comme les lettres, les sciences et la foi, conjointement avec elles, dans une même école, par les mêmes moyens. Il faisait partie indivisible de ce vaste ensemble des connaissances humaines, que le cloître avait reçu de l'antiquité expirante comme un dépôt, et qu'il a transmis si singulièrement augmenté aux temps modernes. On n'avait pas encore songé à rien isoler. La division du travail[1] ne commencera à se manifester qu'au xiii° siècle, avec le principe des corporations.

On éprouve, en entrant dans une église romane, le sentiment qu'inspire une admirable unité obtenue, non par la violente subordination de tous les arts à un seul, mais par le libre concours des divers arts qui produisent spontanément cette merveilleuse harmonie. L'unité résulte ici, non d'une volonté prépondérante et tyrannique suscitant ou comprimant différents efforts, mais d'inspirations individuelles qui, à la fois libres et disciplinées, tendent au même but parce qu'elles partent de la même source. Le résultat, l'ensemble est volontairement imper-

1. Sur les inconvénients amenés par la division du travail dans les arts du dessin, consulter Quatremère de Quincy, *Considérations sur les Arts du dessin en France*. Paris, 1791, in-8°, p. 91 à 94 ; Viollet-le-Duc, *Dict. d'archit.*, I, 113.

sonnel. Les monuments de cette époque peuvent tous se classer par familles sans écart individuel, à peine un style différent par province. On peut aisément dresser la géographie monumentale des édifices romans. On voit qu'elle correspond au développement de certains établissements monastiques : tous les monuments se ressemblent dans les limites d'influence de certains centres religieux. Où donc le roman aurait-il puisé tous ses caractères, sinon dans un enseignement dogmatique et rigoureusement pédagogique? D'où lui viendrait son cachet d'uniformité et de *personnalité collective*, mot qui, mieux que celui d'*impersonnalité*, qualifie les produits de cet art? Nous verrons plus loin quel est le résultat d'un enseignement dont l'apprentissage est le seul élément, et le compagnonnage l'unique base. La personnalité s'y développe d'une manière bien plus rapide, car l'apprentissage provoque ou agrandit la personnalité dans les arts; il développe et répand celle du maître, quand il ne forme pas celle du disciple. Tandis que l'art roman ne compte guère plus d'écoles qu'il n'y eut de grandes provinces ecclésiastiques ou monastiques, l'art gothique comptera presque autant d'écoles que de maîtres.

Après deux siècles d'une infatigable production, le cloître, sans avoir un seul instant laissé l'art décliner, sans avoir un seul instant cessé d'être en progrès, vit tout d'un coup déserter son école et s'évanouir son influence. Des faits politiques et sociaux lui créèrent subitement des loisirs ; et le style roman, interrompu dans sa marche ascendante, s'arrêta et s'endormit dans la majesté calme et sereine de sa robuste maturité. Ce style aurait-il échappé à la décadence [1] ? Je l'ignore. Je crois qu'il l'aurait longtemps retardée. En tout cas, il ne l'avait pas connue, et rien ne la faisait présager quand il disparut, à la fin du xiiᵉ siècle. C'est l'heure où les communes s'affranchissent, non pas isolément, par de précaires révoltes, mais régulièrement, par un pacte à peu près universel passé entre les seigneurs et leurs vassaux. C'est le grand mouvement social d'où est sortie toute notre histoire qui s'accomplit, et fait naître une situation peut-être unique dans les annales de l'humanité. Une société nouvelle, ou plutôt subitement renouvelée en pleine civilisation, demanda immédiatement à l'art de l'abriter, de la meubler, de la vêtir, de l'instruire selon ses goûts. Le cloître, — hostile d'abord au mouvement communal qu'il ne comprenait pas, mais qu'il favorisa ensuite, — n'avait pas prévu ces besoins. Sa méthode sévère, son talent grave et peu souple, son style essentiellement religieux ne pouvait les satisfaire. Mais à ce moment, les

---

1. Sur la décadence fatale de l'art catholique à partir du jour où il quitta le monastère, consulter Alb. Lenoir, *Archit. monast.*, tome I, p. 39.

moines, en ouvrant leurs écoles aux laïques[1],
s'étaient déjà préparé dans leurs élèves une
concurrence redoutable. En dehors même de
l'éducation pédagogiquement transmise par le
clergé régulier, les nombreux monuments semés
partout avaient — enseignement indirect — instruit et éclairé les ouvriers. L'art comptait donc
déjà un personnel laïque. Ces ouvriers, de toutes
parts, sollicités par les besoins nouveaux, habiles à flatter les instincts du clergé séculier[2],
de la société civile et des pouvoirs municipaux
qui s'installent, vont, se délivrant à la fois des
traditions religieuses et des entraves politiques,
pousser l'art dans des voies nouvelles. Alors ces
élèves des monastères, fraîchement émancipés de
la tutelle ecclésiastique, devenus bourgeois des
récentes communes, se rapprochent, s'organisent
en corporations et viennent offrir leur activité
aux impérieuses et impatientes exigences du nouvel ordre de choses. Jamais génération d'artistes
n'avait, en aucun temps, été mieux et plus solidement préparée à la tâche immense qui s'impo-
sait à elle. Hier encore, tous les métiers réunis,
sous une discipline sévère, puisaient dans un
enseignement commun, puissamment organisé,
des principes d'esthétique qui leur inspiraient

1. Viollet-le-Duc, *Entretiens sur l'Architecture*, tome I, p. 261. — *Archives de l'Art français*, tome VII, p. 189.
2. Viollet-le-Duc, *Dictionnaire d'Architecture*, tome II, p. 281 et suivantes, vº Cathédrale, et tome VIII, p. 134, vº Sculpture.

d'admirables ouvrages, chefs-d'œuvre collectifs de toutes les branches de l'art. Le frein de cette méthode toute religieuse arrêtait, il est vrai, le complet épanouissement de chaque art en particulier. La liberté de chacun des arts se trouvait sacrifiée à certaines exigences de traditionalisme sacerdotal. Les derniers développements y étaient entravés au bénéfice de l'unité générale; chaque spécialité se contenait, de peur, en dépassant certaines limites, d'empiéter sur la signification qui devait toujours rester collective et opérer par l'ensemble. Tout à coup le frein, contre lequel luttaient les instincts particuliers de chacun des arts, est subitement rompu. La liberté est rendue à chaque spécialiste, mais, grâce à l'enseignement commun qu'ils ont reçu dans le cloître, les artistes continuent à conspirer tous ensemble à produire des chefs-d'œuvre. Pas d'écarts, pas de discordances dans les travaux qui s'accomplissent de tous côtés, parce que les auteurs de ces travaux ont tous reçu une éducation commune, et que la liberté, pour des hommes imbus d'excellents principes, ne saurait tout d'abord dégénérer en licence. Le passage de l'enseignement des mains de l'école religieuse à celles de l'école laïque marqua dans l'histoire de l'art un moment béni.

Il se produisit, en effet, au commencement du XIIIᵉ siècle, par la liberté, un mouvement analogue à celui que la Renaissance amena, par des moyens de **coercition**, à la fin du xv° siècle. Voici ce qui **rendit extrêmement** favorables à l'art ces **deux passages** d'un régime à l'autre; voici comment de ces deux causes différentes, sortit un résultat **identique**, un incomparable épanouissement. **Pour être** parfait, il ne manquait au style roman qu'un peu de liberté; au style gothique dégénéré, que le respect de quelque autorité, que la foi en quelques principes supérieurs. A un moment donné, le mouvement social et un changement de méthode apportèrent à chacun des deux arts le remède désiré; à ce moment, dans le mélange des principes d'enseignement, la pondération nécessaire entre l'autorité et la liberté fut parfaite. Les conséquences en sont connues. Hélas ! pourquoi les hommes n'ont-ils jamais su prolonger ces heures fortunées, mais fugitives? Pourquoi la soif du mieux et un irrésistible entraînement leur a-t-il toujours fait rompre le merveilleux équilibre?

Pour se constituer, les corporations d'artistes et d'ouvriers empruntèrent les lois de l'organisation ecclésiastique. Le principe d'élection régla tout, et, dans des *coutumes* immédiatement délibérées, mais rédigées seulement un peu plus tard [1], on ordonna le recrutement, l'enseignement, la hiérarchie, la surveillance, la direction, la juri-

---

1. Voir le *Livre des Métiers* d'Etienne Boileau, publié par Depping, 1837, m-4°.

diction du corps. Nous n'avons à nous occuper ici que de l'enseignement. Il n'y eut plus d'écoles où les arts fussent simultanément professés, où des notions générales, des traditions de style, des théories scientifiques fussent communiquées à la jeunesse. Le travail s'était subdivisé en un certain nombre de branches; chaque branche s'était organisée séparément. Dans chaque corporation, l'enseignement du métier était transmis individuellement à un nombre fort restreint d'élèves, à l'aide de la pratique, par un seul maître agissant sous sa seule responsabilité : c'était l'apprentissage.

L'apprentissage est un mode spécial d'enseignement qui fut inauguré par les corporations des métiers et des arts. L'apprenti, tout enfant, assisté de sa famille, s'engageait par contrat vis-à-vis d'un maître à servir celui-ci pendant un certain nombre d'années et à exécuter sous ses ordres tous les travaux exigés par le métier. Le maître, en retour, s'obligeait à enseigner par la pratique le métier à l'apprenti. Cet apprenti, après plusieurs années, franchissait un premier degré dans la hiérarchie pédagogique et devenait compagnon. Il était alors associé dans une part plus large aux travaux du maître, près duquel il devait travailler encore un certain nombre d'années. Ce stage expiré, pour arriver à l'émancipation et pouvoir devenir maître à son tour, le compagnon devait demander, exécuter et faire agréer son *chef-d'œuvre;* c'est-à-dire, qu'il devait exécuter personnellement, sous certaines garanties, un ouvrage nommément désigné, relevant du domaine de l'art ou du métier qu'il avait appris. Cette œuvre devait enfin être reconnue bonne par un jury d'examen composé de membres de la corporation, nommés par l'élection de tous les maîtres. A ce moment seulement finissait l'enseignement donné par la corporation, et l'apprenti, devenu déjà compagnon, pouvait enfin passer maître à son tour ; quelques métiers et quelques arts exigeaient encore de lui qu'il donnât caution pour garantir à ses nouveaux confrères son respect de leurs statuts.

Il importe de bien préciser les caractères essentiels de l'enseignement par l'apprentissage. Dans ce système, le jeune artiste est mis immédiatement en face de l'objet à produire. Il apprend la main-d'œuvre longtemps avant d'être initié aux idées supérieures de l'art, auxquelles il peut même rester indéfiniment étranger. On livre l'application des procédés à son instinct avant d'avoir éclairé celui-ci par une éducation dogmatique. Il en résulte que chaque apprenti, une fois en possession des moyens et débarrassé de la servile imitation du maître, donne aux hardiesses de son travail les seules limites de son imagination, de sa raison et de son goût.

La constitution des corporations de métiers est un fait social très-important, dont les conséquences, qui furent si considérables, n'ont pas été toutes suffisamment remarquées. Jusqu'à la fin du XII° siècle, l'enseignement des Arts du dessin ne fut pas séparé de l'enseignement des lettres et des sciences, ou au moins, se développa côte à côte avec lui dans les mêmes édifices et sous la même autorité. Mais à partir des dernières années de ce siècle, des premières du XIII°, et depuis la fondation des Universités, les deux enseignements se trouvèrent absolument divisés. Tandis que l'enseignement littéraire et scientifique, composé des sept Arts libéraux formant le *Trivium* et le *Quadrivium*, resta dans les attributions de l'Église et continua d'être uniquement dispensé par elle dans diverses écoles épiscopales, monastiques ou universitaires, l'enseignement du dessin et des arts plastiques ne fut pratiqué et professé qu'exceptionnellement dans les cloîtres. Abandonné comme tous les arts mécaniques aux corporations et aux gens de métiers, il se trouva subitement sécularisé. Cette séparation solennelle, connue de tout le monde, n'a pas jusqu'ici été définitivement étudiée, et n'a jamais passé pour un des faits saillants de l'histoire de nos arts. Elle est cependant bien intéressante à signaler ; car elle donne l'explication d'un fait indiscutable, qui caractérise particulièrement les mœurs françaises et qui ne s'est pas produit

sans causes : l'hostilité ou tout au moins l'indifférence réciproque de l'enseignement littéraire et
de l'enseignement pittoresque. On voit qu'elles
sont lointaines les origines du préjugé qui a fait
l'art français si ignorant littérairement et les lettres françaises si peu soucieuses de nos gloires
artistes. Ces deux formes de notre activité nationale se sont développées simultanément, mais
parallèlement, indifférentes l'une à l'autre. Et la
France, sans Vasari, ne peut montrer aujourd'hui
que des chefs-d'œuvre anonymes, parce que ces
mêmes chefs-d'œuvre n'ont pas trouvé à leur
naissance de suffisants admirateurs parmi les gens
de lettres, leurs contemporains. En quittant brus-
quement l'Église et le cloître, sans qu'ils s'en
doutassent, sans même qu'ils en souffrissent immédiatement, les Arts du dessin firent au point
de vue social une perte considérable, et payèrent
fort cher leur précoce émancipation. Associés et
confondus avec les métiers les plus vils, ils déro-
gèrent aux yeux de leurs anciens compagnons
d'études cultivant les lettres et les sciences. Il leur
faudra près de quatre cents ans pour reconquérir
leurs titres de noblesse, c'est-à-dire pour pouvoir
marcher de pair avec les sciences et les lettres,
dont l'origine n'était ni différente ni plus illustre,
mais qui, ayant rompu moins vite leurs attaches
ecclésiastiques, firent, à l'ombre tutélaire de
l'Église, une meilleure fortune.

pas de mots, — c'étaient de véritables académies
que ces chantiers toujours en activité de Paris, de
Chartres, de Reims, de Strasbourg, d'Amiens.
Robert de Luzarches et Thomas de Cormont à
Amiens; Eudes et Pierre de Montereau, Jean
de Chelles à Paris; Libergier et Raoul de Coucy
à Reims, sciemment ou non, étaient des chefs
d'écoles professant en plein air. On connaît les
aptitudes générales des grands architectes gothiques qu'on peut très-justement comparer à
Michel-Ange et à Léonard de Vinci. Une véritable direction doctrinale résultait des puissants
exemples [1] donnés de tous côtés par une exceptionnelle génération d'hommes de génie. Le règne
et l'enseignement des académies ne datent donc
pas du XVIIe siècle ni même du XVIe. Ils ne furent
jamais plus triomphants et en même temps plus
féconds qu'au XIIIe siècle. Seulement, à cette époque vivace et productive, les académies ne demandaient de sanction qu'à la mode. Dans des temps
plus refroidis, elles furent obligées d'en réclamer
de la loi positive et par là de devenir souvent
tyranniques.

Cette commune direction pédagogique, jointe
aux excellents principes que l'art gothique avait
puisés dans l'art roman, conserva quelque temps

---

1. Il existe des preuves de cet enseignement supérieur et général par les
monuments. Voir les croquis recueillis à Lausanne, à Laon, etc., par Villard
de Honnecourt. On imitait de fort loin les monuments les plus célèbres.

au premier de ces arts une merveilleuse unité
et une admirable harmonie, qui auraient été in-
compatibles avec l'influence exclusive de l'apprentissage sous le régime d'un enseignement morcelé
et personnel. Mais, petit à petit, ce grand courant
directeur s'affaiblit ; l'enseignement dogmatique,
que j'appellerai inconscient, disparut. L'art, pour
se perpétuer, n'eut que l'étroite méthode de l'apprentissage ; pour inspiration, pour lois, pour esthétique, les seuls besoins de la pratique. Après
avoir lutté quelque temps, il n'échappa pas aux
dangers d'un effrayant utilitarisme. L'apprentissage, qu'avec ses propensions à l'individualisme
on peut comparer à la force centrifuge, fut seul à
exercer son action sans le contrepoids nécessaire
d'une force centripète, qui est l'enseignement dogmatique. L'art déclina rapidement. M. Viollet-le-
Duc a démontré, avec une admirable clarté d'évidence, comment le style gothique était subitement
parvenu aux conséquences extrêmes de ses principes. Il ne pouvait en être autrement. Le rationalisme le plus absolu avait été introduit dans
l'art par l'enseignement de l'apprentissage. Chaque artiste tirant de nouvelles déductions de
celles qu'avait déjà tirées son maître[1], ne donnant
d'autres bornes à sa fantaisie que celles de son
imagination, on arriva bientôt aux dernières li-

1. Cf. Viollet-le-Duc, *Dictionnaire d'Architecture*, Introduction et tome I,
p. 143 et *passim*.

mites par l'épuisement de toutes les combinaisons. Chaque branche des arts continua à s'isoler[1], à poursuivre solitairement sa voie, et atteignit bien vite les derniers raffinements de la dernière décadence.

Je ne suivrai pas le gothique depuis ses premiers symptômes de précoce vieillesse jusqu'à ses dernières convulsions. Il me suffit d'avoir démontré que sa naissance, son développement, sa marche et son déclin trahissent les défauts de son mode d'enseignement en même temps qu'ils sont expliqués par lui. A la fin du moyen âge, l'art en était arrivé à une irremédiable décadence; mais, si l'ensemble avait baissé, chacune des divisions du travail s'était perfectionnée; chaque art, pris isolément, avait singulièrement perfectionné ses procédés. Tout ce qu'on avait perdu dans l'expression générale, on l'avait gagné en sûreté d'exécution; la main avait gagné tout ce que la pensée avait perdu. L'enseignement par l'apprentissage avait donné à cet égard d'excellents résultats. Les modernes qui en profitent seraient ingrats de ne pas le reconnaître. Ce rationalisme excessif, appliqué aux arts et aux métiers, issu d'une responsabilité et d'une liberté sans limite, avait créé les premiers praticiens du monde, rompus à toutes les difficultés, habitués à

---

1. Sur les dangers de l'isolement des divers arts, consulter Viollet-le-Duc, *Dictionnaire d'Architecture*, *passim*, et notamment tome VII, p. 65.

retourner dans tous les sens le problème de la
construction et à tirer toutes les conséquences
possibles d'un thème proposé. De ce principe
est venu le caractère national de l'art français.
Aucun autre mode d'enseignement n'aurait sans
doute pu produire sur ce point d'aussi bons résultats ; cette période de l'histoire de la pédagogie,
même dans ses abus, était sans doute nécessaire
pour tirer de chacun des métiers tout ce qu'il
pouvait matériellement produire, et pour imposer
à nos arts leur cachet de naïveté raisonneuse et
de simplicité réfléchie.

Ne récriminons donc pas, ni contre le moyen
âge, ni contre le régime qui le supprima brus-
quement. Condamné par les excès de son individualisme, par la nature de son enseignement de
plus en plus particulariste, de plus en plus morcelé ; étouffé par le rapetissement de ses diverses
manifestations, réduit au dernier des amaigrisse-
ments, l'art gothique se mourait de lui-même,
épuisé avant l'heure ; car sa jeunesse, prématurément flétrie, parvint à la décrépitude sans avoir
connu la maturité[1]. Le plus compétent de ses apo-
logistes et le plus ardent de ses admirateurs le
déclare sans réticence : « L'art de l'école laïque,
dit M. Viollet-le-Duc[2], issu de l'émancipation des
classes laborieuses des cités, éminemment démo-

1. *État des Beaux-Arts au XIVᵉ siècle*, par M. Renan, p. 218 et 219.
2. *Entretiens sur l'Architecture*, tome I, p. 347.

cratique, mettant l'examen et le raisonnement à la place des tendances théocratiques, tomba bientôt dans l'excès de ses propres principes ; par cela même qu'il était démocratique, il ne sut et ne put s'arrêter ; de déductions en déductions, il aboutit à un formulaire géométrique. Dès la fin du xiv° siècle, il était acculé aux dernières limites auxquelles ses principes pouvaient atteindre. Une seule issue restait à l'architecture : c'était celle depuis longtemps abandonnée par les races gallo-romaines ; on s'y précipita. » Voici un autre aveu de l'éminent architecte : « L'architecture gothique avait dit, à la fin du xv° siècle, son dernier mot. Il n'était plus possible d'aller au delà. La matière était soumise ; la science n'en tenait plus compte ; l'extrême habileté manuelle des exécutants ne pouvait être matériellement dépassée. L'esprit, le raisonnement, avaient fait de la pierre, du bois, du fer, du plomb, tout ce qu'on pouvait faire, jusqu'à les affranchir des limites du bon sens. Un pas de plus, et la matière se déclarait rebelle. Les monuments n'eussent pu exister que sur les épures ou dans le cerveau des constructeurs [1]. » Il fallait donc à l'humanité un art moins spéculatif, et la Renaissance naquit.

La Renaissance des arts ne fut pas ce que, dans les déclamations habituelles des libres-pen-

---

1. *Dictionnaire d'Architecture*, V° *Architecture*, t. I, p. 158. Cf. *La Renaissance à la cour de France*, par le marquis de Laborde, Introduction, p. XXXVIII.

seurs, on proclame un *affranchissement*, « le moment où la raison humaine retrouve ses droits. » Cette phrase sacramentelle ne saurait être vraie qu'à condition d'y ajouter ceci : « aux dépens de la liberté individuelle arrivée aux extrêmes limites de la licence. » La Renaissance fut en effet une violente réaction contre la liberté. Fatigué des extravagances du gothique, du dévergondage de l'imagination, de l'individualisme à outrance développé par le moyen âge, l'art chrétien, éperdu, affolé, se sentant emporté vers l'inconnu dans un tourbillon de contradictions et d'erreurs, se réfugia auprès du génie antique et abdiqua presque sans conditions entre ses mains. Il lui demanda un point d'appui solide, une règle, un enseignement qui s'imposât, des principes qui ne fussent pas chaque jour discutés, l'autorité enfin indispensable à toute éducation. C'est ainsi que les besoins les plus spécialement religieux du monde occidental oublièrent les origines païennes de l'art antique, et acceptèrent cet art tout entier sans de suffisantes restrictions. *Le caractère saillant de la Renaissance* — il faut insister sur cette pensée — loin d'être l'émancipation du sentiment individuel, fut donc, au contraire, la restauration dans l'enseignement du principe d'autorité. Quant au joug religieux qui, dans l'opinion courante, aurait pesé sur l'art du moyen âge, la Renaissance n'eut pas à le briser, car il n'existait plus depuis

la constitution des maîtrises [1]. Jamais art ne fut
plus libre que l'art gothique. Il est mort précisément victime de sa liberté.

On a voulu faire aussi de la Renaissance une
conséquence de la Réforme. C'est, je crois, mé-
connaître à la fois l'origine, les tendances, l'esprit
et le caractère de ces deux révolutions. Le protestantisme, à son début, n'est jamais intervenu
dans l'art que pour détruire, et, à toutes les époques, pour introduire des principes dissolvants
dans l'enseignement en poussant les artistes à
un individualisme capable de ramener les excen-
triques individualités de la fin du moyen âge. Si
l'action du protestantisme, si l'esprit d'examen
scrupuleux et d'analyse exagérée a favorisé dans
une certaine mesure l'étude de quelques sciences,
cet esprit a été radicalement impuissant à créer
aucun art. Cette thèse générale ne serait pas bien
difficile à établir. Mais il suffira de montrer ici
que la Réforme n'a rien à réclamer dans la transformation de l'art aux xv° et xvi° siècles. C'est
peut-être, depuis qu'elle existe, la seule révolution dont elle ne puisse revendiquer sa part. En
effet, si, dans ses développements les plus complets, la rénovation de l'art est contemporaine
des premières révoltes de Luther, il est manifeste
que la Renaissance, bien caractérisée déjà, exis-

1. Viollet-le-Duc, *Dictionnaire d'Architecture*, passim.

tait plus de trente ans avant l'établissement et même avant les premiers symptômes de la nouvelle doctrine. Bien plus, c'est contre ce merveilleux épanouissement de l'art, dont la papauté éblouie s'était faite la trop zélée admiratrice, que prêcha tout d'abord le moine de Wittemberg. La Renaissance personnifiée dans l'Italie et dans Rome n'a toujours été, pour Luther, que l'art de Sodome ou de Babylone, un art impie promis au feu du ciel et aux torches des huguenots. Plus tard, quand à la rage de destruction des premiers néophytes succéda une organisation plus calme de la foi nouvelle, les protestants inaugurèrent un culte dépouillé de tout apparat, volontairement rustique et hostile en principe à toute culture artiste. Voilà les prétendus fondateurs de la Renaissance ! Les hommes qui passent pour nous avoir affranchis du joug du moyen âge et dotés d'un style nouveau, ce sont ceux qui avaient confondu dans une même haine inintelligente ces trois expressions si diverses de la Renaissance : Art, paganisme et papauté. Non, la Renaissance n'eut pas de pires ennemis que les protestants, et cette hostilité, d'ailleurs, était fatale. Née du besoin produit par l'épuisement de l'art gothique, fille de l'art antique partout exhumé, consulté et admiré, la Renaissance devint la servante peu respectueuse, mais la servante exclusive de l'Église romaine, qui la protégea au point de se compromettre pour elle. J'ai déjà dit que la doctrine qui l'enfanta fut la restauration du principe d'autorité dans l'enseignement. Le protestantisme, de soudard devenu docteur et voulant faire l'artiste, ne pouvait pas non plus adopter des principes qu'il avait combattus quand il était, d'instinct, iconoclaste. Au contraire, les habitudes intellectuelles des catholiques les avaient toujours préparés à recevoir un enseignement où le principe d'autorité s'affirmait nettement, où la théorie n'était pas individuelle, quelle que fût d'ailleurs, — profane ou religieuse, — l'essence de cet enseignement. Le culte, la religion qui influe sur tout ce qui relève du domaine de la conscience ne leur enseignait pas, pour parvenir à la vérité dans l'ordre spirituel, une méthode différente de celle qu'ils avaient à suivre dans l'ordre temporel. Il n'y avait pas lutte dans le même homme entre deux procédés, ni dissemblance dans les moyens d'atteindre deux manifestations du même principe supérieur, le vrai et le beau. C'est ce qui explique le développement incroyable d'un art tout païen dans une époque parfaitement chrétienne, au moins doctrinalement. C'est ce qui explique enfin cette résurrection de l'antiquité à l'ombre de l'Église, car l'Église eut alors la faiblesse de ne pas diriger l'art comme elle l'avait fait à l'époque romane; et après l'avoir laissé naître librement en dehors de son giron, elle commit la faute de s'en servir. Les protestants sont les seuls adversaires qui n'aient pas le droit de lui reprocher cet acte d'imprudent libéralisme. Sans adopter la ridicule pudibonderie du puritanisme protestant, il est donc bien certain qu'il eût été préférable que la Renaissance fût chrétienne au lieu d'être profane. Mais quelles qu'aient été les tendances de l'art pendant cette période, il est en même temps évident qu'il atteignit un développement magnifique, une splendeur qui égala presque les résultats obtenus par l'éducation chrétienne. Ce but fut atteint uniquement parce que l'art chrétien et l'art profane procédèrent tous deux par des moyens identiques, qu'ils surent clairement proposer des doctrines définies, et qu'ils ont eu sur le beau des idées fixes, précises et arrêtées, en un mot, parce qu'ils pouvaient et parce qu'ils surent avoir un enseignement.

Les principes nouveaux apportés par la Renaissance devaient fatalement amener des modifications dans l'organisation de l'art, et par conséquent dans l'enseignement. L'apprentissage continua bien d'être en France le seul moyen légal et régulier d'éducation, mais ne resta pas le mode unique. Tout d'abord la routine casanière, qui ne regardait qu'en elle-même, poursuivant aveuglément la solution de théorèmes nouveaux en dehors de la réalité, en dépit de la forme, et à l'aide d'une sorte d'algèbre pittoresque, l'apprentissage sur place reçut une grave atteinte. Les artistes se mirent à voyager, c'est-à-dire à comparer. Divers centres de haute culture intellectuelle s'étaient établis, et, par la splendeur dont y brillaient les arts, attiraient l'attention universelle. Je ne citerai que les deux principaux : suscitées par la puissante protection des ducs de Bourgogne, la peinture et la sculpture avaient atteint, dans la Flandre, le plus haut degré d'épanouissement [1] : l'Italie surtout provoquait tous les regards.

Le développement de l'art italien avait été moins rapide que celui de l'art français. En Italie, le gothique avait moins fleuri et s'était toujours heurté à des instincts hostiles. En effet, au continuel contact des monuments antiques, les traditions ne s'étaient pas rompues. Une même théorie pédagogique avait toujours plané sur toutes les époques de l'art. Les œuvres romaines, n'ayant jamais cessé de professer des doctrines, devaient entraver naturellement le développement du gothique [2], qui, comme on ne saurait trop le répéter, est le rationalisme pur appliqué à l'art roman. L'Italie ne put donc parvenir à concilier la tradition et l'initiative individuelle, ni à combiner entre eux les deux

1. Jules Labarte, *Histoire des Arts industriels*, tome II, p. 238 à 250. — Le marquis de Laborde, *Les ducs de Bourgogne*.
2. La Provence, par les mêmes raisons, n'eut pas d'art gothique. L'art de la renaissance succéda directement à l'art romain dégénéré. (Viollet-le-Duc.)

principes d'enseignement. De plus, si l'Italie connut, comme la France, l'établissement des corporations et des maîtrises, jamais elle n'appliqua un extrême morcèlement à l'art ; jamais, par une radicale division du travail, elle ne pratiqua sur lui une barbare et inintelligente vivisection ; jamais elle ne cessa de croire à son indivisibilité. De Giotto à Brunelleschi, tous ses grands hommes professèrent la culture simultanée de tous les arts. Au xv° siècle, délivrée du fantôme gothique qui avait torturé sa raison sans la convaincre, l'Italie se retrouva seule en face de ses premiers maîtres. La réhabilitation de l'antique écartait les suggestions de l'individualisme. Au lieu d'interpréter la nature d'après ses seuls instincts, et de tirer, sous la seule responsabilité de sa raison et de son goût, toutes les conséquences des principes empiriques légués par le maître, on interrogea l'antiquité et on s'efforça de surprendre ses lois pour s'y soumettre. Le dogme du beau absolu rentra dans l'enseignement. Je ne prétends pas dire que les artistes, en Italie ou ailleurs, aient un seul instant perdu le culte du beau ; mais cette beauté, qu'ils rencontrèrent souvent, jamais, pendant tout le moyen âge, ils ne la cherchèrent en dehors d'eux-mêmes. Ils eurent, en matière d'art, une indépendance d'appréciation comparable à la liberté d'interprétation sur les matières religieuses, laissée à leurs adeptes par diverses sectes de l'Église réformée. Ils n'admirent pas l'existence d'un type déclaré beau *a priori*, et d'où pussent découler des leçons indiscutables. Avec l'admiration de l'antiquité, ce fut donc bien l'élément doctrinal qui rentra dans l'enseignement. Même en Italie, cet enseignement d'abord continua d'être l'apprentissage, mais ce fut la pratique éclairée par des doctrines, fortifiée et corroborée par des théories. Les termes ne tardèrent pas à se modifier dès que les éléments de cette éducation ne furent plus les mêmes, dès que les proportions changèrent dans le mélange des deux méthodes, dès que la théorie l'emporta sur la pratique. L'atelier devint véritablement une école, et les *académies* naquirent de toutes parts. Ai-je besoin de rappeler le merveilleux enseignement des académies primitives, les noms de Léonard de Vinci [1], de Bramante, de Raphaël? Tous les grands artistes italiens de la fin du xvᵉ siècle furent des théoriciens; leurs ateliers étaient des académies.

Pendant que l'Italie offrait à l'Europe ce magnifique spectacle, la guerre appela les rois de France à le contempler de très-près. Des Valois pouvaient-ils y rester insensibles? Œuvres d'art et artistes, ils transplantèrent le tout sur le sol

---

1. Sur l'Académie fondée en 1484 par Ludovic Sforza, voir le *Dictionnaire de l'Académie*, vᵒ Académie, et Rio, *l'Art chrétien*.

français. A ce moment, un coup terrible fut porté à la vieille organisation de l'instruction constituée par les maîtrises. Il y eut en France des artistes qui, sans avoir été apprentis, sans avoir servi comme compagnons, sans être devenus laborieusement maîtres par le lent mécanisme de la corporation, eurent, sous la sauvegarde royale, le droit de construire, de peindre, de sculpter et d'enseigner à la mode de leur pays. Que dis-je? On vit bien plus : les rois de France comblèrent ces étrangers de faveurs, leur concédèrent des priviléges et des bénéfices de toutes sortes, leur commandèrent presque exclusivement les objets d'art dont ils s'entouraient. Bientôt même on assigna à l'activité de cette colonie italienne un palais à construire et à orner, pour en faire un parangon universellement proposé à l'art français. Ce fut une vaste entreprise, comparable à celles qu'exigeait la construction des grandes cathédrales du moyen âge. Là, vivant ensemble, architectes, peintres et sculpteurs créèrent une véritable Académie, première école officielle et commune de l'art en France.

M. Vitet[1] a parfaitement indiqué l'existence de ces deux courants de l'art français du xvie siècle : d'un côté, la maîtrise avec ses vieux procédés, son gallicisme profond, avec ses œuvres qui nous

1. *L'Académie royale de Peinture et Sculpture*, p. 37, 38, 48, 49.

charment encore comme l'écho lointain d'un chant de la patrie, qui nous émeuvent comme le dernier soupir de l'école gothique; de l'autre, l'école de Fontainebleau, avec un enseignement qui, malheureusement, n'émanait pas directement des plus grands maîtres, mais qui revendiquait l'imprescriptible indivisibilité des arts, et ramenait l'excellente méthode d'une éducation théorique. L'histoire de l'enseignement, à partir du xvi° siècle, est dans la lutte féconde des deux principes représentés par la maîtrise et par l'école de Fontainebleau. Se pénétrant réciproquement l'un l'autre, ils assurèrent à la France une supériorité dans les arts qu'elle n'a pas perdue depuis, malgré ses imprudences, tant est puissante une bonne organisation pédagogique, si robuste fut la santé que l'art français puisa dans cette double éducation. Depuis Jean Bullant, Pierre Lescot, Philibert Delorme et Androuet Ducerceau, depuis Jean Goujon et Germain Pilon, depuis Jean Cousin, la France possède une école où la tradition rivalise avec l'initiative individuelle, où règnent à la fois la liberté et la discipline, où l'art se perpétue sans s'immobiliser, se rajeunit sans bouleversement, où chaque période nouvelle se relie à celle du passé, et ne se heurte pas sans transition à celle de l'avenir. Tous ces bienfaits, on les doit au principe qui fut apporté en France par l'école de Fontainebleau, et que le siècle suivant développa si bien sous la puissante main de Louis XIV, en y rattachant fort habilement les plus féconds éléments de la maîtrise. L'École académique remonte donc en fait au xvi° siècle.

Au commencement du xvii° siècle, les deux courants continuèrent de coexister, sans pouvoir encore ni se mêler, ni se confondre. La maîtrise, par son mécanisme ordinaire, par son vieux monopole, produisait des praticiens à outrance, des partisans acharnés de l'art individualiste. Elle poursuivait imperturbablement sa carrière sociale sans parvenir, sans même chercher à se débarrasser des difficultés, des enchevêtrements, des inconvénients de toutes sortes apportés par le temps à l'institution. Mais à côté de cet art légal et patenté exerçant ouvertement les métiers de peintre, de sculpteur et d'architecte, vivaient des artistes formés en dehors du pacte politique passé entre l'État et les corporations, exerçant, par conséquent, frauduleusement. Ces étudiants de la nouvelle méthode étaient, en quelque sorte, des enfants illégitimes de l'art, plus ou moins régulièrement issus de l'école de Fontainebleau et des ateliers étrangers privilégiés par le roi. Même sous la protection royale, ils ne pouvaient vivre que d'une façon très-précaire, dans une hostilité constante vis-à-vis des maîtres, traqués et poursuivis par eux. La maîtrise froissait en même temps tous les instincts élevés des artistes, et comptait d'autres ennemis que les peintres et sculpteurs brévetaires. On se rappelle comment, au xiiie siècle, pour s'émanciper, les arts s'étaient unis aux métiers, et avaient répudié leur noblesse d'origine et la dignité que leur avait imprimée, comme aux lettres, l'enseignement religieux et monacal. Par les nécessités de l'organisation sociale des corporations, le mercantilisme avait envahi l'art. Tout s'y achetait : car le métier, avec le monopole, était devenu une propriété ; on héritait de la maîtrise[1] ; les garanties de talent réclamées, au début, de tous les membres, les exigences des épreuves se trouvaient éludées dans bien des cas. Malgré de nombreux abus, la loi maintenait exclusivement aux membres de ces corporations, si mal recrutés, le droit de produire et d'enseigner. Elle consacrait souvent ainsi de véritables injustices, qui soulevèrent l'opinion publique contre la loi. Une révolution était proche ; elle se fit par l'alliance des peintres de la cour, des mécontents de la maîtrise et des artistes indépendants et trop fiers pour vouloir prendre enseigne ou pour mendier une attache royale. La royauté patrona l'entreprise et sanctionna le fait accompli. Telle fut la fondation de l'Académie de peinture en 1648.

---

1. Vitet, *l'Académie de Peinture et Sculpture*, p. 25, 26, 27.

Nous ne recommencerons pas ici la longue histoire de la naissance de l'Académie. Il suffit de renvoyer aux Mémoires de Testelin [1] et au piquant résumé de M. Vitet [2]. Nous nous bornerons à montrer quel fut, pour l'enseignement, le résultat de cette révolution. C'était la fusion des deux systèmes en lutte. On prenait à la maîtrise tout ce qu'elle avait de bon : une constitution extrêmement libérale, une hiérarchie élective sans aristocratie héréditaire, une accessibilité sans limite à tous les talents reconnus et appréciés. Au système des académies italiennes et à l'école de Fontainebleau on empruntait un enseignement théorique et collectif des divers arts, le respect d'une autorité, d'un canon indiscutable : l'antique, les conseils continuellement demandés à la nature vivante. Dès 1648, sans posséder encore le monopole, l'Académie eut une existence légale. La maîtrise, sa rivale, entreprit de se pénétrer, en apparence au moins, de ces mêmes principes, et fonda une école publique dans l'Académie de Saint-Luc. Cette grossière supercherie ne trompa personne. Les longues chicanes qu'on lui suscita jetèrent de plus en plus l'institution nouvelle dans les bras

1. *Mémoires pour servir à l'histoire de l'Académie royale de Peinture et Sculpture, depuis 1648 jusqu'en 1664*, publiés pour la première fois par Anatole de Montaiglon. Paris, Jannet, 1853. — Marquis de Laborde, *Union des Arts et de l'Industrie*, p. 113 et suiv.
2. *L'Académie royale de Peinture et Sculpture*. Paris, Michel Lévy, 1861, in-8°. — Voir aussi P. Clément, *Lettres, Instructions et Mémoires de Colbert*, tome V, Introduction, p. LX.

de la royauté et la fortifièrent de plus en plus.
Quand Colbert, après 1661, entreprit de reconstituer la France, il se trouva en face de cette excellente association et s'empressa de la faire servir
à ses desseins. Il la remania, la compléta, en fit
une institution d'État, un des organes de la nouvelle économie sociale qu'il donnait à son pays.
Le fonctionnement de l'Académie fut réglé par
des lettres patentes[1]; une dotation pour les maîtres, de puissants encouragements pour les élèves
assurèrent la durée et l'efficacité de l'Ecole.

Nous voici arrivés à cette organisation de l'art
sous la surveillance de l'État. De nos jours, il n'y
a rien de si impopulaire que les Académies[2].
M. Vitet a très-bien démontré la cause de l'impo-
pularité de l'Académie actuelle des Beaux-Arts,
mais il a prouvé, en même temps, combien était
injuste la prévention qui, sans examen, fait rétros-
pectivement condamner l'institution de l'ancienne
Académie de peinture. Qu'on relise son intéressant mémoire[3]. Cette Académie de peinture et
sculpture, le nombre de ses membres étant illi-
mité, ne constituait pas un corps exclusif et
fermé. Pour en faire partie, il suffisait de pratiquer
honorablement son métier, de s'y distinguer et
d'avoir été agréé par ses confrères. On peut affir-

1. Lettres patentes de 1663.
2. Cf. Pierre Clément, *Lettres, Mémoires et Instructions de Colbert*,
tome V, Introduction, p. LIII.
3. *L'Académie royale de Peinture et Sculpture.* Paris, 1861.

mer qu'aucun talent sérieux, sous l'ancien régime, n'est resté en dehors du corps académique [1].
Le corps enseignant, fidèle gardien des traditions
de l'époque précédente, n'était donc pas séparé
par une barrière presque infranchissable du milieu dans lequel il vivait. Tous les genres de
talent, tous les artistes de valeur trouvaient leur
place dans la compagnie, à leur heure, sans être
exaspérés par l'attente ou indéfiniment retardés
par de caduques incapacités, ou même la tenace
longévité d'un grand génie [2]. Là, les doctrines ne
s'immobilisaient donc pas, et la sénilité n'en était
pas un des caractères nécessaires. Jamais les plus
malveillants n'auraient pu comparer l'Académie
de peinture à un hôtel des Invalides. A la bonne
époque, ce n'était pas un Sénat où des questions
d'âge, de sottes considérations sociales ou même
d'inavouables influences réglaient tout. C'était
encore moins un salon officiel ne s'ouvrant qu'à
de savantes intrigues. Une hiérarchie élective
y donnait l'influence et la direction aux membres
les plus distingués, et la porte restait toujours ouverte au talent nouveau, si jeune qu'il fût. En y
entrant au fur et à mesure qu'ils se révélaient,
les jeunes gens modifiaient insensiblement le
corps enseignant et le renouvelaient continuelle-

1. *Études sur les Beaux-Arts en France et en Italie*, par le vicomte Henri
Delaborde, tome I, p. 77, 81, 82. — *Union des Arts et de l'Industrie*, par
le marquis de Laborde, p. 119.
2. Vitet, l'*Académie royale de Peinture et Sculpture*, p. 4 à 8.

ment, sans le bouleverser. Grâce à cette perpétuelle adjonction d'idées et d'éléments nouveaux, les maîtres et les juges de l'art ne se trouvaient pas fatalement en retard sur l'opinion publique ; il n'y avait pas désaccord perpétuel entre leurs sentiments et les besoins ou les aspirations de la société contemporaine. L'enseignement pratique et direct de l'Académie ne fut pas moins fécond que son influence générale. En effet, l'indivisibilité des arts était définitivement reconquise et légalement consacrée ; leur esthétique collective avait des bases solides. On possédait et on proclamait un idéal, un prototype : l'antique. Le maître pouvait professer des théories très-sûrement arrêtées, tempérées par l'étude personnelle et profonde de la nature imposée à l'étudiant. L'art ne pouvait se perdre dans l'individualisme. On n'avait pas non plus à redouter qu'il s'immobilisât et se figeât dans un poncif.

Nous n'avons pas besoin d'insister sur les détails d'organisation de l'École académique[1] après les renseignements que nous avons donnés ci-après, p. 6 et suivantes. Son enseignement fut heureusement corroboré et couronné par la création, en 1666, de l'Académie de France à Rome[2].

1. Voir : Guérin, *Description de l'Académie*. Paris, 1725, in-12. — Blondel, *Architecture française*, tome IV, liv. VI, p. 37, note *f*.
2. P. Clément, *Lettres, Instructions et Mémoires de Colbert*, tome V, Introduction, p. LXVIII-LXXI. Il faut surtout consulter sur l'Académie de France à Rome les documents publiés par M. Lecoy de la Marche, dans la *Gazette des Beaux-Arts*, et réimprimés en un vol. in-8°, Paris, Didier, 1874.

L'Académie s'était fondée pour résister à la maîtrise et pour enseigner. Les premiers membres qui la composèrent étaient de rudes et intrépides champions, des praticiens convaincus, possédant à fond la pratique et la théorie de leur art. Le premier enseignement, dont les détails sont parfaitement connus [1], fut donc excellent. On avait conservé tous les avantages de la maîtrise en évitant tous ses inconvénients. Ces professeurs étaient tous des artistes sincères et modestes. Le vent de la cour, qui développe, mais qui épuise et dessèche rapidement tous les arts, n'avait pas encore soufflé sur eux. On sait cependant ce que deviennent les plus belles institutions sociales, sujettes, comme l'homme, à la vieillesse et à la caducité. Au bout de cent ans, la physionomie de l'Académie était changée. Le corps scientifique était devenu un corps honorifique [2]. L'aristocratie qui s'était formée à la tête de ce corps, — quelque honorable qu'elle fût, puisqu'elle était personnelle et élective, — fit dévier l'institution du but qu'elle poursuivait primitivement. Les artistes s'occupèrent beaucoup plus de la figure qu'ils faisaient dans le monde que des progrès de leur art. Ils commencèrent à flatter les instincts des protecteurs, de la cour, du public.

1. Les *Mémoires de Testelin*, publiés par A. de Montaiglon. — Vitet, *l'Académie de Peinture et Sculpture*.
2. Cf. Quatremère de Quincy, *Suite aux Considérations sur les Arts du dessin en France*. Paris, 1791, in-8°, p. 22, 23, 24.

Le contact continuel qu'ils eurent avec les classes élevées de la nation corrompirent la naïveté et la spontanéité de leur talent, les portèrent à des raffinements de toutes sortes, les éloignèrent des rigides pratiques de leurs devoirs professionnels. Un éclectisme qui affadissait tout se glissa dans l'éducation. J'aurais tort de faire exclusivement à l'Académie un crime de ces tendances. Se recrutant dans la nation, elle participait à tous les défauts du milieu dont elle sortait; mais c'eût été un devoir pour elle de ne pas développer prématurément dans la jeunesse ces tendances fâcheuses. C'eût été un devoir de soustraire spontanément l'enseignement aux dangers qui le menaçaient, à la frivolité, aux tiraillements entre diverses méthodes, à des procédés contradictoires préconisés de tous côtés. L'Académie ne sut pas le faire. Elle ne sut pas sagement déléguer l'instruction à quelques maîtres, choisis par elle dans son sein pour leurs aptitudes toutes particulières à l'éducation. Elle voulut continuer à exercer directement l'enseignement quand, notoirement, nombre d'académiciens n'en étaient pas capables. Le roi, éclairé par des hommes intelligents, fit un coup d'autorité. Il décida que l'enseignement supérieur, qui ne commençait auparavant qu'à Rome, commencerait désormais à Paris; que l'École royale, qui n'enseignait qu'à dessiner, enseignerait désormais à modeler et à peindre. De plus, sans cesser d'être soumis au contrôle de l'Académie, dont on ne voulait confisquer ni les priviléges ni l'influence légitime, cet enseignement supérieur ne devait plus être exercé directement par elle. Un des académiciens les plus autorisés, désigné par les honneurs du professorat que lui avaient décernés ses confrères, se trouvant d'ailleurs dans la force de l'âge et du talent, fut choisi pour maître. De sérieuses notions d'histoire et de belles-lettres furent assurées aux étudiants assez avancés pour en profiter. L'École royale des élèves protégés fut fondée en 1749, et son histoire fait l'objet du livre que j'offre au public.

Je désire qu'on saisisse bien la portée de cette innovation et qu'on conçoive une juste idée de la valeur de cette réforme dans la série des vicissitudes de l'enseignement. La fondation de l'École fut une excellente mesure que l'Académie, aveuglée et intéressée, ne pardonna jamais au pouvoir. On verra qu'elle lutta sourdement contre les intelligents promoteurs de l'institution : Lenormant de Tournehem et Marigny. Après avoir combattu pendant vingt-cinq ans la séparation de l'*École* et de l'*Académie* avec une effronterie d'égoïsme vraiment scandaleuse, les académiciens parvinrent, à l'avénement de Louis XVI, à la faire cesser par la destruction de l'École royale des élèves protégés. Cette division était cependant si nécessaire que

vingt-cinq ans plus tard, quand, après la tourmente révolutionnaire, on essaya de renouer les
traditions et de reconstituer les anciennes académies, on sépara tout d'abord l'enseignement
proprement dit, la pédagogie, de la direction académique des arts. Tout en s'efforçant de rendre
à l'ancienne Académie de peinture, ou plutôt à
sa grossière parodie, devenue la quatrième classe
de l'Institut, une action légitime sur l'art, on ne
voulut pas que la responsabilité de l'enseignement fût, comme par le passé, trop morcelée et
par là amoindrie. On voulut que l'École des
Beaux-Arts et l'Académie eussent chacune une
existence distincte [1]. Les professeurs pouvaient
être pris parmi les académiciens ; mais les académiciens cessèrent en quelque sorte d'être, de
plein droit, professeurs. On évitait ainsi, avec
raison, de créer d'avance une école impuissante et
inféconde où la promiscuité des doctrines solli-
citerait en sens divers les talents des élèves,
et ferait régner un éclectisme de mauvais goût.
Le système d'éducation introduit par Lenormant, moins radical, puisqu'il laissait les débuts
des jeunes artistes à l'enseignement collectif et
direct des académiciens, avait le mérite de de-
vancer de près de cinquante ans le mouvement

1. En fait, cela n'eut pas lieu à cause de la composition de la quatrième
classe de l'Institut et de la tyrannique influence qu'elle exerça. Cf. Vitet,
l'Académie de Peinture et Sculpture, p. 9 et 11.

de réforme impérieusement réclamé au moment de la Révolution. C'était toujours le bon et judicieux enseignement académique, mais épuré par une sorte de suffrage à deux degrés.

La fondation de l'École des élèves protégés fit partie d'un ensemble de décisions remarquables [1] prises alors par l'autorité royale. Ce fut un des meilleurs symptômes de la renaissance qui ranima les arts au milieu du xviii° siècle ; car une importante et universelle réforme était nécessaire vers 1745. L'Académie n'avait pas donné tous les fruits qu'on était en droit d'attendre d'elle. J'ai rendu hommage à cette institution ; j'ai proclamé ses bienfaits ; mais il faut avouer que, tout en maintenant le niveau de l'art, elle s'était laissée aller à l'engourdissement sous d'insuffisantes directions, comme celles du duc d'Antin et d'Orry. Elle n'avait pas rayonné sur la France. Après avoir tout attiré à elle, elle n'avait rien rendu à la province, et quelques-uns des plus sanglants reproches qu'on lui a adressés sont à cet égard parfaitement mérités.

Ce n'était pas la faute de Louis XIV. Dès 1776 [2], sous l'inspiration de Colbert, il avait dit : « La splendeur et la félicité d'un Estat ne consistant pas seulement à soutenir au dehors la gloire

---

1. Voyez à ce sujet le *Livre-Journal de Duvaux*, Introduction, tome I, p. CXLVI à CLXXIV.
2. Lettres patentes de Louis XIV, enregistrées le 22 décembre 1676.

des armes, mais aussi à faire éclater au dedans l'abondance des richesses, et fleurir l'ornement des sciences et des arts, etc... Et comme nous avons esté informez par nostre amé et féal conseiller ordinaire en tous nos conseils, le sieur Colbert, que, par la bonne conduite des officiers de ladite Académie de Peinture et Sculpture, il y avoit lieu de rendre encore plus universel l'effet que ladite Académie a produit dans nostre bonne ville de Paris, en l'étendant dans tout le reste de nostre Royaume, par l'établissement de quelques Écoles académiques en plusieurs autres villes, sous la conduite et administration des officiers de ladite Académie Royale, dans lesquelles pourroient estre instruits divers bons éleves qui par cette éducation se rendroient capables de nous rendre service et au public et de parvenir à la réputation de leurs maîtres, s'il nous plaisoit accorder l'establissement desdites Écoles académiques; et inclinant à la priere de nostre cher et féal ledit sieur Colbert..... nous avons de nostre grace spéciale, pleine puissance et autorité royale permis, approuvé et autorisé, permettons, approuvons et autorisons l'establissement desdites Ecoles académiques; voulons qu'elles se tiennent désormais dans toutes les villes où il sera nécessaire. »

Et en même temps, le roi avait approuvé et le Parlement enregistré le règlement proposé par l'Académie pour la tenue de ces écoles [1]. C'était une très-sage mesure, malheureusement un peu trop platonique, que cette création des académies provinciales. C'était donner un utile contrepoids à l'omnipotence par trop unitaire du corps siégeant à Paris, un heureux correctif aux excès possibles de son autorité. C'était, en un mot, de l'excellente décentralisation. Mais cette prescription de l'illustre administrateur resta près de soixante-quinze ans lettre morte. L'Académie de Peinture, par une timidité et une jalousie bien condamnables, ne laissa fonder en dehors d'elle que la petite École de dessin des Gobelins, réclamée par les besoins de la manufacture des meubles de la couronne. C'est seulement sous la direction de Lenormant et de Marigny que les germes féconds déposés par Colbert purent germer. Ces deux intelligents successeurs du grand ministre de Louis XIV trouvèrent moyen de décentraliser et de prodiguer partout l'enseignement des Arts sans que l'État eût presque rien à débourser, sans que la prudente et bienfaisante influence de l'Académie fût compromise. Au lieu de tout entraver, ils réglementèrent et encouragèrent même le bon vouloir de quelques amateurs et de quelques artistes provinciaux; ils

1. *Règlement pour l'establissement des Écoles académiques de Peinture et Sculpture dans toutes les villes du Royaume où elles seront jugées nécessaires*, registré ouy le procureur général du Roi, etc..... Fait en Parlement, le 22 décembre 1676.

taxèrent la vanité du plus grand nombre et sou-
mirent toutes les organisations partielles de l'Art,
— Académies et Écoles locales, — au patronage
de l'Académie de Paris.

En effet, si tout d'abord le mouvement inauguré par Colbert, si l'enseignement académique
fut assez lent à se propager en province, il devint
irrésistible à dater de la renaissance qui signala
le milieu du xviii° siècle. Toulouse avait donné
l'exemple en 1726, sans que rien de durable pût
se fonder avant 1750 [1]. Rouen l'imita en 1747 [2],
Reims en 1752 [3], Marseille en 1753 [4], Lyon en 1756 [5],

1. Ph. de Chennevières, *Peintres provinciaux de la France*, tome II,
p. 30 et 31. — Et. Parrocel, *Annales de la Peinture*, Paris et Marseille, 1862,
in-8°, p. 81.
2. Robillard de Beaurepaire, *Recherches sur l'Instruction publique dans
le diocèse de Rouen avant 1789*, tome III, chap. IV.
3. Ph. de Chennevières, *Peintres provinciaux*, t. II, p. 62 et ss. ; Louis
Paris.
4. Et. Parrocel, *Annales de la Peinture*, p. 390 et ss.
5. Ph. de Chennevières, *Peintres provinciaux*, tome II, p. 38. — Et. Parrocel, *Annales de la Peinture*, p. 88.
La pensée qui donna naissance à l'École de Lyon remontait plus haut. En
effet, dès 1754, Lépicié, faisant fonctions de premier peintre, disait dans une
lettre adressée à Marigny, directeur général des Bâtiments du roi :
« 20 mai 1754. M. de Vahiny (c'était le premier commis des Bâtiments) m'a
montré le mémoire qui vous a été présenté pour le rétablissement de l'École
de dessein à Lyon et m'a communiqué le travail qu'il a fait en conséquence.
J'ai trouvé dans ce travail beaucoup de justesse dans l'arrangement du plan
et beaucoup de sagacité dans la combinaison des divers intérêts qu'il y avoit
à ménager. LÉPICIÉ. » (Arch. nat., O¹ 1925.)
Voici une lettre qui montre à qui Lyon doit l'existence de son École de
dessin :
« *Lettre de M. l'abbé de Lacroix, vicaire général, à monsieur le marquis
de Marigny* :
« De Lion, le 16 décembre 1756. — Monsieur, j'eus l'honneur de vous
écrire il y a trois ou quatre ans au sujet d'une académie de dessein dont je
suivois alors l'établissement dans cette ville; mes soins à cet égard ont eu
peu de succès et le zele que je marquois pour la perfection de cette partie
des Arts a rencontré bien plus d'obstacles que de secours. Je ne m'en suis

Amiens en 1758 [1], Dijon en 1767 [2], Troyes en 1773 [3], Tours en 1777 [4]. Nous ne pouvons énumérer toutes les Écoles qui s'ouvrirent en France à ce moment et la couvrirent dans l'espace d'un quart de siècle. Nous renvoyons aux notices spéciales qui traitent de ces établissements et de leur économie. Tous naquirent dè la même façon, par l'intrusion des amateurs dans le domaine de l'Art. Cette intrusion, que nous avons considérée comme regrettable à Paris, dans les hautes régions de l'Art où elle altérait le pur enseignement académique, si vigoureusement établi, fut au contraire profitable à l'art provincial qui avait, avant tout, besoin d'argent et de protection pour s'organiser.

D'intelligents administrateurs, inspirés par des

pas rebuté et, présumant qu'il seroit peut-être plus facile un jour de décider le ministere à soutenir en forme d'École ce qui n'en seroit pendant quelque temps qu'un essay, j'ai engagé, Monsieur, un petit nombre de citoyens amateurs à subvenir aux frais du modele, de l'apartement et de ce qu'entraine après soy ce genre de travail. M. l'Intendant (c'était en ce moment le maître des requêtes Bertin) a désiré de s'associer à nous. Mrs Frontier et Nonotte, de l'Académie royalle de peinture, nous ont généreusement offert leurs soins pour placer ce modele et je me suis chargé de solliciter pour eux votre agrément. Nos succès mériteront peut-être de l'obtenir un jour suivant les règles prescrites et lorsqu'il nous sera permis d'établir sur des fonds solides une école qui n'a pour le présent qu'un secours préliminaire et l'envie de réussir sous vos auspices.

« Je suis, etc.   (Signé) LACROIX. »

(Arch. nat , O¹ 1923, année 1757, p. 61.)

1. Ph. de Chennevières, *Peintres provinciaux*, tome II, p. 52.
2. Ph. de Chennevières, *Peintres provinciaux*, t. II, p. 64 et ss. Voir surtout *Éloge de M. Devosge, fondateur et professeur de l'école de dessin, peinture et sculpture de Dijon*. Dijon, 1813, in-8°.
3. Th. Boutiot, *Histoire de l'Instruction publique à Troyes*. 1868, in-8°.
4. Grandmaison, *Documents inédits pour servir à l'histoire des Arts en Touraine*, p. 107 à 112.

artistes convaincus, exploitèrent donc habilement une mine inépuisable : la vanité des riches amateurs. On fit miroiter aux yeux des provinciaux éblouis les titres d'académicien, de protecteur des Arts, de Mécène — appât de tout temps irrésistible — et on leur fit acheter ces titres par tous les sacrifices qu'on voulut leur demander. Pas d'Académie sans École. C'est ainsi que les prétentions de la province (d'ailleurs parfaitement légitimes et trop longtemps méconnues), non-seulement satisfaites, mais encouragées, concoururent partout au bien de l'État. Il faut avouer que c'étaient de véritables politiques que les administrateurs si peu connus et si mal appréciés du xviii° siècle ; loin d'entraver l'initiative individuelle, ils savaient la provoquer et lui faire servir les intérêts de la nation. Mais hâtons-nous de dire, pour être juste, qu'ils n'auraient pu rien constituer sans le dévouement longtemps désintéressé de quelques artistes, sans l'intelligence et le zèle de quelques amateurs exceptionnellement éclairés ; nobles esprits longtemps confondus dans le mépris que la foule voue à toutes les supériorités intellectuelles dont elle n'a pas encore organisé l'exploitation à son profit ! rêveurs souvent insultés par leurs concitoyens, jusqu'au jour où tous ces cuistres fastueux briguaient l'honneur de devenir leurs collègues dans une Académie dûment reconnue par le roi !

La province, du reste, ne fut pas seule à utiliser le puissant concours offert en ce moment à l'art par les amateurs. Depuis Louis XIV, à travers bien des vicissitudes, plusieurs fois supprimée, toujours renaissante, l'école de dessin des Gobelins avait assuré à la manufacture royale des meubles de la couronne des ouvriers habiles et instruits. Dans l'édit de 1667 portant création de cette manufacture, Louis XIV et Colbert avaient dit : « ARTICLE VI. Voulons qu'il soit entretenu, dans les dites manufactures, à nos dépens, le nombre et quantité de Soixante enfans, etc. — ARTICLE VII. Seront les enfans, lors de leur entrée en la dite maison, mis et placés dans le Séminaire du Directeur, auquel sera donné un maître peintre sous luy, qui aura soin de leur éducation et instruction. » Mignard, en 1691, en succédant à Lebrun comme directeur de la manufacture des meubles de la couronne, fit de cette école une petite académie de dessin [1]; le duc d'Antin, directeur général des Bâtiments, la laissa disparaître [2]; Orry, son successeur, la rétablit en 1736 [3]; ouverte à de nombreux enfants, elle était prospère sous Louis XV et possédait plusieurs professeurs [4]. Étendre à toute l'industrie parisienne le privilége

---

1. *Notice des Gobelins*, 1861, in-8°, p. 67. — Cf. marquis de Laborde, *Union des Arts et de l'Industrie*, p. 127.
2. *Notice des Gobelins*, 1863, p. 86.
3. *Notice des Gobelins*, 1863, p. 86, et Notice de 1861, p. 68.
4. Voir le *Livre-Journal de Duvaux*, Introduction, tome I, p. CLVII.

dont jouissaient les artisans patronés par le roi fut le rêve généreux d'un artiste. Bachelier connaissait par expérience les difficultés qui assiégent le jeune artiste pauvre et endorment ou étouffent en lui le génie naturel. Il avait été lui-même aidé à ses débuts [1]; il ne l'oublia jamais et chercha à assurer à tous la faveur dont il avait exceptionnellement profité. Les finances royales étaient obérées; l'Académie égoïste et peu sympathique [2]. Il ne fallait rien attendre de l'initiative officielle. Bachelier mit en jeu l'initiative privée. Après avoir su intéresser M. de Sartine, le lieutenant de police, à une fondation municipale profitable au commerce parisien, il fit appel à la bourse d'amateurs [3] intelligents et obtint en 1766, avec le prêt d'un local, la permission d'ouvrir à ses risques et périls une école où tous les enfants et tous les apprentis des artistes industriels pourraient

1. Voir le *Livre-Journal de Duvaux*, Introduction, tome I, p. cxcviii.
2. Mariette, *Abecedario*, tome I, p. 47.
3. « Parmi les fondateurs de cette école étoient le Roi, Monsieur, le comte d'Artois, Madame Victoire, le duc d'Orléans, etc., etc. (on trouve la liste complète dans les *Calendriers de l'École*). D'autres moyens procurèrent encore des secours à cet établissement. De généreux artistes donnèrent plusieurs concerts, entre autres le célèbre violon Gaviniés. Des étrangers voulurent aussi concourir à cet acte d'utilité publique. Un anglois envoya cinquante louis à M. Bachelier, directeur de la nouvelle école. — Dans le temps, quelques personnes contestèrent publiquement à M. Bachelier le mérite d'avoir conçu le plan de cette école et la gloire d'être parvenu à le réaliser. Ils prétendirent que les Anglois avoient eu l'idée première des établissements de ce genre, comme on peut le voir dans le *Gentleman's magazine* du mois d'août 1746, ouvrage traduit en françois par M. Ferrand de Monthelon, et imprimé à Paris dans la même année. C'étoit injuste. » (*Éloge de Devosge*, par Frémiet-Monnier; Dijon, 1813, in-8°, p. 62.) — Cf. le marquis de Laborde, *Union des Arts et de l'Industrie*, p. 146, 147.

apprendre gratuitement les premiers éléments du dessin.

L'État n'avait pas voulu croire à la nécessité de l'œuvre; les pressentiments du fondateur furent très-certainement traités d'illusions. Mais comme toujours, quand les preuves furent faites, quand l'établissement fut organisé, quand il fonctionna et se vit apprécié par le public industriel[1], l'État s'empressa de régulariser et de consacrer officiellement, après une seule année d'exercice, la fondation de Bachelier. Installée d'abord au collége d'Autun, rue Saint-André-des-Arts, puis dans l'amphithéâtre de chirurgie de Saint-Côme, rue

1. On lit dans un prospectus imprimé, répandu sans doute à grand nombre par Bachelier en 1768 : « Le Roi, par ses lettres patentes du 20 octobre 1767, a ordonné, etc..... Une de ces écoles de dessin a été ouverte dès le mois de septembre 1766 à l'ancien collége d'Autun, pour répondre à l'empressement du public à ce sujet ; 1,500 élèves seulement ont pu être admis aux exercices qui s'y font, quoiqu'il y en ait plus de 5,000 déjà inscrits chez M. Bachelier, directeur. Le lieu ne permettant pas d'en recevoir un plus grand nombre. »
Pour exciter les amateurs riches à faire des fondations, Bachelier ajoutait : « On observe que les élèves qui seront nommés par les fondateurs seront admis sur-le-champ dans les Écoles par préférence aux autres jeunes-gens qui se seroient fait inscrire. » Et il avait soin de publier à la suite un *tarif des fondations*, un spécimen des *récépissés* fournis aux fondateurs par le trésorier de l'École, et des modèles des divers contrats de fondations qui se passaient devant notaire. On trouvera à l'appendice le tarif des fondations. (Arch. nat., AD VIII, 1ª 4.)
Bachelier rêva aussi de doter la France d'un établissement semblable à l'École gratuite de dessin et qui aurait été destiné à instruire les femmes et à leur ouvrir la carrière des arts mécaniques. — *Mémoire sur l'éducation des filles, présenté à l'Assemblée nationale* par M. Bachelier, de l'Académie royale de peinture. Paris, 1789, in-8°. Bachelier est en outre l'auteur d'un *Projet d'un Cours public des Arts et Métiers* (Paris, de l'imprimerie royale, 1789, in-8°), sur lequel Leroy et Bailly firent un rapport à l'Académie des sciences le 22 juillet 1772. Cette pensée engendra depuis nos écoles des arts et métiers. Enfin Bachelier publia un *Mémoire sur les moyens d'établir avec économie le plus grand nombre d'Écoles primaires et secondaires.* Paris, 1792, in-4°. Voir l'*Appendice*.

e

des Cordeliers[1], où elle est encore, l'Ecole publique
et gratuite de dessin fut déclarée royale en 1767 ;
le principe des *fondations* particulières y fut maintenu ; placée sous le haut patronage de l'Académie
royale, elle reçut la plus libérale des organisations, où toutes fonctions pédagogiques se ga-
gnaient au concours, entre spécialistes apparte-
nant aux Académies de Peinture et d'Architecture
ou sortis de leurs écoles. On trouvera à l'*Appendice* tout le détail de cette institution et les documents officiels qui en retracent les vicissitudes[2].

Ce n'était pas en vain que depuis près d'un
siècle le goût des Arts se glissait partout et se
communiquait à toutes les classes de la société,
suscitant en haut des protecteurs éclairés et de
dévoués maîtres, en bas de zélés étudiants. « Cette
époque, a dit M. Frémiet-Monnier[3], est remarquable en France dans l'histoire des arts par le
caractère d'utilité qu'on cherchoit à leur imprimer. Partout on dissertoit sur les avantages des
écoles gratuites de dessin. L'Académie françoise,
favorisant cette disposition des esprits, voulant
aussi donner plus d'importance à cette matière,
en fit le sujet d'un prix extraordinaire. En 1767,
un anonyme envoya une médaille d'or à l'Acadé-

---

1. Aujourd'hui rue de l'École-de-Médecine.
2. J'ai oublié de dire à l'*Appendice* qu'à partir de 1782 un médecin avait
été attaché à l'École gratuite de dessin, et qu'il était chargé de soigner aux
frais de l'École les élèves malades. (*Collection des Discours de Bachelier*,
Paris, 1790, p. 48.)
3. *Éloge de M. Devosge*. Dijon, 1813, in-8°, p. 18 et p. 60, note 13.

mie françoise, afin qu'elle l'adjugeât à celui qui
prouveroit le mieux l'utilité des Écoles gratuites
de dessin. L'Académïe décerna le prix à M. Des-
camps, professeur de l'École de Rouen, auteur de
la *Vie des Peintres flamands, allemands et hollandois.*
Ce discours a été imprimé en 1767, à Paris, chez
Regnard [1]. M. de Rosoy fit, à cette époque, un
ouvrage sur le même sujet. Il est intitulé : *Essai
philosophique sur l'Établissement des Écoles gratuites
de dessin pour les Arts mécaniques.* Il a été imprimé
à Paris, chez Quillau [2]. M. Picardet l'aîné, dans
cette même année 1767, lut à la séance publique
de l'Académie des Sciences, Arts et Belles-Lettres
de Dijon un discours qui a pour titre : *Considérations sur les Écoles où l'on enseigne l'art du dessin* [3]. »
Dans une époque aussi artiste et aussi philanthrope
la création de Bachelier ne pouvait et ne devait
pas être à Paris une tentative isolée. Dès 1740 [4],

1. Et en 1789, in-8° de 30 pages.
2. In-12 de 128 pages, s. d. (1769). Le *Mercure de France* en a rendu
compte dans le n° d'avril 1769. Voici, extraits de l'*Essai philosophique*
(p. 26), quelques mots caractéristiques qui dépeignent parfaitement les sentiments de l'époque : « Les semences des vertus civiles que les leçons publiques entent dans les âmes se fécondent avec le temps. L'ouvrier n'est plus
un mercenaire que le désir de la débauche ou l'aiguillon de la faim attache
à son atelier pour en être arraché par la crapule ou par le vice : c'est un
citoyen qui rend à l'Etat, lorsqu'il est homme fait, ce qu'il a reçu étant enfant. »
3. *Mémoires de l'Académie de Dijon,* tome II, p. 130.
4. « Avant 1740, dit Patte dans l'Avertissement du tome V du *Cours d'architecture de Blondel,* il n'y avoit pas d'école à Paris où un jeune architecte
pût se former et apprendre tout ce qu'il lui importoit de savoir. Il falloit qu'il
se transportât successivement chez différents maîtres pour s'instruire de chacun de ces objets. Ce furent ces réflexions qui engagèrent M. Blondel à
former une Ecole des Arts. » Cf. D'Argenville, *Vies des fameux Architectes,*
1787, in-8°, p. 468.

Jacques-François Blondel, longtemps avant de professer à l'Académie d'Architecture, avait ouvert une École libre d'Architecture dans la capitale. Et plus tard, quand, à partir de 1762, il fut chargé par l'État d'enseigner dans une école officielle, il ne cessa de prodiguer ses leçons et son dévouement à l'établissement à la fois privé et public qu'il avait fondé. Je laisse le fondateur nous en raconter lui-même l'organisation, et j'exhume d'un livre, injustement oublié comme son École, l'attrayant récit qu'on va lire :

ORDRE DES LEÇONS QUI CONTINUENT DE SE DONNER SUR L'ARCHITECTURE ET SUR LES SCIENCES QUI Y SONT RELATIVES PAR JACQUES-FRANÇOIS BLONDEL, ARCHITECTE, ET PAR LES PROFESSEURS QUI LE SECONDENT DANS SON ÉCOLE DES ARTS, A PARIS [1].

Si, dans nos discours précédents, il nous a paru nécessaire d'indiquer aux personnes qui se vouent à l'étude de l'architecture la connoissance des sciences et des arts [2] qu'il

1. Tiré du *Cours d'Architecture, ou Traité de la décoration, distribution et construction des Bâtiments, contenant les Leçons données en 1750 et les années suivantes*, par J. F. Blondel, architecte, dans son Ecole des Arts. Tome III. Paris, 1772, in-8°, p. LXXXI et ss.
2. Voyez les Discours prononcés publiquement par l'auteur en juin 1747 et en avril 1754, imprimés chez Jombert père, libraire, rue Dauphine, à l'image Notre-Dame, et à la fin desquels sont annoncés la plus grande partie des Leçons dont il est ici question et le nom des Professeurs qui, depuis ce temps, secondent l'auteur dans ses travaux. (Note de Blondel.)
Voici quels étaient, en 1747, l'ordre des leçons et les noms des professeurs :

ORDRE DES LEÇONS.

I. Tous les jours de la semaine, à l'exception du lundi, depuis sept heures du matin jusqu'à sept heures du soir, on enseigne les principes du dessein concernant l'architecture et l'ornement relatifs à la décoration intérieure et extérieure, au jardinage, à la menuiserie, serrurerie, etc. (*Enseigné par* M. BLONDEL.)
II. Les mardis et vendredis, depuis trois heures après midi jusqu'à six, on

leur est important d'acquérir pour devenir un jour des architectes célèbres, peut-être est-il également intéressant que nous rappelions non-seulement à nos concitoyens, mais à nos provinces et même aux cours étrangères qui désirent envoyer en France les jeunes hommes qui se destinent à cet art, que, toujours plein de la même ardeur qui nous a animé jusqu'à présent, nous continuons de porter un œil attentif à tout ce qui peut contribuer à l'avancement de ceux qui s'attachent à suivre nos leçons.

Moins jaloux que satisfaits du nombre des écoles qui se

donnera des leçons de théorie sur la convenance, l'harmonie, la proportion, la situation, etc., appuyée des citations et de l'autorité des auteurs renommés. Ces leçons seront publiques, et peuvent également intéresser tant les personnes qui, sans avoir d'autres vues que de se nourrir le goût, désirent acquérir les connoissances de l'architecture, que celles qui se destinent à exercer un jour cet art en entier, ou quelques-unes de ces corporations. (*Professé par* M. BLONDEL.)

III. Tous les lundis, depuis la Pentecôte jusqu'à la Toussaint, pour acquérir l'expérience, on tiendra des conférences publiques sur les différens bâtimens, en visitant ceux qui embellissent Paris et ses environs. (*Expliqué par* M. BLONDEL.)

IV. Pendant les mêmes six mois, on donnera un jour de chaque semaine des leçons particulières de pratique, dans les différens ateliers des bâtimens qui se construisent dans cette capitale. (*Démontré par* M. BLONDEL.)

V. Tous les mardis, jeudis et samedis, depuis neuf heures du matin jusqu'à midi, on donnera des leçons de Mathématiques sur le calcul en général, sur la théorie de la géométrie, pour parvenir à la pratique de la longimétrie, trigonométrie, planimétrie, toisé, géodésie, stéréométrie, et sur les mécaniques et l'hydraulique, dans les différentes parties reversibles aux arts, et toujours conséquemment à l'architecture. On fera l'application de toutes ces leçons une fois chaque semaine sur le terrain, dans les saisons favorables. (*Professé par* M. ROGEAU DE VAL, *ingénieur et maître de mathématiques.*)

VI. Les mercredis, jeudis et samedis, depuis trois heures après midi jusqu'à huit, on enseignera les principes et les proportions du corps humain; les parties de l'histoire nécessaire pour parvenir à placer avec choix les attributs, les allégories convenables aux palais des Rois, aux édifices sacrés, aux maisons de plaisance, bâtimens publics, fêtes, etc.; ensemble les animaux, le paysage et tout ce qui peut donner de la liberté et animer le génie. (*Professé par* M. DE SAINT-AUBIN, *peintre.*)

VII. Trois mois de chaque année l'on fera un cours de perspective, pour pouvoir se rendre compte de l'idée générale de ses productions, après avoir acquis une connoissance juste et précise des proportions de toutes les parties géométrales qui composent les plans, élévations, coupes et profils d'un bâtiment. (*Professé par* M. [en blanc].)

sont formées dans Paris, sous nos yeux et à notre exemple, nous applaudissons aux efforts des artistes qui, comme nous, consacrent leurs veilles à l'instruction de leurs semblables; mais nous pensons qu'une longue suite d'expériences dans le professoriat réunie à l'association de plusieurs professeurs qui, dans chaque genre, cherchent à porter le flambeau des arts dans l'esprit des élèves, ne peut que contribuer à faire applaudir notre persévérance à cet égard.

Nous désirons donc faire connoître que non-seulement nous n'avons pas cessé de nous occuper de ce soin, mais que

VIII. Pendant trois autres mois de chaque année, il sera enseigné l'art de modeler en terre et en cire, afin que par ce secours nos élèves puissent, à la faveur du relief, juger de la force, de l'élégance et de l'expression qu'exigent les différentes parties de la décoration des bâtimens dans tous les genres. (*Enseigné par* M. GIRARD, *sculpteur en bâtimens.*)

IX. Trois autres mois de chaque année, on enseigne l'Art du Trait, d'après les meilleurs auteurs qui en ont écrit, depuis Philibert de l'Orme jusqu'à M. Freisier, en comparant Mathurin Jousse, Dezargues, le Père Derant et La Rüe, avec ce que nous ont laissé pour exemple dans nos monumens françois les habiles artistes qui ont excellé dans cette partie. (*Enseigné par* M. MELANT, *appareilleur.*)

X. Enfin, pendant trois autres mois de chaque année, on donnera des leçons sur le développement et la pratique de la charpenterie et menuiserie, d'après les ouvrages érigés sous la conduite de nos meilleurs architectes et exécutés par des entrepreneurs expérimentés. (*Enseigné, développé et mis en modèle par nos meilleurs ouvriers.*)

Indépendamment des leçons publiques annoncées ci-dessus, les jeunes gens qui veulent se destiner à l'Architecture ou aux Arts qui lui sont relatifs, et dont la fortune est bornée, trouveront dans cette École des Arts douze places gratuites. Ils joüiront pendant l'espace de plusieurs années du fruit des diverses études dont on vient de parler; on ne leur demande que du zèle et un temps suffisant. Si les professions les plus communes exigent une grande partie de la jeunesse pour les acquérir, doit-on se flater de posséder à fond l'architecture si l'on n'y destine que fort peu de temps, elle qui embrasse tant d'objets? La précipitation dans les études, l'appât du gain dans un âge peu avancé étouffe le génie, borne les talens et ne prive que trop souvent l'État d'hommes rares et excellens, etc., etc.

Toutes ces différentes leçons seront enseignées rüe des Grands-Cordeliers, proche celle de la Comédie-Françoise, fauxbourg Saint-Germain, à Paris.

Extrait du *Discours sur la manière d'étudier l'Architecture et les Arts qui sont relatifs à celui de bastir*, prononcé par M. Blondel, *architecte à Paris*, à l'ouverture de son deuxième Cours public sur l'Architecture, le 16 *juin* 1747. De l'Imprimerie de P.-J. Mariette, in-4° de 16 pages.

nous remplissons tous les jours cette tâche laborieuse, de manière à espérer que cet établissement utile, accueilli depuis près de trente années[1], et auquel nous portons un amour de père, par le bien qu'il a déjà produit et qu'il peut produire encore, continuera, même après nous, à porter de nouvelles lumières dans l'Architecture et les différentes branches qui la composent.

Dans cette vue, nous venons de faire choix d'un adjoint qui, nourri des mêmes principes, animé du même zèle et destiné à nous succéder un jour, parviendra à faire fleurir cet art, en faisant passer successivement les élèves qui lui seront confiés, des éléments à la théorie et de celle-ci à la pratique : il trouvera d'ailleurs des secours dans nos manuscrits et dans une collection assez considérable de dessins et de modèles que nous avons rassemblés depuis longtemps, secours qui, accompagnés de ses lumières, ne pourront que faire marcher dans la suite les jeunes artistes vers le chemin de la gloire.

Nos veilles multipliées, les talents décidés de notre adjoint et cette association d'artistes réunis nous ont paru d'autant plus nécessaires à perpétuer dans une des écoles de cette capitale, que nous nous sommes aperçus nous-mêmes que, toutes les fois que nous avons laissé à nos élèves le soin de se choisir en particulier des maîtres habiles pour acquérir à part les connoissances des mathématiques, du dessin, de la perspective ou de la coupe des pierres nous n'avons pas tardé à nous convaincre que, malgré la même attention de notre part et la même aptitude de la leur pour l'étude de l'architecture, ils y parviennent avec plus

1. L'auteur a commencé ses Cours publics en 1743, après en avoir obtenu le 6 mai de la même année l'agrément de l'Académie Royale d'Architecture, dont il n'étoit pas encore membre alors, n'ayant été nommé architecte du Roi qu'en novembre 1755 et professeur royal au Louvre en octobre 1762. (*Note de Blondel.*)

de lenteur et de difficulté. Cette expérience nous a donc confirmé que, quelqu'instructives que puissent être des leçons prises séparément, dans des temps différents, et dépouillées de la liaison qui leur est nécessaire, les progrès sont beaucoup moins rapides; sans compter que les distractions qu'occasionnent aux élèves le transport d'un lieu à un autre leur ôte, pour ainsi dire, la faculté de mettre un certain ensemble dans les différentes connoissances inséparables de l'étude de l'architecture.

Convaincus de cette vérité, nous persistons à croire qu'il convient que nous continuions de rassembler dans un même lieu tous les genres de talents utiles à cet art. En conséquence, nous redoublons nos efforts et nous désirons qu'ils puissent satisfaire à ce que le public a droit d'attendre de nous; à cet effet, nous allons rendre compte des différentes leçons qui se donnent dans notre école, soit pour ce qui concerne l'architecture, soit pour ce qui regarde les mathématiques, le dessin, la coupe des pierres, etc., etc.

Architecture.

Tous les jours, depuis huit heures du matin jusqu'à deux heures après midi, nous donnons nos leçons sur l'architecture, qui comprennent la distribution, la décoration et la construction des bâtiments, ainsi que l'art du jardinage relativement à l'embellissement des jardins de propreté, etc.

Tous les lundi et mercredi, depuis onze heures du matin jusqu'à une heure après midi, nous rassemblons nos élèves, selon le degré de leurs connoissances, pour récapituler les leçons précédentes, les démontrer de nouveau d'après le cours d'architecture que nous venons de mettre au jour[1] et

1. Ce *Cours d'Architecture* contient six volumes de discours et trois volumes de planches. Il comprend les leçons que nous avons données publiquement dans notre École des Arts depuis 1744. Les trois premiers volumes sont au jour, à Paris, chez la veuve Desaint, libraire, rue du Foin-Saint-Jacques.
Nous nous occupons actuellement à rassembler le plus grand nombre des

attaquer les différents détails relatifs à chaque genre d'édifice.

Deux fois la semaine, depuis trois heures après midi jusqu'à neuf pendant les mois d'avril et de mai, nous les conduisons dans les édifices de cette capitale, pour y examiner sur les lieux, soit l'ordonnance extérieure et intérieure de nos édifices sacrés, soit la distribution et la décoration des dedans et des dehors de nos bâtiments d'habitation.

Mathématiques et Coupe des pierres.

Tous les lundi, mercredi et vendredi, depuis trois heures jusqu'à cinq, on donnera des leçons de calcul numérique et algébrique; et depuis cinq heures jusqu'à neuf, des leçons sur la coupe des pierres d'une manière relative à la théorie et à la pratique de cet art.

Tous les mardi, jeudi et samedi, depuis trois heures jusqu'à six, on donnera des leçons sur la géométrie, les sections coniques, la mécanique et l'hydraulique, suivant les auteurs les plus approuvés. Les mêmes jours, depuis six heures jusqu'à neuf, on continuera les leçons sur la coupe des pierres.

Dans la belle saison, on conduit le matin les élèves sur le terrein pour y faire différentes opérations de trigonométrie, leur apprendre à lever des plans, à faire des nivellements, et leur enseigner l'art de se servir des différents instruments destinés à ces divers objets; enfin, l'hiver, dans les matinées, on donne des leçons sur la fortification, la manière de dessiner la carte, etc.

Dessin de différents genres.

Tous les mardi, jeudi et samedi, depuis six heures du soir jusqu'à neuf, on donne des leçons sur le dessin tel que la

édifices élevés dans nos provinces les plus considérables : cette collection composera environ quatre volumes particuliers, de même format que notre *Cours d'Architecture* et qui paroîtront de suite après la publication des trois derniers volumes. (Note de Blondel.)

figure et le paysage, ainsi que les premières notions sur l'histoire sacrée et profane, relativement aux arts ; et, pendant l'hiver, deux de ces leçons sont destinées à dessiner d'après la bosse.

Perspective.

Tous les lundi, mercredi et vendredi, pendant les mois de novembre et de décembre, on donne des leçons sur la perspective et sur les principales règles de l'optique.

Ornement et Art de modeler.

Tous les mardi, jeudi et samedi, les après-midi, en hiver, on donne des leçons sur le dessin concernant l'ornement; on enseigne l'art de le modeler dans le meilleur genre, ainsi que les trophées, les bas-reliefs, etc.

Expérience.

Tous les lundi, mardi et vendredi, les matinées, en été, on donne des leçons sur le toisé des bâtiments, l'art de faire des devis, et la manière de parvenir à faire l'estimation des différents projets faits par les élèves ou de quelques édifices exécutés à Paris par nos plus habiles architectes.

Physique.

Tous les mardi, jeudi et samedi, pendant les mois de novembre et décembre, depuis neuf heures du matin jusqu'à onze, on donne des leçons sur la physique expérimentale, relative à l'art de bâtir et à l'architecture.

Les après-midi, pendant que nous nous occupons dans le cabinet à l'étude de notre art et à l'impression de nos ouvrages, notre adjoint qui, au vrai talent de l'architecture, joint la connoissance des différentes parties des arts énoncés ici, préside et surveille à l'ordre des diverses leçons et aux progrès des élèves.

Ces différentes leçons se prennent dans plusieurs salles, ayant vue sur un grand jardin; l'une destinée à ceux qui en sont encore aux éléments; une autre pour les élèves qui en sont à la composition. Dans l'une et l'autre, sont exposés les dessins en grand et les développements relatifs à chaque objet. Une autre salle est destinée pour le dessin dans tous les genres, où sont exposés quantités d'originaux, avec des bosses et des bas-reliefs nécessaires à cette étude ; dans une quatrième pièce, se donnent les lecons de mathématiques, de perspective, de fortification, du toisé et de la théorie de la coupe des pierres.

Dans un grand cabinet particulier, où sont contenus les livres, les instruments, les modèles en tout genre et une belle collection de dessins sous glace, se donnent des leçons de physique expérimentale.

Dans un corps de logis séparé, se trouve un atelier pour la coupe des pierres et des bois, dans lequel sont exposés les épures en grand et des modèles de différents genres, tant pour la maçonnerie que pour la charpenterie, la menuiserie, etc.

Dans le même corps de logis est une salle destinée pour les exercices utiles tels que les armes, la musique, la danse, exercices qui se prennent particulièrement et qui doivent entrer dans le plan de l'éducation des hommes bien nés qui se vouent à l'architecture et qui sont destinés à vivre en société dans un monde choisi.

Les dimanches et les fêtes, depuis une heure jusqu'à huit, se donnent gratuitement à tous les ouvriers du bâtiment différentes leçons sur le dessin, les éléments, la théorie ou la pratique relatifs à leurs besoins. Nous nous faisons un devoir de présider à ces différentes instructions : notre adjoint, nos professeurs et ceux de nos élèves les plus avancés se font aussi un plaisir de pouvoir être de quelque utilité aux citoyens de cette classe, qui, un jour, leur deviendront utiles dans leurs travaux.

Enfin, pour parvenir à procurer un plus grand degré d'utilité à cet établissement, dans la même maison, bien aérée

et située convenablement, à Paris, nous avons fait choix
d'une personne d'une probité reconnue, qui, à notre sollicitation, a bien voulu se charger de prendre en pension, et
sous nos yeux, les élèves, pour la table et le logement, et
qui veille à l'assiduité et aux bonnes mœurs de ceux qui,
envoyés à Paris sans ce secours, se trouvent souvent abandonnés à eux-mêmes et, par là, perdent le fruit de leurs
études; au lieu que, par ce moyen, ils trouveront, dans le
même asile et à un prix raisonnable, les besoins nécessaires
à la vie avec la facilité de devenir des hommes habiles dans
les différentes parties des Beaux-Arts.

A une description sommaire de l'École des Arts
de Blondel, l'*Encyclopédie* ajoutait, en 1755, les
lignes suivantes : « Un établissement si intéressant
a paru encore insuffisant à son auteur. Pour le
rendre plus utile et les connoissances de l'architecture plus universelles, il a fondé dans cette
École douze places gratuites pour autant de jeunes
citoyens qui, favorisés de la nature plus que de la
fortune, annoncent d'heureuses dispositions et des
talents décidés pour former des sujets à l'État; et
il a ouvert plusieurs cours publics qu'il donne
régulièrement; et pour que ses leçons devinssent
utiles à tous, il a envisagé cet art sous trois
points de vue, savoir les éléments, la théorie et
la pratique. En conséquence, tous les jeudis et
samedis de chaque semaine, depuis trois heures
après midi jusqu'à cinq, il donne un cours élémentaire d'architecture spéculative, composé de
quarante leçons, destinées pour les personnes du

premier ordre, qui ont nécessairement besoin de
faire entrer les connoissances de cet art dans le
plan de leur éducation. Après ces quarante
leçons, ils sont conduits par l'auteur dans les
édifices de réputation, pour apprendre à discer-
ner l'excellent, le bon, le médiocre et le défectueux. Ce cours est renouvelé successivement, et
il est toujours ouvert par un discours qui a pour
objet quelque dissertation importante sur l'architecture ou sur les arts en général. Tous les
dimanches de l'année, après midi et à la même
heure, il donne un cours de théorie sur l'architecture dans lequel il explique et démontre avec
soin et dicte avec une sorte d'étendue les principes fondamentaux de l'art à l'usage des jeunes
architectes, peintres, sculpteurs, graveurs, déco-
rateurs et généralement de tous les entrepreneurs de bâtiments, qui, étant fort occupés pendant toute la semaine dans leurs ateliers, se
trouveroient privés de ces leçons utiles s'ils ne
pouvoient les prendre le jour de leur loisir.
Enfin, tous les dimanches matin, il donne un
cours de géométrie pratique, de principes d'architecture et de dessein aux artisans qui reçoivent tous les leçons dont ils ont besoin relativement à leur profession soit pour la maçonnerie,
la charpenterie, la serrurerie, la menuiserie, etc.
Ces différents exercices sont aussi ouverts en faveur de ceux qui ont besoin du dessein en parti-

culier, tels que les horlogers, ciseleurs, fondeurs, orfévres, etc., qui y trouvent les instructions convenables et nécessaires pour perfectionner leur goût et leurs talents [1]. »

L'École des Arts de Blondel était donc bien l'expression des goûts, des tendances de son époque, des besoins de vulgarisation scientifique du XVIII° siècle, de cette soif de savoir qui tourmentait les diverses classes de la société, et de cette philanthropie qui les rapprochait toutes. Blondel, en effet, n'avait pas songé aux seuls artistes. Il avait fait la part dans son École à l'enseignement des gens du monde, par « un cours élémentaire d'architecture spéculative composé de quarante leçons destinées pour *les personnes du premier ordre*, qui ont nécessairement besoin de faire entrer les connoissances de l'architecture dans le plan de leur éducation ». Enfin, il avait pensé aux artisans « qui, étant fort occupés pendant toute la semaine dans leurs ateliers, se trouveroient privés de ces leçons utiles s'ils ne pouvoient les prendre le jour de leur loisir ». Et le dimanche, il enseignait aux ouvriers les éléments des arts du dessin en même temps qu'il ouvrait aux plus intelligents d'entre eux, par douze places gratuites, l'accès du grand art. Notre siècle vaniteux et ignorant, qui a désor-

1. *Encyclopédie*, édit. in-folio, tome V, daté de 1755; v° École.

ganisé la vieille France, qui excelle à populariser uniquement les mauvaises doctrines et à propager la démoralisation, prétend qu'avant lui on n'avait rien fait pour éclairer le peuple. Qu'at-il inventé de mieux ? Je le demande à toutes les sociétés philanthropiques, Franklin et autres. Elles ont pu faire davantage, non pas mieux. Et ce que firent Blondel et Bachelier, ils le firent l'un en 1740, l'autre en 1766, sans bruit, sans réclame, sans affiches, sans espoir de préparer la moindre candidature radicale; ils le firent avant la proclamation et l'exploitation des *immortels principes;* ils firent le bien et ils étaient désintéressés[1].

Au moment de sa lutte avec l'Académie de Peinture naissante, la corporation des maîtres peintres, sous le nom d'Académie de Saint-Luc, avait, à l'image de sa puissante rivale, ouvert une École où le dessin s'enseignait d'après le modèle vivant et où l'organisation de l'institution royale était habilement parodiée[2]. Après avoir eu, au

1. Je crois que personne ne me contestera cette affirmation. C'est à dessein que je n'ai pas tenu compte d'une malveillante insinuation de Mariette, devenu académicien (*Abecedario*, tome 1, p. 47), parce qu'elle était intéressée. J'ai, d'ailleurs, surabondamment démontré l'égoïsme coupable et la basse jalousie de la plupart des académiciens contemporains de Mariette pour tout ce qui n'était pas l'enseignement direct de l'Académie de peinture.

2. Je ne puis, dans cette introduction, raconter par le menu toutes les vicissitudes de l'Ecole de l'Académie de Saint-Luc. Le lecteur qui voudra connaître les détails se reportera aux *Mémoires pour servir à l'histoire de l'Académie royale de Peinture*, publiés par M. de Montaiglon (Paris, Jannet, 1853, 2 vol. in-12), et au livre de M. Vitet, *l'Académie royale de Peinture et Sculpture*, p. 85 et suivantes, p. 142 et suivantes.

xvii° siècle, plusieurs domiciles et avoir été supprimée deux fois, cette École fut autorisée par lettres patentes du roi, datées du 17 novembre 1705, et inaugurée solennellement le 20 du mois de janvier 1706, sous la surveillance du lieutenant général de police[1]. Elle était alors définitivement installée dans la Cité, près Saint-Denis-de-la-Châtre, rue des Hauts-Moulins[2], à l'endroit où la corporation des maîtres peintres occupait une maison attenant à la chapelle Saint-Symphorien ou Saint-Luc. « Cette communauté, dit Piganiol, y tient non-seulement son bureau d'assemblée, mais encore une école publique où elle entretient un modèle et où un maître habile instruit et corrige les jeunes gens qui veulent s'appliquer au dessein. On distribue tous les ans, le jour de la Saint-Luc, deux médailles d'argent aux étudiants qui ont fait de plus grands progrès dans le dessein. » Cet enseignement, très-brillant au début[3], dura jusqu'à la suppression de l'Académie de Saint-Luc, mais en s'affaiblissant de plus en plus.

Nous n'avons parlé jusqu'à présent que de l'Académie de peinture et sculpture. Notre tableau serait incomplet si nous ne disions quelques mots de l'Académie d'Architecture. Fondée en 1671,

1. Piganiol, *Description historique de la ville de Paris*, édit. de 1765, tome I, p. 434, 435 et 208.
2. Piganiol, *loc. cit.*, et *Encyclopédie*, V° Académie.
3. Vitet, *l'Académie royale de Peinture et Sculpture*, p. 183 et suivantes.

remaniée en 1717[1], en 1728[2] et en 1756[3], dotée
de nouveaux règlements en 1775[4], elle eut des
destinées moins bruyantes, mais non moins glorieuses que son aînée. Créées à un assez long
intervalle l'une de l'autre, ces deux Académies se
trouvèrent matériellement séparées, régies par
des lois différentes, ce qui est regrettable ; mais
sorties toutes deux de la même pensée créatrice,
leurs tendances et leurs enseignements furent les
mêmes et leurs théories se confondirent. Il ne
faudrait donc pas exagérer les conséquences de
cette séparation, qui fut purement matérielle et
n'altéra nullement l'indivisibilité de l'art académique. Tout ce qu'on a dit pour apprécier l'œuvre de la première s'applique parfaitement à la
seconde. Depuis le XVIIe siècle toutes les branches
de l'art français marchèrent de front et au même
pas. L'Académie d'architecture avait, comme
l'Académie de peinture, le même corollaire, une
féconde École, dans les rangs de laquelle elle se
recrutait, qui procédait par les même moyens et
propageait avec non moins de succès les mêmes

1. *Lettres patentes portant établissement d'une Académie d'Architecture, données à Paris au mois de février 1717, enregistrées au Parlement
le 18 juin 1717.* Paris, Prault, in-4°.
2. *Lettres patentes en formes d'Edit, portant création de huit nouveaux
architectes de la deuxième classe de l'Académie royale d'Architecture.*
Juillet 1728. Paris, Prault, in-4°.
3. *Lettres patentes qui fixent le nombre des membres dont les deux
classes de l'Académie royale d'Architecture seront composées à l'avenir.*
Juin 1756. Paris, Prault, in-4°.
4. *Lettres patentes du Roi portant nouveaux statuts et reglemens pour
l'Académie royale d'Architecture.* Novembre 1775. Paris, Simon, in-4°.

f

doctrines [1]. « C'est aussi dans cette Académie, disait François Blondel dès 1675 [2], où Sa Majesté a voulu que les règles les plus justes et les plus correctes de l'architecture fussent publiquement enseignées deux jours de chaque semaine, afin qu'il s'y pût former un séminaire pour ainsi dire de jeunes architectes; et, pour donner plus de courage et de passion à cet art, elle a ordonné qu'il y soit de temps en temps proposé des prix pour ceux qui réussiront le mieux, dont elle choisira un bon nombre qu'elle envoyera ensuite à ses dépens à Rome, afin que rien ne manque de sa part à leur parfaite instruction, et à les rendre capables dans la conduite de ses bâtiments. Néanmoins, comme il est vrai que la connoissance des préceptes de l'architecture ne suffit pas toute seule pour faire un architecte, cette qualité supposant beaucoup d'autres lumières, Sa Majesté a voulu que, pendant la seconde heure des leçons de l'Académie, l'on enseignât publiquement les autres sciences qui y sont absolument nécessaires aux architectes, comme celles-ci : la géométrie, l'arithmétique, la mécanique, c'est-à-dire les forces mouvantes, les hydrauliques qui traitent du mouvement des eaux, la gnomique, l'architecture militaire des fortifications,

1. Cf. *Dictionnaire de l'Académie des Beaux-Arts*, v° Académie d'Architecture. — Pierre Clément, *Lettres, Instructions et Mémoires de Colbert*. Tome V, Introduction, p. LXXI et ss.
2. *Cours d'Architecture*. Paris, 1675, in-folio.

la perspective, la coupe des pierres et diverses autres parties de mathématique, etc. » L'École de l'Académie d'architecture fut confirmée par les lettres patentes de 1717, qui disaient : « Le professeur sera tenu, deux jours de chaque semaine, de donner des leçons en public, dans une salle que l'Académie destinera à cet effet. Il dictera et expliquera chacun de ces deux jours pendant deux heures au moins. » Cette école fut très-vigoureusement constituée pendant tout le XVIIIᵉ siècle, dotée de prix annuels et d'un grand prix donnant droit à la pension de l'Académie de France à Rome. Elle prospéra jusqu'à sa suppression en 1793.

A aucune époque l'habileté de la main d'œuvre dans les Arts mécaniques, — qui fut quelquefois supérieure, notamment au moyen âge, — n'a été aussi universellement répandue qu'au XVIIIᵉ siècle et ne pénétra aussi avant jusqu'au fond des provinces les plus reculées. Quand on parcourt la province et surtout la campagne qui, mieux que la capitale ou les grandes villes, a conservé l'aspect du dernier siècle, on est frappé du soin et du goût qui présidaient alors à la confection des meubles les plus humbles et à la décoration des intérieurs. Tous les objets mobiliers, fer, bronze, bois, étoffes, tentures, destinés à la petite bourgeoisie ou aux gens du peuple, étaient fabriqués sur place, dans des conditions de bon marché exceptionnelles qui expliquent leur simplicité.

Mais tous ils ont une forme, sinon toujours heureuse, au moins sincèrement étudiée. Tous ils révèlent dans leur auteur, — à des degrés divers, mais universellement, — des préoccupations artistes. Nulle part la matière première n'a été livrée brute au consommateur. Partout elle a reçu l'empreinte d'une main intelligente et exercée. En un mot, si faible qu'il soit, un cachet d'art incontestable marque tous les produits des industries du xviii⁰ siècle, non-seulement à la ville, mais à la campagne, que les œuvres soient celles de fondeurs, de bronziers, d'orfèvres citadins, ou celles de pauvres serruriers, forgerons ou menuisiers villageois. Le fait de la supériorité des Arts mécaniques au milieu d'une certaine décadence générale m'a longtemps intrigué comme une énigme. J'en ai aujourd'hui l'explication : grâce au rayonnement de l'enseignement académique, à l'aide des Écoles de dessin de toutes sortes, un ferment d'art s'était inoculé à la France entière et s'y était singulièrement développé. Cette assertion n'est pas une affirmation gratuite. Les événements postérieurs se sont chargés de faire pour moi la contre-épreuve de cette vérité; c'est une triste expérience qui doit nous être profitable. Nos arts usuels provinciaux ont disparu tout d'un coup avec la cause qui les avait produits. Très-vivaces à la fin du dernier siècle, alimentés par de nombreuses industries locales et les alimentant à leur tour, ils se sont abîmés avec tant d'autres choses dans le gouffre de la Révolution. Le grand Art a pu survivre à la catastrophe, et tout à l'heure nous dirons comment; l'Art industriel n'a pas survécu à la désorganisation de ses Écoles.

Résumons les notions recueillies par nous sur l'enseignement public des Arts à la fin du xviii° siècle. Cet enseignement comprenait :

1° L'École ouverte et tenue au Louvre par l'Académie de Peinture et Sculpture ;

2° La petite École des Élèves-artistes dont nous retraçons l'histoire ci-après, et qui avait remplacé l'École royale des Élèves protégés ;

3° L'École ouverte et professée par l'Académie d'Architecture ;

4° L'Académie de France à Rome;

5° L'École des Gobelins;

6° L'École d'Architecture, fondée en 1740 par Blondel sous le nom d'École des Arts, qui était publique et dans certains cas gratuite ;

7° L'École royale gratuite de Dessin, fondée en 1766 par Bachelier ;

8° Toutes les Écoles de Dessin des villes de province.

Grâce à tous ces établissements scolaires, grâce aux surprenants progrès des Arts et de leur pédagogie au sein des provinces encore autonomes ; grâce surtout à cet excellent mécanisme académique, fruit du temps, de l'expérience et du génie

de la nation, on peut dire que la France possédait en 1789, — malgré ses lacunes et ses défauts, — un enseignement admirable, que l'organisation actuelle de nos arts ne pourra peut-être
égaler et ne surpassera jamais. L'éducation académique, ébranlée déjà par la suppression de
l'École royale des Élèves protégés en 1775, mais
si fructueusement étendue à toute la France par
la fondation et la prospérité des écoles provinciales, continuait donc ainsi le cours régulier de
son développement, quand survint la Révolution.

La Révolution, au lieu de réformer, détruisit,
et, comme un ignorant empirique, sous prétexte
d'empêcher la contagion, tua le malade qu'il aurait suffi de guérir. Un homme fort distingué,
M. Renouvier, a brillamment soutenu un para-
doxe que l'esprit de parti a érigé en doctrine.
L'excellente *Histoire de l'Art pendant la Révolution*
est, pour qui sait comprendre, un impitoyable réquisitoire contre cette déplorable époque. L'auteur a pris au sérieux toutes les phrases creuses
et ineptes débitées par des artistes grisés de vin
ou de sang; il admire la mise en scène ridicule
déployée par ces lugubres jocrisses; il applaudit
à leurs parades et à leurs déclamations; il loue
la chaleur de leurs manifestations qui n'étaient au
fond que folie furieuse ou lâche hypocrisie [1].

1. Voir la pièce de Laya, jouée en 1793, et intitulée *l'Ami des Lois*. Le
masque républicain y est habilement arraché par l'auteur à ses contemporains.

Veut-on savoir ce que les révolutionnaires pensaient des arts en général et des écoles de dessin en particulier? Je trouve l'expression de leurs sentiments dans une boutade échappée à Mercier, au paradoxal auteur du *Tableau de Paris*, qui se vantait d'avoir prédit et préparé la Révolution, et qui quelquefois, par fanfaronnade, osait dire tout haut ce que bien des gens murmuraient tout bas. « C'est un grand malheur public, disait Mercier [1], que cette protection éclatante accordée à des talens frivoles ou dangereux : ces enfans, qui paroissent d'un tempérament robuste, on en fait des dessinateurs. Eh! pourquoi ne pas les restituer aux arts mécaniques, qui les réclament? Pourquoi enlever ces bras naissans à l'agriculture moderne? Des têtes de Raphaël, qu'on fait copier aux premiers venus, quelle démence! Veut-on faire une république de peintres?... Ces écoles gratuites n'enseignent qu'une chose; elles retrécissent l'industrie au lieu de l'étendre. Qu'on ouvre indistinctement la porte à tous ceux qui se présentent, on leur ôte la facilité d'apprendre un métier. D'ailleurs, qu'on examine un peu tous ces malheureux écoliers gratuits, combien y en aura-t-il en état de suivre la carrière dans laquelle ils se trouvent transplantés? Aucun, si quelque hasard heureux ne lui en présente les moyens.

1. *Tableau de Paris*, tome X, Amsterdam, édit. de 1788, in-8°, p. 99-102.

Voilà donc une multitude de jeunes gens sacrifiés à la gloriole d'avoir formé un établissement niais, tout au moins inutile, et à la fortune de quelques professeurs qui gagneroient bien mieux leurs appointemens en se promenant du matin au soir et sans rien faire absolument... Nous nous éleverons donc toujours contre l'École gratuite de dessin, contre la prétendue utilité d'un établissement de cette nature, et nous croyons qu'il n'y auroit pas de livre plus philosophique à faire aujourd'hui que celui qui s'éleveroit avec force contre la peinture, la gravure, l'architecture, l'enluminure, la sculpture, ces arts tant préconisés et si faux, si dangereux, si inutiles au bonheur et aux vives jouissances de l'âme. Ils ont usurpé les titres du génie; il est temps de les en déposséder et de rendre aux arts riants et utiles, aux arts du sentiment, les sommes immenses que le pinceau et le ciseau ont détournées pour quelques impressions molles, passagères et dangereuses sous plusieurs rapports. »

Qu'on ne m'objecte pas que je rends la Révolution injustement responsable des opinions personnelles d'un excentrique écrivain, dont l'orthodoxie démagogique est suspecte. Mercier a très-certainement traduit, sous une forme vive et brutale, un sentiment fort généralement répandu à son époque. Cette haine inintelligente pour l'art, ce sont les idées nouvelles qui la lui avaient inspirée. Celui qui flétrissait les écoles de dessin, de peinture et de sculpture comme des établissements « dangereux et favorisant le luxe, le faste, la cupidité et la débauche[1] » était le digne précurseur des philosophes pratiques qui proposèrent la transformation du jardin des Tuileries en un champ de pommes de terre[2], des Chaumette qui voulaient voir la France entière en sabots[3]. Tout se tient, d'ailleurs, dans un ordre social. En détruisant les écoles de dessin[4], la Révolution n'a pas seulement démontré la conformité de ses vues avec celles de leur premier dénonciateur, elle était en même temps parfaitement logique avec elle-même, et n'a fait qu'appliquer rigoureusement les principes qu'elle avait adoptés. Depuis la suppression des maîtrises, il n'était plus nécessaire de savoir un métier pour le pratiquer. Dès le règne de Louis XVI, la Révolution avait affranchi l'artisan du besoin d'être habile ; partant, d'aller à l'École[5]. Tous les hommes étant égaux devant le droit de produire, bien niais aurait été l'ouvrier qui eût perdu son temps à se perfection-

1. *L'An deux mille quatre cent quarante*, tome II, édit. de 1786, p. 65.
2. *Réimpression de l'ancien Moniteur*, tome XVII, p. 581.
3. *Biographie universelle*, au mot Chaumette.
4. Seul Quatremère de Quincy soutint la thèse de la nécessité d'une École publique de dessin entretenue par l'État. *Considérations sur les arts du dessin en France*, Paris, 1791, p. 72 et suivantes.
5. Dès 1789 les Écoles de dessin étaient menacées et dépréciées dans l'esprit de la nation. C'était pour lutter contre ces influences que, de 1789 à 1792, Bachelier réimprima plusieurs fois ses discours et ses écrits sur les Écoles de dessin.

ner par l'enseignement. Manufacturer machinalement, sans faire intervenir des préoccupations
inutiles comme le souci de l'art; vouer indifférence et mépris à toute recherche dans le travail,
voilà la doctrine révolutionnaire. Pour la Révolution, *Art* a été synonyme de *Luxe*. C'étaient deux
manifestations également odieuses de l'Aristocratie. Il y a des vérités qu'il faut avoir le courage de dire : la Révolution a interdit à la masse
des artisans le domaine de l'art. Étendant à tout
une dégradante et égalitaire médiocrité, elle a fait
des ouvriers d'inintelligents manœuvres; elle a
irrévocablement consommé le divorce de l'Art et
de l'Industrie, et rompu la longue alliance qui
avait été si féconde; elle a fait du dessin un *art
d'agrément* réservé aux oisifs, et par là elle a détruit pour longtemps l'art industriel français[1]. Il
nous reste à voir ce qu'elle a fait du grand art.

1. Ce n'est pas, comme on l'a répété trop souvent, à la fondation de l'Académie de peinture que remonte la séparation définitive de l'art et de l'industrie. L'art, au XVIIe siècle, n'avait rompu les entraves imposées par les
corporations que pour s'élever librement plus haut; il ne s'était séparé du
métier que pour s'épurer. Mais une fois parvenu dans les régions supérieures
auxquelles il aspirait, il rappela à lui son ancien compagnon, l'instruisit,
s'empressa de le faire profiter de ses conquêtes et, en échange de son obéis-
sance, l'associa à tous ses travaux et à la plupart de ses honneurs. Toutes les
écoles, toutes les manufactures royales dirigées par des académiciens, nous
fournissent la preuve de la sollicitude de l'art pour le métier. Les progrès
constants des arts usuels sous Louis XIV et sous Louis XV établissent qu'il
n'y avait pas divorce, mais union féconde entre[e] l'art et l'industrie. C'est la
Révolution qui, en supprimant la direction académique, en abolissant la
hiérarchie du talent, en fermant les écoles et les manufactures royales, en
mutilant les monuments, en licenciant les associations de l'industrie, mit la
volonté des artistes, isolée et impuissante, en face des bras inintelligents
faute de culture, partant inoccupés, des ouvriers.

Je suis le premier à reconnaître qu'il y avait
quelque chose à désirer à la fin de l'ancien régime; mais l'art était-il donc tellement malade
qu'il ne pût être sauvé que par une aussi violente
médication? Le marquis de Laborde [1] a parfaitement démontré que, en 1791 et même en 1789, la
réforme, en ce qu'elle avait d'utile ou même de
nécessaire, était entièrement accomplie dans les
idées[2]; que l'Académie elle-même l'avait opérée
dans son sein; enfin, que celle-ci était parfaitement convertie au dogme nouveau dont Vien et
David étaient les grands prêtres. Cette modification dans les sentiments était même assez profonde
et datait d'assez loin pour que la province la plus
éloignée eût eu le temps d'y participer. Les chefs
des écoles provinciales étaient tous gagnés à la réforme par l'antique. Encore quelques années et
une merveilleuse renaissance se produisait régulièrement[3]. Ce fut le moment que choisit la Révolution pour tout supprimer. Je ne veux pas d'autre
témoignage que celui de M. Renouvier. Il a rendu
pleine justice à l'esprit libéral de l'Académie[4]. Eût-
elle été vingt fois plus caduque, cent fois plus
pourrie, remplacer cette vieille institution par la
« Commune générale des Arts », comme le fit

1. *Union des Arts et de l'Industrie*, p. 168.
2. Voir aussi Ph. de Chennevières, *Peintres provinciaux de l'ancienne
France*, tome VI, p. 69.
3. Marquis de Laborde, *Union des Arts et de l'Industrie*, p. 162, 163.
4. *Histoire de l'Art pendant la Révolution*, p. 7.

l'ignoble David, c'était la justifier et la glorifier à jamais. Quelle direction nouvelle pouvait imprimer une réunion d'incapables, de jaloux et de brouillons ameutés par deux misérables, David[1] et Restout ? L'Art officiel de la Révolution trouva cependant moyen de tomber plus bas encore. En effet, au bout de quelques mois d'exercice, la Commune des Arts fut supprimée comme réactionnaire et remplacée par la « Société populaire et républicaine des Arts[2] » présidée par Sergent. L'ancien académicien Restout, Restout le renégat, Restout le voleur[3], digne président de la première académie républicaine, n'avait pas suffi à la tâche qui lui avait été assignée. Sergent eut l'honneur d'achever cette glorieuse mission.

Tout le corps de doctrines, toutes les influences non pas discordantes, mais diverses, que représentait l'élite des académiciens, toute cette filia-

---

1. Je prie le lecteur qui me trouverait trop violent à l'égard de David de vouloir bien consulter les documents suivants : Dauban, *La Démagogie à Paris en 1793*, p. 467, 468 ; — *Paris en 1794*, p. 532 à 534. — *Nouvelles Archives de l'Art français*, tome I, p. 414-428. — *Mémoire pour les citoyennes Trudaine, veuve Micault, Micault, veuve Trudaine, et le citoyen vivant Micault Courbeton fils* ; à Paris, l'an III de la République ; in-8° de 85 p., p. 79 et 80.

2. Il existe un procès-verbal de toutes les absurdités débitées à la Société populaire et républicaine des Arts. Il faut lire le journal que publia l'architecte Destournelle, sous ce titre : *Journal de la Société républicaine des Arts*, chez Destournelle ; Paris, 1794, in-8°.

3. C'est Renouvier lui-même qui apprécie fort sévèrement la moralité de ce personnage. Il fut accusé d'avoir pris part au vol du Garde-Meuble en 1793, et emprisonné pour ce fait. *Histoire de l'Art pendant la Révolution*, p. 15. Cf. à sa décharge peut-être : Dauban, *La Démagogie à Paris en 1793*, p. 137-140.

tion des vieux talents français [1], franchise, liberté, sincérité, tout sombra dans le naufrage de l'Académie. Après le passage de la *Société populaire et républicaine*, il ne restait plus rien des institutions qui avaient porté si haut nos arts nationaux. Une ambition seule survivait, contemplait ces ruines, et se promettait d'établir sur elles un empire incontesté. A part le touchant talent de Prud'hon, qui n'avait rien d'essentiellement révolutionnaire [2], l'art révolutionnaire fut l'asservissement le plus complet non plus aux doctrines d'un corps, mais aux volontés et aux vues étroites d'un seul homme. La vieille langue pittoresque que la France avait si longtemps parlée fut tout à coup proscrite. Un pédant grammairien lui en imposa une nouvelle au nom d'un prétendu principe politique et professa un enseignement auquel la guillotine donnait de l'autorité. La direction de David fut la plus intolérante des dictatures, et cet artiste joua exactement dans les arts le rôle de Bonaparte dans la politique.

Le Directoire en fondant sur l'anarchie un simulacre de gouvernement, le Consulat en essayant

---

1. Sur le caractère imposé à l'art français par l'Académie de peinture, il faut lire les *Etudes sur les Beaux-Arts en France et en Italie*, par le vicomte Delaborde, tome I, p. 50, 51, 79, 80, 81, 82, 83, 84, 88, 89, 90.
2. Renouvier a en vain essayé de donner le change. Si Prud'hon fut l'artiste le plus éminent de l'époque révolutionnaire et s'il interpréta d'une façon remarquable quelques-unes de ses idées, il ne fut nullement compris par elle. Il fut si peu le peintre ordinaire de la République que celle-ci le laissa à peu près mourir de faim.

de reconstituer la nation au profit d'un soldat, l'Empire en consommant la confiscation de la France, rétablirent en apparence l'Académie de peinture et sculpture sous le nom de Quatrième classe de l'Institut[1]. Mais le principe fécond de la maîtrise, la hiérarchie élective, l'accessibilité continuelle laissée à tous les talents, le rajeunissement perpétuel sans révolution et sans secousse, tous les rouages de cet admirable organisme avaient disparu pour jamais[2]. Aux yeux de la masse du peuple, c'était toujours la même horloge; seulement le mécanisme autonome était remplacé par le doigt de l'administration conduit par le caprice d'un artiste ambitieux. David ne demanda pas mieux que d'être le Lebrun de cette nouvelle Académie, car l'inexorable destructeur de la belle institution royale ne souhaitait rien tant que de faire organiser son despotisme par la quatrième classe de l'Institut.

Ne nous en plaignons pas trop. Après avoir mis l'art à deux doigts de sa perte, David sauva l'enseignement, sauva l'École française tout en la violentant. On recule d'épouvante devant la seule pensée de ce qu'aurait pu devenir l'Art français au milieu de la Révolution, sans David. A quelles

1. Vitet, *l'Académie de Peinture et Sculpture*, p. 10, 11. — *Dictionnaire de l'Académie des Beaux-Arts*, v° Académie.
2. Le vicomte Henri Delaborde, *Études sur les Beaux-Arts en France et en Italie*, tome 1, p. 85, 86.

extravagances, à quelles folies n'aurait-il pas été
entraîné dans tous les sens? L'École n'eût-elle
pas disparu tout entière si l'anarchie y avait
régné comme en politique? Heureusement, il n'y
eut pas dans la direction un seul moment d'inter-
règne. On laissa bavarder et divaguer les clubs.
On persuada à Fleuriot et à quelques autres
sinistres imbéciles qu'ils avaient organisé l'Art
« révolutionnairement [1] »; et on leur fit aveuglément propager, au nom de la Révolution et à
l'aide de procédés révolutionnaires, la plus pure
doctrine académique appliquée malheureusement
sans aucun tempérament. C'était ne conserver
que le mauvais côté d'un excellent principe, mais
c'était encore quelque chose que d'avoir un principe et un gouvernement quels qu'ils fussent. Le
jour où cessa la direction de l'Académie, l'Art,
muselé et bridé par un vigoureux dictateur, fut
poussé ventre à terre dans une voie solitaire, loin
des dangers et du tumulte de l'heure présente.
Il échappa ainsi à la contagion. Bizarre destinée
que celle de David qui fit chérir la main déshono-
rée qu'il appesantissait sur l'Art; qui appliqua au

---

1. Voyez dans le *Journal de la Société populaire et républicaine des
Arts*, de Destournelle, les jugements et les opinions motivées du sculpteur
Fleuriot. Il voulait qu'on dessinât, qu'on peignit, qu'on sculptât et qu'on
gravât *révolutionnairement*. Il ne donnait pas les prix à ceux qui faisaient
preuve de la plus grande somme de talent, mais à ceux qui dans leurs œuvres
se montraient le plus *révolutionnaires*. Ce qualificatif était, dans sa bouche,
le *maximum* de l'éloge à exprimer sur une œuvre d'art. Fleuriot fut maire de
Paris sous la Terreur. Consultez sur lui la *Biographie universelle*.

nom de la liberté la plus affreuse tyrannie; qui, révolutionnaire, sauva, sans le savoir, l'École qu'il voulait détruire alors que l'action légale de l'Académie de peinture elle-même, survivante ou ressuscitée, aurait peut-être été impuissante à lutter contre le désordre!

L'enseignement matériel, la féconde méthode de l'étude de la nature, la foi dans la beauté indiscutée et indiscutable de l'antique, presque tout le dogme académique enfin fut intégralement transmis par David aux générations nouvelles sorties de la Révolution, mais, hélas! sans le contrepoids de la liberté et de la personnalité. Après avoir supprimé la vieille Académie de peinture, David en continua et en exagéra l'action[1]. Peu lui importait alors qu'en fondant l'École des Beaux-Arts, qu'en lui donnant une personnalité distincte on eût restreint les attributions de la nouvelle Académie et tenté de soustraire l'enseignement à son influence immédiate et directe[2]. Peu lui importait que les nouveaux académiciens eussent perdu le droit exclusif d'exposition. David triomphait partout, dominait tout, même les ateliers non officiels, régnait souverainement sur l'opinion

1. « David, a fort bien dit M. Léon de Laborde (*Union de l'Art et de l'Industrie*, p. 193), qui avait renversé l'Académie après l'avoir honnie dans son atelier, devint, pour sa punition, le type de l'académicien vide et ennuyeux; son style, la marque caractérisque et le stygmate de ce qu'il y a de plus pauvre dans l'art, le style académique. » Cf. *id., ibid.*, p. 171.

2. Un décret du 11 janvier 1806 attribua à l'empereur la nomination des professeurs de l'École des Beaux-Arts.

publique [1]. On n'interrogeait plus ni la nature
ni l'antique ; on copiait purement et simplement
David. Les modifications dans les attributions du
nouveau corps académique n'eurent donc, sous ce
règne absolu, aucune influence appréciable sur
l'enseignement. Elles n'allégèrent en rien le joug
qui pesait sur les Arts. Mais tandis que le goût
public changeait, l'Académie continua, jusque
vers 1825, d'appliquer avec la régularité d'une
toute-puissante bureaucratie la doctrine du maître
et d'enseigner sa servile imitation. Cette doctrine
fut érigée en religion; hors de l'église officielle il
n'y eut plus de salut. On comprend alors l'explo-
sion du romantisme et la nécessité d'une violente
réaction. Il est bien regrettable que l'art du
XIX° siècle n'ait pu se développer que dans un
état de révolte contre l'ordre établi, que dans une
indiscipline non-seulement avouée, mais hautement affichée, que dans des extravagances si contraires à notre tempérament national, que dans
un débordement d'individualisme. Grâce à la vicieuse institution de la République et à la funeste
machine du premier Empire, l'autorité dans les
Arts a été pour longtemps compromise en France.

S'il importe beaucoup de ne pas laisser l'opinion publique confondre plus longtemps, par

1. L'influence de David s'exerça aussi bien sur l'architecture, la sculpture
et l'industrie que sur la peinture. Cf. le marquis de Laborde, *Union des
Arts et de l'Industrie*, p. 170, 171.

une injuste assimilation, l'ancienne Académie de peinture et cette quatrième classe de l'Institut qui a recueilli sans droits[1] l'héritage de l'institution royale, il n'importe pas moins de démontrer, pour être impartial, que l'Académie des Beaux-Arts actuelle ne saurait être considérée comme solidairement responsable des théories professées par l'Académie d'il y a trente ans, alors qu'elle était presque exclusivement composée des caudataires de David. M. Vitet s'est imposé cette double mission et s'en est acquitté avec son talent et son succès ordinaires. Ainsi que l'a très-justement fait remarquer cet éminent critique[2], l'esprit de l'Académie des Beaux-Arts est bien changé. Son personnel s'est totalement renouvelé. Elle a compté ou elle compte encore parmi ses membres tous les proscrits de l'ancienne loi, tous les excommuniés de l'ancien culte académique. Si l'influence fatale qui a plané sur son berceau ne pe-

1. Vitet, *l'Académie royale de Peinture et Sculpture*, p. 7, 10, 11. — Vicomte Henri Delaborde, *Etudes sur les Beaux-Arts en France et en Italie*, tome 1, p. 85.

2. Voici ce que disait M. Vitet dans un article sur l'enseignement des Arts du dessin (*Revue des Deux Mondes*, n° du 1er novembre 1864, p. 77 et 78) :

« Oui, dans notre jeunesse, cette Académie des Beaux-Arts pouvait passer pour close, presque murée à nos idées les plus chères, à ce libéralisme esthétique dont nous étions dès lors, dont nous sommes toujours les champions dévoués ; nous la trouvions enchaînée à des partis-pris inflexibles ; elle était à nos yeux tyrannique, oppressive, hors d'état de transiger sur rien. Peut-être cédions-nous à quelques préventions ; au fond nous avions raison. Des faits, des faits publics le disaient hautement. C'était bien vraiment là l'Académie de cette époque ; c'était son penchant habituel, son esprit dominant ; mais aujourd'hui nous tomberions dans la routine à notre tour, si nous ne savions pas voir combien elle est changée. »

sait pas encore sur elle, si sa constitution antili-
bérale ne l'entravait pas dans ses meilleures intentions, il faudrait — actuellement — reconnaître en elle une sorte d'émanation indirecte de
la vieille Académie. Si elle consentaît à reprendre la belle et noble organisation de l'institution primitive, il faudrait même regretter qu'elle
ait perdu, au profit des pouvoirs politiques, le
gouvernement effectif de l'Art par la direction des
expositions et de l'enseignement. Seule elle peut,
en revenant aux grandes traditions du passé,
faire refleurir, à l'aide d'une méthode longue-
ment expérimentée, les beaux temps de l'École
française [1]. On connaît maintenant les fruits de
quatre-vingts ans d'interruption dans le pouvoir
de l'Académie de peinture. Le style soi-disant
académique de la quatrième classe de l'Institut,
après avoir opprimé l'Art français pendant plus de
trente ans, est mort sans héritier, comme c'était

---

1. Depuis que ces pages sont écrites, un vœu semblable a été formé par
M. J.-J. Guiffrey, dans la préface des *Notes et Documents inédits sur les
Expositions du dix-huitième siècle*, p. LII à LVI ; Paris, Baur, 1873. Je
m'associe complétement à ses conclusions. Enfin j'ai eu le plaisir de voir que
ma pensée, loin d'être considérée comme une excentricité, était au contraire
partagée par de nombreux artistes, et notamment par l'administration supérieure des Beaux-Arts. Le *Journal officiel* du 11 janvier 1874 contient un
*Rapport au Ministre de l'instruction publique, des cultes et des beaux-
arts*, dans lequel M. le marquis de Chennevières propose, sous le nom
d'Académie nationale des artistes français, une reconstruction à peu de chose
près de l'ancienne Académie de peinture. Des regrets et des espérances au
sujet de la composition actuelle de l'Académie des Beaux-Arts avaient d'ailleurs été déjà formulés, avec toute la compétence désirable, par M. Vitet, dans
son livre sur l'Académie de Peinture et Sculpture, et par M. Henri Delaborde,
dans ses *Études sur l'Art en France et en Italie*, tome I, p. 85 à 88.

justice. Les trois quarts du xıxᵉ siècle se sont épuisés en tâtonnements et consumés en vains efforts, alors que jamais peuple n'a compté dans son sein autant d'artistes que nous. Avons-nous, aurons-nous cependant une école nationale? L'ordre, un ordre durable, pouvait-il naître du despotisme? Pourra-t-il sortir de l'anarchie[1]?

L'histoire n'a pas uniquement pour but une vaine curiosité. Elle doit des leçons au temps présent, puisque, science du passé, elle possède, pour qui sait l'interroger, le secret de l'avenir. Qu'on raisonne *a priori* ou *a posteriori*, les conclusions sont partout les mêmes. Toute éducation dans les Arts s'est toujours composée de deux éléments essentiels et indispensables : l'enseignement pédagogique ou doctrinal, et l'apprentissage; la théorie et la pratique; l'autorité et la liberté. On a vu comment ces deux éléments constitutifs de toute école ont été successivement combinés pendant les différentes périodes historiques que nous avons étudiées, et comment les progrès ou la décadence dépendent des proportions dans lesquelles est fait le mélange des deux méthodes. L'enseignement pédagogique, la théorie seule, se transmettant comme un dogme religieux, a immobilisé l'Art, a tari en lui toute séve, l'a isolé du milieu dans lequel il devait vivre et s'agiter. Au

---

1. Cf. le vicomte Henri Delaborde, *Etudes sur les Beaux-Arts en France et en Italie*, tome I, p. 85.

contraire l'apprentissage, le rapprochement immédiat du jeune artiste et de l'œuvre à produire,
omisso medio, c'est-à-dire sans tenir compte des
gloses pittoresques dictées par les grands maîtres,
l'apprentissage, en un mot, sans le contrepoids
d'un enseignement théorique, sans traditions
élevées et continues, aboutit rapidement à une
émancipation complète, à une exagération de la
personnalité, au réalisme, ou à des fantaisies
individuelles provoquant à côté d'elles de rivales
excentricités. Dans la série des transformations
historiques, deux états de la société humaine ont,
par l'influence de leurs idées religieuses, préparé
un milieu merveilleusement propre au développement exclusif de chacun de ces systèmes d'éducation. Aucun des deux n'a pu produire isolément un art. L'art juif n'a pas existé, parce qu'il
n'a pu se développer dans une société régie par
un traditionalisme étroit et aveugle. Bien qu'il y
ait eu de très-grands artistes protestants, la religion réformée, victime de son individualisme,
n'a jamais pu enfanter un art. Si c'est par l'union
des deux méthodes, la première restant prépondérante, que l'enseignement a été le plus fécond,
qu'il a donné les plus brillants résultats, ne faut-
il pas conclure ainsi et aboutir à cette formule ?
A la base, étude pratique de la nature, recherche
sincère du sentiment individuel dans l'expression
de la pensée pittoresque; au-dessus, puissant

corps de doctrines éclairant le praticien, l'élevant au-dessus du morceau qu'il exécute, lui montrant la place que ce morceau doit occuper dans l'ensemble de son travail, la place que l'état qu'il représente doit lui-même occuper dans l'œuvre générale à laquelle il concourt; une solide pédagogie enfin, communiquant aux diverses branches de l'art, — toutes solidaires entre elles et inséparables les unes des autres, — une direction commune, un but, une foi, des croyances identiques. Sans ce concours, sans ce concert, sans cet effort collectif, sans la salutaire association de tous les genres, sans l'influence de théories générales, en un mot, sans une école fortement organisée, pas d'art national. Cet idéal de l'Ecole, — autant qu'il est donné aux institutions humaines de réaliser les conceptions absolues de l'esprit — la France l'a possédé dans l'enseignement de l'Académie de peinture.

A Dieu ne plaise que je souhaite à notre art contemporain une sorte de religion d'Etat, un culte officiel qui s'imposerait comme un dogme et étoufferait sans discussion toute manifestation d'indépendance, qui proscrirait toute interprétation personnelle du texte éternellement jeune et vierge de la nature. Ce serait le retour pur et simple à l'art byzantin ou, pis que cela, à l'infécond mosaïsme; plus près de nous, au système de David et de son école académique. Mais le danger n'est pas là en ce moment. L'enseignement, aujourd'hui, n'est presque exclusivement qu'un apprentissage : c'est-à-dire la communication rapide des moyens d'exécution et rien de plus, si ce n'est une excitation à se livrer à des instincts quelconques, à ses passions personnelles. Le danger de la France artiste, il est dans l'éparpillement de ses forces, dans l'importance donnée trop tôt à toutes les initiatives individuelles, dans le dédain des efforts collectivement dirigés vers un but commun sous l'inspiration de la moindre idée morale, dans le mépris de toute direction, dans la haine de toute hiérarchie, même pédagogique, dans une inepte démocratie intellectuelle, qui ravale les esprits supérieurs au niveau des esprits les plus grossiers[1]. Ce qui nous a faits grands dans les armes, dans la politique, dans les lettres, dans les arts ; ce qui a produit la beauté de notre langue ; ce qui a formé longtemps le caractère essentiel de notre génie national : la discipline, nous fait aujourd'hui complétement défaut[2].

1. Le marquis de Laborde poussait déjà, il y a dix-huit ans, ce cr d'alarme : « Le plus grave symptôme de l'abaissement de notre École est dans l'esprit de la jeunesse : plus d'autorité chez les maîtres, plus de docilité chez les jeunes gens ; partant, plus d'enseignement. Tous les ateliers qu faisaient école sont fermés ; là où vous aviez des chefs et une armée, vous ne rencontrez plus qu'une foule sans lien, sans conviction, sans but, une foule dans laquelle on s' forme soi-même, d'où l'on sort peintre et sculpteur comme on veut, quand on veut et même avec des commandes, lorsqu'on sait se faire appuyer dans les bureaux. » (*Union des Arts et de l'Industrie*, p. 204.)

2. Voir dans la *Chronique des Arts* du 12 mai 1872 une lettre adressée au directeur de cette Revue par M. Henri Delaborde, à propos du Salon de 1872.

C'est à nos écoles de nous rendre cette qualité, cette vertu de notre race. Si la France ne sait pas réveiller en elle le sentiment qui l'a élevée si haut, elle comptera peut-être encore d'éminents artistes, mais elle n'aura plus d'art national. Ce sera l'avénement d'une sorte de protestantisme dans l'esthétique, le triomphe des fantaisies individuelles. Alors l'art français, interrompu dans son développement, s'arrêtera tout à coup, comme une nouvelle tour de Babel, parce que chacun de ses interprètes se sera mis à parler sa langue. Gardons-nous même de croire que cette impuissance collective marque le dernier échelon de la décadence possible de notre école. A côté de l'art trop individualiste se tient, dans l'ombre, un avide et hypocrite héritier prêt à recueillir la succession maudite. Le matérialisme est là. Nous savons, hélas! ce qu'il ferait de l'héritage. Les seules œuvres du matérialisme, ce sont les ruines.

Orbais, 5 avril 1874.

L'ÉCOLE ROYALE

DES

ÉLÈVES PROTÉGÉS

Depuis que la France cultive les Arts du dessin, les souverains qui l'ont gouvernée ont toujours protégé les artistes. Sans même remonter aux glorieuses époques de nos histoires provinciales, il n'y a pas en Europe une nation qui puisse montrer sur un trône, rival de celui de la France, une série d'hommes aussi intelligents, aussi remarquables par les lumières et par le goût. Seul, par exemple, notre pays a possédé une longue dynastie de Valois. Mais, pendant le moyen âge et la renaissance, vivant au milieu d'une société pleine de séve et de jeunesse, tous nos rois n'ont protégé les arts, alors si vivaces, qu'en simples amateurs. Leurs bienfaits étaient personnels. L'effet des récompenses et des encouragements se trouvait ordinairement limité par la vie

1

du bienfaiteur et par celle du bénéficiaire. L'art s'épanouissait à certains moments pour disparaître subitement sous l'influence passagère de quelques événements contemporains ou sous le contre-coup des malheurs politiques. Malgré l'admirable tenue, le courage, la solide organisation des maîtrises, l'histoire de l'art français est une succession de lueurs brillantes et de courtes éclipses. De grandes individualités s'y montrèrent isolées, sans recevoir toujours la tradition d'un prédécesseur, sans pouvoir toujours la transmettre vivante à un successeur immédiat.

Quoi qu'on ait dit et pensé des académies, dont l'établissement est contemporain des décadences aussi bien qu'il leur est indispensable, ce sera l'éternel honneur de Louis XIV et de Colbert d'avoir cherché, en quelque sorte, à mettre l'art au-dessus du hasard des événements, en faisant de son organisation une institution de l'État, immuable, pensait-on, comme la monarchie. Sans doute un décret de l'autorité publique, des subventions nationales, des privilèges concédés par l'État ne sauraient, à jour fixe, faire fleurir l'art dans aucun pays. Mais l'intervention de l'État, impuissante à produire directement le génie, peut préparer et entretenir le milieu nécessaire à son éclosion. Dans l'esprit du grand siècle, pour implanter à jamais les arts sur le sol de la France, pour en assurer le perpétuel, constant et régulier épanouissement, il fallait deux actes de l'autorité royale : assurer d'abord l'existence matérielle et

le recrutement facile de quelques artistes éminents, chargés
de conserver et de propager les doctrines; et ensuite, à
côté du corps privilégié, éternel dépositaire des principes,
créer une sorte de pépinière où grandiraient et se forme-
raient de jeunes sujets capables de remplacer les maîtres
émérites que la mort aurait ravis; fonder enfin, dans ce but,
un *séminaire*. Car c'est le mot propre; mot si juste, si poé-
tique, que la science laïque et la vieille Université de France
ont eu le tort de ne pas conserver. On créa donc à nouveau,
ou plutôt on réglementa, à titre d'institution publique et de
fondation royale, l'Académie de peinture et de sculpture et
l'Ecole publique de dessin. Puis, comme l'Italie, grâce aux
merveilleuses traditions de l'antiquité, a toujours été un
des foyers les plus actifs de la civilisation; comme elle présente depuis des siècles le musée le plus complet où l'homme
ait déposé les manifestations successives de ses arts et de
son industrie, Colbert voulut encore que, à Rome, dans ce
milieu le mieux imprégné de la culture intellectuelle du
passé, la France possédât un palais pour y perfectionner,
dans une sorte d'école supérieure, les plus méritants de ses
élèves. L'Académie de France à Rome fut ainsi fondée en 1666,
et un enseignement comportant désormais deux degrés
se trouva organisé. Si ce double enseignement de l'Ecole de
Paris et de l'Ecole de Rome est, dans ses détails, mal connu,
même des érudits, encore tout le monde sait-il qu'il a existé.
Mais il n'en est pas de même d'un autre enseignement, cons-

tiluant, entre les deux écoles que j'ai déjà nommées, un degré intermédiaire; enseignement qui a prospéré pendant de longues années et n'a pas été complétement inutile à la France, sans qu'on ait daigné lui accorder depuis la moindre attention. Le présent travail est consacré à étudier ce degré intermédiaire de la pédagogie académique, ce qu'on pourrait appeler l'instruction pittoresque secondaire, par opposition à la simple école publique de Paris et à l'École de Rome, qualifiables, dans la terminologie de nos jours, l'une de primaire, l'autre de supérieure. J'espère que, grâce aux documents nombreux qu'on trouvera rapprochés ci-après, ce long épisode de l'enseignement des arts en France ne sera pas le chapitre le moins connu de l'histoire des écoles de notre pays.

I

C'est, pour l'école française de peinture, un assez médiocre artiste à citer que Charles-Antoine Coypel. Il porta, dans la première moitié du xviiie siècle, un nom que son père avait fait relativement illustre; mais, impuissant à le soutenir dignement, il avait bien vite quitté l'histoire pour le genre. Il mêla alors à sa peinture des préoccupations littéraires. Il croyait réussir avec des « bambochades » et des compositions prétentieuses dans lesquelles ses contemporains, prenant comme lui le change, ne savaient pas remarquer la nullité d'exécution et applaudissaient l'expression d'un esprit raffiné. Bien plus souvent, abandonnant tout moyen pittoresque pour traduire sa pensée, il écrivait des comédies, vivait au théâtre, et ne cherchait guère qu'à surprendre les suffrages de gens qu'il abusait en se faisant passer pour homme de lettres éminent parmi les artistes, et pour artiste distingué parmi les gens de lettres. Mais, hâtons-nous de le dire, c'était un esprit très-cultivé, un admirateur impartial de tout ce qui est beau, un curieux qui laissera un des meilleurs cabinets [1] du xviiie siècle. C'était avant tout un critique érudit et très-capable d'enseigner parfaitement la peinture, à condition de ne pas se faire imiter. Il était depuis longues années professeur de l'Académie; il la dominait à l'aide de son élégant bavardage, l'éblouissait par ses ma-

---

1. *Catalogue des tableaux, desseins, marbres, bronzes, modeles, estampes et planches graves, ainsi que des bijoux, porcelaines et autres curiosités de prix du cabinet de feu M. Coypel, etc. Paris, 1753, in-8°.*

nières d'homme de cour, la distrayait et la charmait par
de fréquentes lectures. En 1747, il en devint directeur.
Presque en même temps, son nom et le talent qu'il avait
d'en imposer à son époque lui firent donner le titre de
Premier-Peintre du roi [1]. Ce titre lui créait tout d'un coup
de nombreux et importants devoirs, auxquels il ne sem-
blait pas préparé : car alors un premier-peintre gouver-
nait à peu près souverainement les arts en France sous la
responsabilité du directeur des bâtiments du roi. Mais cet
homme, futile seulement dans ses allures, prit au sérieux
les nouvelles fonctions dont il était investi et rendit d'éminents services aux arts. On lui doit notamment, dans l'enseignement de l'Académie, les modifications et les améliorations [2] considérables que nous allons rapporter.

Voyons d'abord ce qu'était l'enseignement de l'école
académique au milieu du XVIIIe siècle.

« L'Académie royale de peinture a pour objet, dit Blondel [3], de former des peintres, des sculpteurs et des graveurs d'un mérite éminent. Elle a pour base l'école du
modele, qui se tient tous les jours de l'année à l'exception
des dimanches et fêtes, pendant deux heures. Cette école
est conduite par un professeur, qui change chaque mois, et
par l'un des recteurs, qui sert par quartier.

« Le premier moyen d'émulation dont on use dans cette
école est de faire travailler pour les places. Le second, de
faire couronner, tous les trois mois, trois des meilleurs des-

---

1. Certificat de la charge de premier peintre du roi en faveur du sr Coypel
du 18 janvier 1747. (Arch. nat., O¹ 1922, p. 127.)
2. Il faut consulter sur cet artiste son contemporain Mariette, qui le connaissait bien. « Ce fut lui, dit le célèbre amateur, qui imagina l'établissement
de l'École académique des élèves protégés par le roi. On ne peut que louer
son zèle ; mais dire que l'établissement soit utile et bon, c'est autre chose ;
le temps l'apprendra. » (*Abecedario de P. J. Mariette.* Paris, Dumoulin, 1853,
tome II, p. 32. — Cf. *Archives de l'art français*, 2e série, tome II, p. 81-97.)
3. *Architecture françoise.* Paris, 1756, livre VI, p. 37, note f.

seins ou bas-reliefs faits d'après le modele. C'est ce qu'on appelle les petits prix. Ils consistent en trois médailles d'argent de différente valeur. Ceux qui les obtiennent sont appelés *médaillistes;* ils entrent dans l'école immédiatement après les académiciens et les éleves protégés par le roi, les premiers médaillistes avant les seconds, et ceux-ci avant les troisièmes. En général, on n'admet à ce concours que ceux qui justifient de leur assiduité aux leçons de géométrie, de perspective et d'anatomie que l'Académie fait donner dans son école par deux professeurs particuliers.

« Les petits prix ont été institués en 1684. Ils sont jugés à l'expiration de chaque quartier par le directeur, le chancelier, les recteurs, les adjoints à recteurs, etc., et sont distribués dans une assemblée publique par le directeur général.

« Au reste, ce sont les grands prix qui excitent aux plus grands efforts. Ils sont composés de quatre médailles d'or, deux pour la peinture et deux pour la sculpture; les deux premieres sont chacune de la valeur de dix louis; les deux secondes de la valeur de huit louis.

« Le concours des grands prix s'ouvre quelques jours avant le premier samedi du mois d'avril. Ceux des étudiants en l'école qui se croient assez forts pour pouvoir en être se présentent au jour marqué en l'une des salles de l'Académie. Le professeur en mois s'y enferme avec eux. Il leur propose un sujet, qui est ordinairement tiré de la Bible. Ils composent sur ce sujet donné sans se déplacer. Leurs esquisses sont présentées dans l'assemblée la plus prochaine. L'Académie retient alors les meilleures, au nombre de huit au plus. Ensuite les esquisses sont exécutées en grand, dans des loges pratiquées dans l'intérieur de l'Académie, afin d'éviter toute aide étrangere. Ce jugement se fait le dernier samedi du mois d'août et est formé par le suffrage de tous les académiciens assemblés. Dans toutes les autres affaires, les officiers de l'Académie et les honoraires-amateurs ont seuls voix délibérative. Les grands prix ont été institués en 1663[1], sous le ministère de Colbert. » Ils donnaient, en général, droit à être envoyé à l'Académie de France à Rome.

« Tous ces prix, » disait Guérin[2] dès 1715, après un exposé analogue à celui que nous avons emprunté à Blondel, « ne sont pas cependant à quoi se termine la libéralité du Roy pour l'avancement de ceux qui se donnent aux arts du dessein; car si l'on apperçoit que quelques uns de ces écoliers ayent du talent, mais qu'ils manquent de commoditez pour soutenir leurs études, en les faisant connoître à Monseigneur le Protecteur, il leur est très souvent accordé une pension de deux pistoles par mois sur le fond des batimens. » Ces élèves prenaient alors le nom de *protégés du roi*, et, outre la petite pension, jouissaient de l'avantage d'être introduits avant les autres dans l'amphithéâtre destiné à l'étude du modèle. Ils conservaient ces privilèges jusqu'à ce qu'ils remportassent le grand prix et qu'ils partissent pour Rome, au maximum pendant trois ans. Pour obtenir ces pensions, qui avaient été ultérieurement fixées à 300 liv., le candidat faisait écrire au directeur général des bâtiments une supplique dont voici un exemple :

« Monseigneur[3], ayant appris qu'il vaquait quelques-unes des petites pensions que Sa Majesté a la bonté d'accorder à l'Académie pour faciliter aux jeunes élèves qui sont peu fortunés le moyen de faire leurs études, permettez-moi de

1. Voyez les lettres patentes de 1663, article xxiv.
2. *Description de l'Académie de Peinture et de Sculpture*. Paris, 1715. in-8°, p. 255.
3. Archives nat., O¹ 1914. Le titre de Monseigneur était donné à Orry, alors directeur général des bâtiments, parce qu'il était en même temps contrôleur général des finances.

présenter à Votre Grandeur un de ceux qui travaillent aujourd'hui à l'Académie que je crois des plus dignes de cette faveur. C'est un des enfants de M. Duvivier [1], graveur du Roi, dont je puis vous rendre un bon témoignage et dont le père, chargé d'une nombreuse famille, est absolument hors d'état de cultiver les heureuses dispositions.

    « 14 février 1744.   Coustou. »

Si les parents de l'élève ou l'élève lui-même demandaient directement la pension, ils joignaient au placet un certificat de son maître affirmant l'aptitude du candidat à la faveur sollicitée. « Monseigneur, écrivait Natoire le 6 février 1745, j'ai l'honneur de vous certifier que le nommé Baudouin, qui travaille sous moi depuis plusieurs années, est tout à fait dans le cas de demander la pension que le Roi accorde aux élèves de l'Académie royale de peinture [2]. » Avant de prendre une décision, le directeur général des bâtiments, s'il n'était pas suffisamment éclairé sur la légitimité de la demande, faisait informer par le premier peintre : « Le sieur François Doyen, disait un rapport fait à Lenormant, élève de M. Vanloo expose que, ayant remporté le premier prix de dessein de l'école de l'Académie, il ose suplier M. de Tournehem de lui accorder la première pension d'élève qui vacquera. » En marge de ce rapport Lenormant écrivit : « A M. Coypel. Je le prie de m'en rendre compte, 4 septembre 1747. » — « Jean-Joseph de Pierreux, disait un autre rapport du 5 septembre 1747, aprentif de l'Académie de peinture et sculpture à Paris, élève de M. Slodtz, expose par son mémoire que, étant orphelin de père et de mère, sans biens et hors d'état d'achever ses études ainsy

---

1. Voy. la notice de Gougenot sur Jean Duvivier dans les *Mémoires inédits sur la vie et les ouvrages des membres de l'Académie de peinture*. Paris, Dumoulin, in-8, tome II, p. 308-347.
2. Arch. nat., O¹ 1924. Les deux citations suivantes, *ibid.* O¹ 1914 et O¹ 1927.

qu'il en a l'inclination, il se trouve dans la nécessité de demander la pension de 300 liv. que Louis XIV a créée en faveur de chaque écolier de ladite Académie hors d'état de continuer ses études, et que cette pension subsistant pendant l'espace de trois ans il en profflitera pour son avancement, pourquoi il prie M. de Tournehem de luy être favorable, étant dans un extrême besoin; et que le sieur Mignot qui travaille chez M. Coypel est le premier à sortir, ce qu'il doit faire incessamment. » Lenormant mit en marge de ce rapport : « A M. Coypel, pour m'en parler, le 8 septembre 1747. »

Lorsque le candidat paraissait mériter le secours qu'il sollicitait, et s'il était suffisamment recommandé, le directeur général lui faisait expédier un brevet d'élève protégé dans les termes suivants : « Nous, Charles-François-Paul Lenormant de Tournehem, bien informé des bonnes mœurs et des heureuses dispositions pour la peinture du Sr Pierre-Jean-Baptiste Le Chevalier, éleve du Sr Pierre, l'avons nommé et choisi pour être l'un des éleves de l'Académie, pour jouir par lui de la pension qui y est attachée, à la charge d'y aller dessiner et étudier et de se comporter sagement partout où il se trouvera. A Versailles, 23 janvier 1747 [1]. » Laurent Guiard, fort pauvre, élève de Bouchardon, demanda le 17 mai 1747 à M. de Tournehem « la petite pension de 300 livres qu'on accorde ordinairement aux jeunes sculpteurs qui ont des talents. » Bouchardon priait [2] instamment le directeur général de vouloir bien lui accorder cette grâce dont il a reconnu le besoin. Bachelier sollicita également une place d'élève pensionné [3]. Tous

1. Arch. nat., O¹ 1922. p. 128.
2. Arch. nat., O¹ 1927 et O¹ 1922, p. 131.
3. « Demandes de gratifications en faveur de quelques pauvres élèves de l'Académie, faites par le premier peintre, conformément à l'ordre qu'il a reçu du directeur général : 200 livres de gratification au jeune Guiard, élève de

deux obtinrent, après la suppression de ces petites places, en 1748, une gratification de 200 francs.

Tel était le mécanisme des pensions d'élèves protégés. En 1747, le nombre de ces élèves favorisés était de six. Un rapport adressé, en 1748, au directeur général, nous les fait connaître.

« Il y avoit à l'Académie de peinture et sculpture, l'année dernière, 1747, six élèves pensionnaires de Sa Majesté, employés à cet effet dans l'État du roy de ladite année, au chapitre de l'entretien de ladite Académie :

> Le Chevalier, peintre, mort ;
> Aubert[1], peintre, finit sa dernière année ;
> Godefroi[2], peintre, idem ;
> Guibal[3], peintre, idem ;

Bouchardon ; gratification de 200 livres au jeune Bachelier, qui a de très-grandes dispositions pour peindre les fleurs. Ce talent est assez rare aujourd'hui, et la famille dudit Bachelier, loin de pouvoir l'aider, est totalement à sa charge. » (Arch. nat., O¹ 1926 et O¹ 2248.)

1. O¹ 1927. — Louis Aubert, cité par Zani comme travaillant en 1760. Voici à la suite de quelle démarche il devint pensionnaire du roi : « 1745. M. Aubert supplie Monseigneur de vouloir bien s" souvenir qu'il a eu la bonté de lui promettre de nommer son fils *Louis* Aubert à une des petites pensions d'élèves de l'Académie royale de peinture, l'assurant qu'il ne peut obliger un sujet qui promette davantage. » (Arch. nat., O¹ 1924.)

2. Ferdinand-Joseph Godefroy était fils d'un marchand joaillier qui, originaire de Flandre, avait apporté à Paris un procédé pour rentoiler les tableaux et restaurait ceux du roi. Veuve vers 1748, sa mère avait conservé le titre et les émoluments de restaurateur des tableaux du cabinet de Louis XV et continuait avec habileté la profession de son mari. Godefroy père ayant été assassiné par un marchand hollandais, son rival, la cour s'intéressa au jeune peintre et ne borna pas ses faveurs au titre d'élève protégé qui lui fut accordé. Il sera bientôt pensionnaire de l'Académie de France à Rome. Natoire, remplaçant De Troy en 1752, l'emmena avec lui en Italie, en vertu du privilége qu'avaient les directeurs nouvellement nommés d'obtenir une place pour celui de leurs élèves qui les accompagnait, sans que cet élève fût obligé de remporter le grand prix. Il mourut en 1788, après être revenu à la profession de sa famille. Son nom est resté connu dans les arts par le talent de mademoiselle Marie-Eléonore Godefroy, élève dévouée de François Gérard. (Cf. *Gazette des Beaux-Arts*, 2ᵉ période, tome I, p. 39-42. — *Archives de l'art français*, 1ʳᵉ série, tome II, p. 217-221.)

3. Nicolas Guibal, peintre d'histoire, paysagiste et écrivain, naquit à Luné-

Baudouin[1], peintre, idem;

Fontaine, sculpteur, idem.

« Tous ces élèves ont achevé, à la fin de 1747, le temps de trois années qui leur est accordé pour se perfectionner et mettre au grand prix pour aller à Rome. Conséquemment il y a six places à remplir, pour lesquelles il doit avoir été proposé des sujets à M. le Directeur, qui est supplié de vouloir bien nommer pour remplir l'État du roy de cette année. »

On va voir bientôt ce que décida le directeur général.

Il y a juste cent ans à ce moment que l'Académie de peinture existe. Depuis un laps de temps presque aussi long l'enseignement dont nous venons d'exposer les principaux ressorts n'a pas cessé d'être appliqué. Mais cet enseignement, qui s'étend chaque jour à un plus grand nombre d'écoliers[2], ne peut plus être ni aussi complet, ni aussi sévère, ni aussi intime. Les études ont malheureusement baissé. Professeur et directeur de l'Académie, Coypel le sait mieux que personne, lui qui corrige les dessins des élèves et qui reçoit les travaux envoyés par les pensionnaires de Rome. Il arrive souvent que des jeunes gens, qui ont remporté les grands prix, se rendent

---

ville, en 1725, du sculpteur Dieudonné-Barthélemy Guibal. Il étudia d'abord la peinture à Nancy, sous Claude Charles, entra ensuite à l'école de l'Académie, y remporta un prix de peinture (?), et fut envoyé comme pensionnaire à l'Académie de France à Rome. Puis, après avoir parcouru l'Italie et l'Allemagne, il devint premier peintre du duc de Wurtemberg et travailla pour l'électeur palatin, les villes de Soleure, Manheim, etc. Il a écrit des éloges de Raphaël Mengs et du Poussin, devint académicien le 10 janvier 1784 et mourut à Stuttgard le 5 novembre 1784. (D'après une note manuscrite du cabinet des estampes de la Bibl. nat., complétée à l'aide de la *Notice sur Guibal, sculpteur*, extraite des Mémoires de l'Académie de Stanislas; Nancy [1861], in-8.)

1. Pierre-Antoine Baudouin, élève de Natoire, puis de Boucher, dont il deviendra le gendre. C'est le futur peintre d'une foule de scènes assez lestes, exécutées à la gouache, et bien connues par les nombreuses gravures qui les ont reproduites. Né en 1723, il mourut en 1769.

2. Plus de 112 en 1747. Cf. le *Journal de Duvaux*, introduction. p. CLVII.

en Italie trop peu préparés pour profiter de leur séjour à l'Académie de France à Rome et sont mis en contact avec les maîtres avant d'avoir appris à tenir un ébauchoir ou un pinceau. Aussi, à peine nommé premier peintre, Coypel veut-il remédier à ce vice de l'enseignement académique. Six élèves, pense-t-il, choisis avec grand soin, non pas désignés par la faveur comme actuellement pour les bourses d'élèves pensionnaires du roi, mais révélés par leurs succès dans l'école, éprouvés en outre par un examen ou par le concours des grands prix, pourraient être placés dans un établissement scolaire sous la direction et la surveillance continuelle d'un membre de l'Académie. On remédierait autant que possible à leur ignorance littéraire en leur donnant les premiers éléments d'histoire et de géographie. On ne les enverrait à Rome qu'après les avoir préparés à ce voyage par trois ans d'études sérieuses, quand ils auraient l'esprit ouvert à quelques idées générales d'esthétique et qu'ils seraient en complète possession des procédés matériels de leur métier. Et il rédige immédiatement le plan pratique suivant, qui tendait à créer, auprès de l'Académie, un premier degré d'enseignement supérieur des arts.

PROJET POUR FONDER SOUS LE BON PLAISIR DU ROI ET AUX DÉPENS DE S. M. SIX PLACES D'ÉLEVES DE L'ACADÉMIE ROIALE DE PEINTURE ET SCULPTURE.

« Ces places ne pourroient être remplies que par des jeunes gens qui donneroient à la fois des preuves d'un génie décidé et du vrai besoin qu'ils auroient des grâces de S. M. pour suivre le cours de leurs études.

« Ceux qui prétendroient à l'avantage d'être admis au nombre des éleves seroient obligez de faire dans l'Académie un tableau d'invention ou un bas-relief dont le directeur leur donneroit le sujet. L'Académie assemblée jugeroit, par leurs ouvrages, qui seroient ceux qu'elle pourroit proposer à monsieur le directeur général à qui le choix appartiendroit, et ce seroit la première grâce dont seroient favorisez ceux qui dorénavant remporteroient les grands prix. Cette grâce ne seroit accordée que pour trois ans, après quoi les éleves qui en auroient su profiter iroient à Rome assez formez pour y faire des études sérieuses.

« Les six éleves vivroient ensemble dans la même maison sous la conduite d'un gouverneur qui seroit tiré de l'Académie ; ils mangeroient à sa table avec un professeur portant l'habit ecclésiastique qui seroit pensionné par le roy pour leur apprendre l'histoire et la géographie. Ce professeur auroit séance aux assemblées avec les associez.

« S. M. accorderoit à chaque éleve 400 livres de pension pour entretien et autres besoins relatifs à leurs études. L'on a supputé qu'en y comprenant les appointements du gouverneur et du professeur, le logement, la nourriture et les gages des deux domestiques, cette dépense royale ne dépasseroit pas 15,000 livres.

« Voici l'ordre qu'on proposeroit d'établir dans cette école particuliere :

« Chaque jour et dès le matin les six éleves se rendroient à l'Académie, conduits par leur gouverneur et leur professeur pour l'histoire et la géographie.

« Les éleves peintres travailleroient dans la gallerie d'Apollon, soit à des morceaux de leur composition, soit à copier les meilleurs tableaux qu'on pourroit leur prêter. Le gouverneur, au fond de cette gallerie, appliqué lui-même à son propre ouvrage, leur donneroit un exemple qui les encourageroit à une étude assidue. Les éleves sculpteurs s'occuperoient dans les salles de l'Académie à copier les statues antiques et quelquefois aussi travailleroient à des morceaux d'invention ; un des deux domestiques ne les perdroit pas de vue.

« Le professeur pour l'histoire et la géographie tiendroit sa classe tous les jours depuis sept heures du matin, en été, jusqu'à neuf, et, en hiver, depuis huit jusqu'à dix. Cette classe se tiendroit dans le lieu où le soir on pose le modelle. Les élèves externes pourroient assister à ces leçons, ainsi que les six éleves protégés assisteroient à celles d'anatomie et de perspective.

« Quand les éleves auroient lu un morceau d'histoire qui offriroit un beau sujet pour la peinture, ils seroit bon qu'ils en fissent des esquisses, ce qui non-seulement exerceroit leur génie, mais aussi serviroit à graver ces faits dans leur mémoire. Ils exposeroient ces esquisses aux jugements de l'Académie tous les premiers samedis du mois et rapporteroient de mémoire le trait historique.

« On pourroit engager ceux dont les esquisses seroient les meilleures à les graver eux-mêmes à l'eau-forte. Ces petites planches seroient de pareille grandeur et formeroient insensiblement une suite qui auroit quelque agrément pour l'histoire, quand même elles ne seroient pas recommandables par l'exécution.

« Depuis avril jusqu'en octobre les éleves feroient, une fois le mois, des promenades aux environs de Paris pour voir les bâtiments et les vues capables d'inspirer d'heureuses idées et de former le goût. Les éleves, dans ces promenades, seroient accompagnez de leur gouverneur et de leur professeur; deux carosses de remise qu'on prendroit pour la journée suffiroient.

« Il seroit encore à désirer que S. M. voulût bien accorder au sieur Lepicié 500 livres chaque année par forme de gratification pour son logement. Ledit sieur Lepicié, homme de lettres et excellent graveur, sert depuis longtemps l'Académie en qualité de secrétaire avec tout le zèle et la capacité qu'on peut désirer. Il a peu de fortune et une nombreuse famille. »

Le premier peintre adressait sa requête à un supérieur intelligent, rempli de zèle, et parfaitement capable de la comprendre. Car la place de directeur général des bâtiments était occupée depuis 1745 par Lenormant de Tournehem, dont la courte mais active administration fut très-profitable aux arts. La pièce n'alla donc pas s'enterrer dans un carton ministériel. On lit en haut de la marge l'annotation suivante du directeur général : « A garder pour en parler au roi. 8 septembre 1747. » Mais avant de rien faire proposer à la sanction royale, l'ingénieux et pratique fondateur avait sérieusement médité son projet et n'avait pas dédaigné de descendre aux plus minutieux détails d'organisation.

Distribution des 15,000 livres accordées par le roy pour la fondation des six places d'élèves de son Académie rotale de peinture.

Pour le loïer de la maison où ils logeroient avec leur gouverneur et le professeur qui leur apprendra l'histoire et la géographie.................................... 1,500 l.
Pour la dépense de la maison..................... 7,000
Pour les appointements du gouverneur............. 1,000
Pour les appointements du professeur.............. 800
A chaque élève 400 livres pour entretien et ustensiles. 2,400
Gages de la cuisinière............................ 200
Gages et entretien de deux laquais................ 600
Frais de huit promenades par an en deux carosses de remise tant pour les carosses que pour les repas....... 400
Il resteroit 1,100 livres pour les besoins imprévus.

Détail de la dépense de la maison.

Pour le boulanger...... 900 l. Ce qui fait plus de 12 livres pour chacun par semaine, en supposant le pain à 2 sous 6 d.

6 livres par jour pour viande ou poisson... 2,196 Ce qui fait 15 livres de viande par jour, à raison de 8 sous la livre.

30 voyes de bois, à 20 l. 600
400 livres de chandelle. 240 En la supposant à 12 sous la livre.

4 muids de vin........ 800 En le supposant à 200.
1 minot de sel......... 50
Huille................. 50
Blanchissage du gros linge............... 300

Il reste pour volaille, gibier, légumes et fruits 1,864 liv.

Si S. M., approuvant cette fondation, accorde les 15,000 livres pour l'année 1748, qui sera l'année séculaire de son Académie de peinture, on pourra sous son bon plaisir remettre le choix des éleves au mois de juillet afin de mettre en épargne 7,500 livres pour l'acquisition de linge, meubles et batterie de cuisine. »

Revenant sur son idée et la résumant, Coypel disait encore, ou plutôt faisait dire au Roi par Lenormant :

« C'est à l'Académie de peinture de Rome qu'on peut attribuer une grande partie des succès de celle de Paris. Il seroit à souhaiter que l'on pût estre plus assuré du génie, des dispositions et des mœurs des jeunes gens qu'on y envoye qui souvent n'ont pas l'éducation convenable pour leur orner l'esprit des connoissances de l'histoire, de la géographie, etc., qui seroient à désirer pour former un bon peintre. Si le roy daignoit accorder une somme de 15,000 livres tous les ans (dont celle de 1,584 livres employée en petites pensions pour les éleves pourroit faire partie), elle seroit suffisante pour former l'établissement de six places d'éleves qui seroient entretenus de tout et instruits dans leur art par un gouverneur choisy parmi les officiers de l'Académie, et dans l'histoire et autres connoissances par un homme de lettres qui feroit des leçons publiques et dont les autres éleves pourroient profiter. Après trois ans on les envoyeroit passer trois autres années à Rome, où l'on seroit presque assuré de leurs progrès, et de former, par cette dépense vrayement royale, d'excellents sujets qui continueroient à faire fleurir les beaux-arts et à les retenir dans le royaume [1]. »

Le roi Louis XV, qui, cette même année 1747, venait, après la mort d'Orry, d'accepter le titre de protecteur de l'Académie de peinture, s'intéressait sincèrement au développement de l'institution fondée par son prédécesseur. Comme premier témoignage de la bienveillance qu'il était heureux de lui prouver, il s'empressa d'approuver le projet présenté. Le directeur général des bâtiments écrivit en

---

1. Arch. nat., O¹ 1922, p. 40. Les deux pièces précédentes, *ibid.*, O¹ 1927.

2

conséquence à l'Académie et, le 4 juin 1748, lui fit lire par Coypel, premier peintre, la lettre suivante :

Le Roy, votre auguste protecteur, informé, Messieurs, que depuis longtemps plusieurs des jeunes éleves qui vont à Rome n'ont pas reçu toute l'éducation convenable, veut, par de nouveaux secours, les mettre en état de faire ce voyage à l'avenir avec plus de connoissance et de capacité. Pour cet effet, Sa Majesté fonde six places d'éleves protégés qui seront logés et nourris dans la même maison et soumis à la conduite d'un gouverneur tiré de la classe des professeurs de l'Académie. Ce gouverneur les instruira dans leur art, et un homme de lettres qui vivra aussi avec lesdits éleves leur donnera une teinture suffisante de l'histoire, de la fable, de la géographie et autres connoissances relatives à la peinture; ce professeur pour l'histoire aura aux assemblées de l'Académie la même séance que les professeurs pour la perspective et l'anatomie.

Sa Majesté, voulant choisir pour gouverneur desdits éleves un homme dans la force de l'âge, a jugé à propos de le tirer du nombre des professeurs et nommer pour remplir cette place.

La grâce d'être admis au nombre des six éleves sera la première dont seront favorisés ceux qui à l'avenir remporteront les grands prix. Ils en jouiront pendant trois ans, après quoi ceux qui en auront sçu profiter iront à Rome assez formés pour y faire des études sérieuses.

Je suis, Messieurs, etc.   LENORMANT [1].

Cette communication gracieuse précédait les lettres patentes dont voici la teneur :

Louis, par la grâce de Dieu roi de France et de Navarre, à tous présents et à venir, salut. Le roi notre bisaïeul, de glorieuse mémoire, voulant animer et honorer les arts, établit, il y a près d'un siècle, notre Académie de peinture et de sculpture, et, non content de l'avoir favorisée par ses dons souvent augmentez, il crut devoir encore en former une seconde à Rome pour y envoyer des sujets qui s'y rendissent dignes de remplacer dans la première ceux que

1. Arch. nat., O¹ 1922, 1748, p. 18.

la mort lui raviroit. Aujourd'hui que nous prenons ces Académies sous notre protection immédiate, ayant été informez par notre très-cher et très-féal conseiller en nos conseils le sieur de Tournehem, directeur et ordonnateur général de nos bâtimens, jardins, arts, académies et manufactures, que plusieurs des jeunes éleves que nous envoyons à Rome n'ont pas toujours reçu toute l'éducation convenable, et qu'on pourroit à l'avenir être plus assuré de leur capacité et de leurs mœurs s'il nous plaisoit fonder dans notre Académie de Paris un nombre de places d'éleves qui seroient entretenus de tout, instruits dans leur art par un gouverneur choisi parmi les professeurs de laditte Académie, et dans l'histoire et autres connoissances relatives à la peinture par un homme de lettres qui donneroit des leçons publiques dont les autres éleves pourroient profiter; que ces nouveaux secours dont il nous plairoit de favoriser la jeunesse qui s'adonne à la peinture et à la sculpture la piqueroit d'une vive émulation et lui feroit sentir ainsi qu'au public la noblesse et l'étendue de ces beaux arts; A ces causes, ayant égard aux avantages d'un tel établissement, nous avons, de notre grâce spéciale, pleine puissance et autorité royale, ordonné et, par ces présentes signées de notre main, ordonnons que ledit établissement soit fait conformément aux articles suivants:

ARTICLE PREMIER.

Le gouverneur des éleves préposé pour les instruire dans leur art sera tiré de la classe des professeurs de notre Académie, et l'homme de lettres choisi pour leur orner l'esprit des connoissances de l'histoire, de la fable, de la géographie et autres relatives aux arts qu'ils embrassent aura le titre de professeur et séance aux assemblées de l'Académie avec les professeurs de perspective et d'anatomie.

ARTICLE SECOND.

Les éleves vivront ensemble, dans la même maison, sous la conduite du gouverneur et du professeur, et ils mangeront à leur table.

ARTICLE TROISIEME.

Les places d'éleves ne pourront être remplies que par des jeunes gens qui donneront à la fois des preuves d'un génie décidé et du

vous, instruit qu'ils auront de nos grâces pour suivre le cours de leurs études.

ARTICLE [QUATRIÈME].

Ceux qui aspireront à remplir les places d'élèves seront obligés de faire dans l'Académie un tableau ou un bas-relief d'invention dont notre premier peintre leur donnera le sujet. L'Académie [...] jugera par leurs ouvrages, qui seront ceux qu'elle pourra proposer au directeur et ordonnateur général de nos bâtiments, jardins, arts, académies et manufactures auquel nous [...] et choisir; et ce sera la première grâce dont nous favoriserons [...] ceux qui remporteront les grands prix.

ARTICLE CINQUIÈME.

Cette grâce leur sera accordée pour trois ans, après quoi ceux qui en auront su profiter iront à Rome assez formés pour y faire des études vraiment utiles.

ARTICLE SIXIÈME.

À l'égard des règlements particuliers pour les études dans cette nouvelle école, notre premier peintre aura soin d'en dresser le plan qui ne sera suivi qu'après avoir été approuvé du directeur et ordonnateur général de nos bâtiments, jardins, arts, académies et manufactures [.]

Voici maintenant le règlement annoncé dans les lettres patentes du roi. Malgré quelques répétitions inévitables on ne peut pas plus se dispenser de le reproduire in extenso :

Art. 1ᵉʳ. MM. de l'Académie royale de peinture et de sculpture observeront que les places d'élèves protégés ne sont fondées que pour les jeunes gens qui donneront à la fois des preuves d'un [...] décidé et du vrai besoin qu'ils auront des grâces de Sa Majesté pour suivre le cours de leurs études.

Art. 2. Ceux qui prétendront à l'avantage d'être admis au nombre des élèves protégés seront obligés de faire, dans l'Académie, un tableau ou un bas-relief d'invention dont le directeur leur donnera le sujet. L'Académie assemblée jugera par leurs ouvrages qui seront ceux qu'elle pourra proposer à M. le directeur général

1. Arch. nat., O¹. 1914.

des bâtimens, auquel le choix appartiendra, et ce sera la première grâce dont seront favorisés ceux qui dorénavant remporteront les grands prix.

Art. 3. Cette grâce sera accordée pour trois ans, après quoy les éleves qui en auront su profiter iront à Rome assez formés pour y faire des études sérieuses.

Art. 4. Si l'Académie jugeoit cependant que, parmy les éleves qui à l'avenir remporteront les grands prix, il y en eût d'assez avancés pour aller tout de suite à Rome, elle en feroit son rapport à M. le directeur général des bâtimens.

Art. 5. Les éleves protégés vivront ensemble dans la même maison, sous la conduite d'un gouverneur nommé par le Roy : ils mangeront à sa table avec le professeur préposé pour leur orner l'esprit des connoissances de l'histoire, de la fable, de la géographie et autres relatives aux arts qu'ils embrassent ; le professeur aura séance aux assemblées de l'Académie avec le professeur de perspective et d'anatomie.

Art. 6. Ledit professeur ouvrira sa classe trois fois par semaine, depuis six heures du matin en été jusqu'à sept et demy, et en hyver depuis sept heures et demy jusqu'à neuf.

Art. 7. Laditte classe se tiendra dans le lieu où le soir on pose le modele. Les éleves externes avec un billet de protection pourront assister à ces leçons, ainsi que les éleves protégés assisteront à celles de perspective et d'anatomie.

Art. 8. En sortant de cette classe, les éleves protégés travailleront dans la gallerie d'Apollon, soit à copier les tableaux du Roy et ceux des autres cabinets qu'on pourra leur faire prêter, soit à des morceaux de composition. Le gouverneur au fond de cette galerie, appliqué lui-même à son propre ouvrage, leur donnera un exemple capable de les encourager à une étude assidue. Les éleves sculpteurs s'occuperont dans les salles de l'Académie à copier les statues antiques, et quelquefois aussi modelleront quelques morceaux d'invention, selon que le gouverneur le jugera nécessaire.

Art. 9. Quand les éleves protégés auront lu un trait d'histoire qui offrira un beau sujet pour la peinture, il sera bon qu'ils en fassent des esquisses, ce qui non-seulement exercera leur génie,

vrai besoin qu'ils auront de nos grâces pour suivre le cours de leurs études.

ARTICLE QUATRIEME.

Ceux qui aspireront à remplir les places d'éleves seront obligez de faire dans l'Académie un tableau ou un bas-relief d'invention dont notre premier peintre leur donnera le sujet. L'Académie assemblée jugera, par leurs ouvrages, qui seront ceux qu'elle pourra proposer au directeur et ordonnateur général de nos bâtimens, jardins, arts, académies et manufactures auquel nous remettons ce choix; et ce sera la première grâce dont nous favoriserons dorénavant ceux qui remporteront les grands prix.

ARTICLE CINQUIEME.

Cette grâce leur sera accordée pour trois ans, après quoi ceux qui en auront su profiter iront à Rome assez formez pour y faire des études vraiment utiles.

ARTICLE SIXIEME.

A l'égard des règlemens particuliers pour les études dans cette nouvelle école, notre premier peintre aura soin d'en dresser le plan qui ne sera suivi qu'après avoir été approuvé du directeur et ordonnateur général de nos bâtimens, jardins, arts, académies et manufactures [1].

Voici maintenant le règlement annoncé dans les lettres patentes du roi. Malgré quelques répétitions inévitables on ne peut non plus se dispenser de le reproduire *in extenso* :

Art. 1er. MM. de l'Académie royale de peinture et de sculpture observeront que les places d'éleves protégés ne sont fondées que pour les jeunes gens qui donneront à la fois des preuves d'un génie décidé et du vrai besoin qu'ils auront des grâces de Sa Majesté pour suivre le cours de leurs études.

Art. 2. Ceux qui prétendront à l'avantage d'être admis au nombre des éleves protégés seront obligés de faire, dans l'Académie, un tableau ou un bas-relief d'invention dont le directeur leur donnera le sujet. L'Académie assemblée jugera, par leurs ouvrages qui seront ceux qu'elle pourra proposer à M. le directeur général

1. Arch. nat., O¹, 1914.

des bâtimens, auquel le choix appartiendra, et ce sera la première grâce dont seront favorisés ceux qui dorénavant remporteront les grands prix.

Art. 3. Cette grâce sera accordée pour trois ans, après quoy les éleves qui en auront su profiter iront à Rome assez formés pour y faire des études sérieuses.

Art. 4. Si l'Académie jugeoit cependant que, parmy les éleves qui à l'avenir remporteront les grands prix, il y en eût d'assez avancés pour aller tout de suite à Rome, elle en feroit son rapport à M. le directeur général des bâtimens.

Art. 5. Les éleves protégés vivront ensemble dans la même maison, sous la conduite d'un gouverneur nommé par le Roy : ils mangeront à sa table avec le professeur préposé pour leur orner l'esprit des connoissances de l'histoire, de la fable, de la géographie et autres relatives aux arts qu'ils embrassent ; le professeur aura séance aux assemblées de l'Académie avec le professeur de perspective et d'anatomie.

Art. 6. Ledit professeur ouvrira sa classe trois fois par semaine, depuis six heures du matin en été jusqu'à sept et demy, et en hyver depuis sept heures et demy jusqu'à neuf.

Art. 7. Laditte classe se tiendra dans le lieu où le soir on pose le modele. Les éleves externes avec un billet de protection pourront assister à ces leçons, ainsi que les éleves protégés assisteront à celles de perspective et d'anatomie.

Art. 8. En sortant de cette classe, les éleves protégés travailleront dans la gallerie d'Apollon, soit à copier les tableaux du Roy et ceux des autres cabinets qu'on pourra leur faire prêter, soit à des morceaux de composition. Le gouverneur au fond de cette galerie, appliqué lui-même à son propre ouvrage, leur donnera un exemple capable de les encourager à une étude assidue. Les éleves sculpteurs s'occuperont dans les salles de l'Académie à copier les statues antiques, et quelquefois aussi modelleront quelques morceaux d'invention, selon que le gouverneur le jugera nécessaire.

Art. 9. Quand les éleves protégés auront lu un trait d'histoire qui offrira un beau sujet pour la peinture, il sera bon qu'ils en fassent des esquisses, ce qui non-seulement exercera leur génie,

mais aussy ne contribuera pas peu à graver ces faits dans leur
mémoire. Ils exposeront ces esquisses au jugement de l'Académie,
tous les premiers samedis du mois, et liront l'extrait fait par eux-
mêmes de cet historique.

Art. 10. On engagera ceux dont les esquisses paraîtront passablement bonnes à les graver à l'eau-forte. Ces planches seront de
pareille grandeur et formeront insensiblement une suite qui aura
quelque agrément pour l'histoire, quand même elles ne seroient
pas recommandables pour l'exécution.

Art. 11. Comme il est très-important que les jeunes gens qui
s'adonnent à la sculpture acquierent de bonne heure la pratique
de travailler le marbre, sur le rapport qui en sera fait à M. le
directeur général par le premier peintre et le gouverneur, messieurs les sculpteurs de l'Académie qui auront de leurs écoliers
parmy les éleves protégés pourront les appeler pour venir les
aider dans des travaux en marbre, à condition qu'ils ne les emploieront qu'à des ouvrages capables de les fortifier dans leur art,

qu'ils répondront au gouverneur des éleves protégés de la conduite de celuy qui travaillera chez eux gratuitement.

Art. 12. Le gouverneur des éleves protégés sera obligé de rendre souvent un compte exact de leurs progrès et de leur conduite
à M. le directeur et ordonnateur général des bâtimens. Si parmy
eux il s'en trouvoit quelqu'un négligeant l'étude, ou dont les mœurs
fussent de mauvais exemple pour les autres, ou qui ne se com-
portât pas avec la décence convenable, il seroit renvoyé. L'Académie alors ordonneroit un concours et la place vacante d'éleve
protégé seroit le prix proposé aux étudiants. Cet article doit être
affiché dans la salle d'étude.

Art. 13. Sa Majesté accorde dix-huit cents livres [1], pour distribuer aux éleves protégés des gratifications selon qu'ils les mérite-
roient et pour fournir aux besoins relatifs à leurs études.

Approuvé le règlement cy-dessus en treize articles, à Paris,
ce 8 décembre 1748.   *Signé* : LENORMANT [2].

---

1. En marge est écrit de la main de M. de Tournehem : « Prises sur les
15,000 accordées par le Roi pour l'Ecole. »
2. Arch. nat., O¹ 1922, p. 53 et suiv.

Composé et **appliqué** dès le début de l'institution, ce règlement fut depuis confirmé, et reçut une force nouvelle par l'insertion de ses principales dispositions dans les lettres patentes du 12 janvier 1751 (art. XIII, XIV, XV, XVI, XVII, XVIII, XIX et XX) qui revisèrent la constitution plusieurs fois remaniée de l'Académie de peinture[1].

1. « Art. XIII. Pour soutenir et accroître le progrès des arts en France e renouveller successivement l'Académie de nouveaux et dignes sujets, veut Sa Majesté que l'Académie royale de peinture, sculpture et architecture, qui subsiste à Rome depuis l'année 1666, y soit toujours entretenue aux dépens de Sa Majesté; qu'il y ait sans interruption douze pensionnaires pour y être formés par un directeur dans la connoissance et la pratique desdits arts, sur les statues et autres monuments antiques et les ouvrages des plus grands maîtres, etc.

« Art. XIV. Et afin que ceux qui seront à portée d'aspirer à ces places soyent mieux préparés à profiter des études supérieures qu'ils devront faire à Rome, ordonne Sa Majesté que l'Ecole royale qu'elle a établie à Paris soit toujours composée de six éleves protégés.

« Art. XV. Lesdits éleves protégés seront réunis en ladite Ecole sous une éducation commune et conduits, tant pour ce qui concerne l'étude des arts de peinture et de sculpture que pour les mœurs, par un gouverneur qui sera toujours tiré de la classe des professeurs de ladite Académie de Paris, lequel nourrira lesdits éleves protégés à sa table et occupera avec eux une seule et même demeure, dont Sa Majesté continuera à faire les frais.

« Art. XVI. Seront aussy lesdits éleves protégés formés dans l'étude de l'histoire, de la fable, de la géographie et des autres sciences relatives auxdits arts par un homme de lettres, qui de même vivra habituellement avec eux et aura le titre de professeur de ladite Ecole royale et séance aux assemblées de ladite Académie avec les professeurs de géométrie, perspective et anatomie.

« Art. XVII. Les éleves protégés ne pourront rester que trois ans en ladite Ecole, et ceux qui s'y appliqueront avec le plus de succès passeront aux places de pensionnaires du Roi à Rome à mesure qu'il en viendra à vacquer, et cela concurremment avec les fils des officiers et autres membres de l'Académie qui auront été formés dans l'art sous leur père et auront gagné un des premiers grands prix de ladite Académie.

« Art. XVIII. Les places que ces mutations ou autres feront vacquer dans ladite Ecole royale des éleves protégés continueront d'être remplies, sur la nomination dudit directeur et ordonnateur général des bâtimens de Sa Majesté, par les étudians de ladite Académie qui, dans les concours annuels, auront obtenu le premier prix soit de peinture, soit de sculpture, et *ne pourront jamais être remplies par des sujets qui n'auront point remporté l'un desdits premiers grands prix.*

« Art. XIX. Le concours sera ouvert au commencement du mois d'avril de chaque année. L'Académie jugera du degré de capacité nécessaire pour pouvoir y être admis sur les esquisses peintes ou dessinées ou sur les modeles en

L'École était fondée. Opérée par un homme prévoyant et éclairé qui devançait les besoins de son époque, cette évolution de l'Académie, cette séparation de l'enseignement et des autres fonctions académiques était d'ailleurs fatale et n'aurait pu tarder beaucoup à se produire. On s'est, en effet, bien éloigné de l'esprit primitif de l'institution créée sous Louis XIV. L'Académie n'est plus exclusivement cette réunion d'artistes qui se sont rapprochés pour se défendre et enseigner. Ce n'est plus l'ancienne maîtrise avec un nom un peu plus pompeux et des priviléges plus étendus et mieux définis. Les ouvriers, je pourrais dire les combattants de la première heure, ont disparu. L'Académie est une chose non-seulement acceptée de tout le monde, mais qui, par la gloire en quelque sorte accumulée de ses membres, attire tous les respects et devient le but de toutes les ambitions. Le titre de professeur tend à être plutôt un titre honorifique que la consécration d'aptitudes spéciales et la lourde responsabilité de l'éducation artiste de l'avenir. Cette charge, acceptée d'abord timidement, est aujourd'hui avidement poursuivie par les maîtres dans un but purement personnel. Des talents douteux se sont glissés dans le corps académique, si bien qu'en 1747 le directeur général des

terre qui auront été faits sur-le-champ dans l'Académie et en présence du professeur de mois. Les sujets qui auront été admis feront leur tableau ou bas-relief dans des loges préparées à cet effet dans l'Académie, et seront exclus du concours s'ils ont recours à aucune aide frauduleuse. Leurs ouvrages seront examinés avant que d'être exposés au public le jour de la Saint-Louis, et seront jugés dans une assemblée générale de l'Académie spécialement convoquée pour ce jugement le dernier samedi du mois d'août.
« Art. XX. Ne seront admis audit concours que les seuls étudians de ladite Académie duement inscrits comme tels qui y suivront actuellement les exercices du modèle en l'Ecole que Sa Majesté fait tenir et qui auront remporté au moins l'un des petits prix qu'Elle y fait distribuer tous les trois mois. Seront même tenus lesdits étudians pour être admis audit concours de rapporter un certificat du professeur de géométrie et perspective et un autre du professeur d'anatomie de leur assiduité à suivre les leçons de l'un et de l'autre ou de leur capacité dans les sciences qui en font l'objet. » (Arch. nat., O¹ 1922, 1750, p. 2.)

bâtiments est obligé d'imposer un jury d'admission pour les œuvres que les académiciens veulent exposer au salon[1]. Bien plus, les frelons se sont introduits dans la ruche. Il est tellement honorable de faire partie de l'Académie, que nombre de gentilshommes ou de financiers, sans grande aptitude et sans nulle préparation, briguent l'honneur de lui appartenir. De même que l'Académie française aura des membres sachant à peine écrire, l'Académie de peinture comptera des membres qui ne savent pas peindre et n'aiment les arts que par spéculation, pour l'importance qu'ils procurent à ceux qui les protégent. Tout artiste, pour peu qu'il ait de talent et de vanité et qu'il soit suffisamment courtisan, est sûr d'être fait écuyer et d'avoir le cordon de Saint–Michel; mais, hélas! en revanche bien des grands seigneurs ou de riches financiers ont désormais le droit d'aspirer à devenir membres de l'Académie de peinture; introduisant dans son sein un élément disparate et étranger, ils font dégénérer en un banal salon de bonne compagnie l'austère réunion des artistes de l'Académie primitive, la guilde laborieuse des rudes compagnons à peine échappés à la maîtrise. On invente précisément en 1747 la classe des académiciens libres[2], porte ouverte à toute espèce d'intri-

1. Voy. le *Livre-Journal de Duvaux*, Introduction, p. CLII et CLIII.
2. « Aujourd'hui samedy 26 août 1747, l'Académie s'étant assemblée à l'ordinaire, M. Coypel, écuyer, premier peintre du Roy, directeur et recteur, a dit que M. de Tournehem, toujours attentif à tout ce qui pouvoit tendre à l'utilité de la compagnie et à lui donner, s'il étoit possible, encore plus d'éclat qu'elle n'en avoit dans ses années les plus heureuses, croioit que, pour y parvenir et sans rien innover aux statuts, il seroit à propos de joindre au nombre de MM. les amateurs huit associez libres qui n'auroient que le droit de séance et ne parviendroient à la voix délibérative que lorsque MM. les amateurs viendront à manquer; que ce concours de gens de mérite, vraiment zélés pour le progrès des arts que l'Académie cultive, contribueroit à les faire fleurir et à leur donner ce point de dignité qui fait la récompense la plus flatteuse des célèbres artistes. La compagnie, après avoir délibéré, a accepté unanimement la proposition de M. de Tournehem, et elle a député en même temps M. le professeur en exercice et le secrétaire pour en faire part à M. le

gants ; et la première nomination à ce titre donne l'exemple
d'un scandale que l'Institut de nos jours renouvellera malheureusement dans le choix de quelques hommes politiques [1].
« Notre école de peinture, — s'écrie un contemporain qui
n'est certainement pas suspect de partialité pour l'ordre de
choses établi, ni pour les idées de retour vers le passé, car il
est rédacteur de l'*Encyclopédie*, — notre école de peinture se
perdra totalement si les amateurs qui ne sont qu'amateurs
(et combien peu y en a-t-il qui soient autre chose) prétendent y donner le ton par leurs discours et par leurs
écrits. Toutes leurs dissertations n'aboutiront qu'à faire de
nos artistes de beaux esprits manqués et de mauvais peintres.
Raphaël n'avait guère lu d'écrits sur son art, encore moins
de dissertations ; mais il étudia la nature et l'antique. Jules II
et Léon X laissaient faire ce grand homme et le récompen-
saient en souverains, sans le conseiller en imbécilles [2]. »
Maintenu dans une atmosphère devenant chaque jour de
plus en plus frivole, exposé à tomber en des mains inhabiles,

comte de Baschy et à M. Hutlz qui ont été proposés par M. le Directeur général pour remplir deux de ces huit places. A l'égard de ceux qui désireront à
l'avenir être admis dans les six restantes, ils seront obligez de faire les visites
et les démarches convenables, ainsi qu'il est d'usage dans les autres Académies. » (Arch. nat., O¹ 1622, p. 163.)

L'élément étranger à l'art et le monde des amateurs étaient déjà très-suffisam-
ment représentés par la classe des honoraires amateurs. Il est facile de deviner
pour quel motif Lenormant de Tournehem créait cette nouvelle classe d'académiciens. Il voulait pouvoir disposer en faveur d'hommes puissants ou de
quelques partisans dévoués d'un titre honorifique qui prenait chaque jour de
la valeur. Il ne se gêne même pas pour imposer et pour nommer, par une
sorte de décision ministérielle, les deux premiers titulaires. On remarquera
que l'Académie, qui n'ose pas désobéir, laisse pourtant percer sa mauvaise
humeur en déclarant que, malgré la recommandation du directeur général, *les
autres seront obligés de faire à l'avenir les visites et démarches convenables.*

1. M. de Baschi, dépeint dans les mémoires du temps comme un homme
inintelligent et grossier, n'était pourtant ni le prévôt des marchands ni le chef
d'aucun service public dont dépendissent les arts ; ce n'est pas lui qui distribuait les travaux à exécuter pour l'Etat ou la ville de Paris ; mais il était neveu
du directeur général et, qui plus est, cousin de madame de Pompadour, canal
ordinaire de toutes les grâces et, en ce moment, de toutes les commandes.

2. L'*Encyclopédie*, v° Ecole.

soumis à l'influence dissolvante des opinions et des passions du dehors, entouré de théories faciles et par trop éclectiques, l'enseignement supérieur de l'Académie devait forcément périr ou se séparer d'elle et cesser d'en émaner directement. Cinquante ans plus tard, après la tourmente révolutionnaire et lors de la formation de l'Institut, les mêmes causes amenèrent les mêmes effets, quoique sous l'empire d'idées tout à fait nouvelles. L'École des Beaux-Arts et l'Académie qui prit le même nom, indissolublement unies par les liens d'une hiérarchie nécessaire, reçurent cependant chacune de l'État une personnalité distincte.

Du projet on était assez rapidement passé à l'exécution. On avait d'abord cherché un local pour installer l'école. Il fallait que le bâtiment qui l'abriterait fût le plus près possible des appartements du Louvre où siégeait l'Académie. Une maison[1], qui appartenait au roi, s'offrait d'elle-même. C'était celle qui, située entre la rue Fromenteau et la place du Louvre, touchait à ce palais et pouvait communiquer avec les salles de l'Académie. Elle était affectée au logement de la famille de M. de La Motte, contrôleur du grand parc à Versailles. On la lui loua sur le pied de 1,500 liv. par an, à partir du mois de juillet 1748[2]; on l'appropria à sa nouvelle destination, et dans les derniers mois de cette année on acquit le mobilier des élèves. On achète à cet effet du linge,

1. Cette maison est parfaitement facile à reconnaître sur les plans de Blondel. dans son *Architecture françoise*, tome IV, n° 1, planches 5 et 6. La planche 5, où cette maison porte les lettres *ff*, donne le plan du rez-de-chaussée. La planche 6, qui reproduit le premier étage, nous montre comment, par l'appartement de Lépicié (lettre Q), on pouvait pénétrer dans les salles de l'Académie.

2. « J'ai reçu de M. Coypel la somme de 750 livres pour le loyer du logement occupé dans ma maison, au vieux Louvre, par les élèves de l'Académie royale de peinture et sculpture pendant les six derniers mois de l'année précédente. A Versailles, le 11 janvier 1749.

« A.-C. MAGNIER, veuve DE LA MOTTE. »

(Arch. nat., O¹ 1926.)

de l'argenterie, de la vaisselle de cuivre et de faïence, six
lits, six commodes, six chevalets [1]. Enfin le 31 décembre 1748,
quand le petit ménage est bien monté, on donne à chacun des
six élèves 36 liv. pour se procurer les ustensiles nécessaires
à l'exercice de son art [2]. L'école ouvrait le 1er janvier 1749.

Toujours désireux de se laisser guider par les suffrages
des académiciens dans les choses de leur compétence et
après avoir, pour ne pas froisser l'amour-propre des officiers de l'Académie, déclaré d'avance qu'il ne prendrait
qu'un homme dans la force de l'âge et qu'il le tirerait de la
classe des professeurs, le directeur général avait nommé
gouverneur le plus ancien académicien de cette classe,
Dumont-le-Romain. Le secrétaire perpétuel, Bernard Lepicié, qui a pris une part considérable à la fondation de
l'école et qui possède la qualité exigée d'homme de lettres,
se trouvait naturellement désigné pour être professeur
d'histoire [3]. Les six élèves ne devaient leur admission qu'à
leur mérite. Le concours des grands prix d'août 1748 avait
donné le résultat suivant : en peinture, 1er prix, Mettay;

1. « Fourny par Bazin, marchand faïancier, rue du Roulle, à Paris.
Pour l'hôtel royal des Eleves de l'Académie de peinture et sculpture :

18 douzaines d'assiettes de faïance	68 liv.	
48 plats	63	10 s.
12 soupières	14	15
6 écuelles	»	
12 bénitiers de faïance	3	

« Fourny par M. Gervais, marchand tapissier, à Paris, pour l'hôtel royal
des Eleves de l'Académie de peinture et sculpture, le 11 décembre 1748 :

6 lits pour éleves.
3 lits de domestiques.

« Autres notes pour fournitures, en janvier 1749, de 4 boîtes à peindre, de
4 selles de sculpteurs, de linge, etc., etc. » (Arch. nat. O¹ 1927.)

2. Arch. nat. O¹ 1927.

3. « Je reconnais avoir reçu de M. Coypel, écuyer, premier peintre du Roi,
la somme de 250 livres, tant pour mes appointements de professeur en histoire
des éleves protégés que pour mon chaufage et éclairage pendant le quartier
de janvier, février et mars de la présente année. Fait à Paris, le 10 avril 1749.

« Lépicié. » (Arch. nat., O¹ 1926.)

2ᵉ prix, Doyen; — en sculpture, 1ᵉʳ prix, Caffieri; 2ᵉ prix, Dumont. On envoya Mettay et Caffieri à Rome pour occuper les places qui vaquaient à l'Académie de France par le retour de quelques artistes; et on décida que, afin de former une première fois le personnel de l'école, on ferait entrer les concurrents qui s'étaient ensuite le plus distingués dans la lutte académique : c'est-à-dire les seconds prix, Doyen et Dumont. Puis, comme il restait encore quatre places à remplir, on organisa un nouveau concours en décembre 1748, où le premier prix de peinture fut remporté par Hutin. Il y eut deux seconds prix obtenus par La Traverse et par Larue; Pajou avait mérité le 1ᵉʳ prix de sculpture. Le 1ᵉʳ janvier 1749, étaient pensionnaires de l'École royale des élèves protégés[1] : Gabriel-François Doyen, de Paris, âgé de vingt-trois ans, élève de Carle Vanloo; Jean-Baptiste Hutin, de Paris, âgé de vingt-six ans, élève de Boucher; Charles-François-Pierre de La Traverse, de Paris, âgé de vingt-deux ans, élève de Boucher; Philbert-Benoît de La Rue, de Paris,

---

1. « ÉTAT DES ÉLÈVES QUI ONT GAGNÉ DES PRIX A L'ACADÉMIE.

Prix du 1ᵉʳ concours.	*Apostilles de la main du directeur général.*
1ᵉʳ prix de peinture : le sʳ Mettais....	A Rome cette année 1748.
— de sculpture : le sʳ Caffiery...	A Rome cette année 1748.
2ᵉ prix de peinture : le sʳ Doyen......	École au 1ᵉʳ janvier 1749.
— de sculpture : le sʳ Dumont...	École au 1ᵉʳ janvier 1749.
Prix du 2ᵉ concours.	
1ᵉʳ prix de peinture : le sʳ Hutin.....	Pour l'École pendant l'année 1749 et l'envoyer à Rome en 1749.
— de sculpture : le sʳ Pajou.....	Pour l'École.
2ᵉ prix de peinture : le sʳ La Traverse.	Pour l'École.
Autre 2ᵉ prix de peinture : le sʳ Larue.	Pour l'École.

Accessit.

Briard, peintre.   Perrache, sculpteur.

« A M. Gilet, pour faire expédier les brevets pour ceux que j'ay apostillés pour Rome et pour l'École de Paris. »

(Arch. nat. : original, O¹ 1926; copie, O² 1922, p. 75.)

âgé de vingt-trois ans, élève de Parrocel, peintres ; — **Edme Dumont**, de Paris, âgé de vingt-six ans, élève de **Bouchardon**; **Augustin Pajou**, de Paris, âgé de dix-huit ans, élève de **Lemoine**, sculpteurs.

Les deux laquais s'appelaient l'un Bourgeois[1], l'autre Gauthier. J'ignore le nom de la cuisinière[2]. Qu'on veuille bien ne pas trouver ridicule la recherche que j'ai faite à leur égard. Qui sait si ces pauvres gens n'ont pas rendu quelques services aux arts en dehors des humbles fonctions qu'ils remplissaient? Peut-être, instruments aveugles de la Providence, ont-ils ouvert la carrière à quelque parent ou à quelque ami devenu artiste parce qu'ils lui ont appris l'existence de l'École et l'y ont préparé? Ces noms obscurs pourront même un jour être rapprochés des plus éblouissantes renommées et donner le secret de quelques vocations dont actuellement nous cherchons en vain le germe. Ce n'est point là une gratuite hypothèse. Le portier de l'Ecole se nommait Houdon. Quand ce brave homme berçait un de ses fils bambin de sept ans[3], ses rêves d'ambition pater-

1. Bourgeois fut ensuite remplacé par un nommé Lenoble. « *Note de l'apothicaire :* Pour les remedes — pour les domestiques :

A Lenoble, pour une saignée, médecine et tisane........... 2 liv. 18 s.
A Gauthier, etc. .... »   »
A François, le cuisinier, pour deux saignées, médecines et autres remedes...................................... 5   16
(Arch. nat. O¹ 1927.)

2. Cette femme fut remplacée par un cuisinier nommé François. (Voy. la note précédente.) Elle resta au moins trois mois.
« ... pour les gages de la cuisinière pendant les mois de janvier, de février et de mars [1749].................................... 50 liv.
(Arch. nat., O¹ 1926.)

3. Jean-Antoine Houdon était né en 1741. Son père habitait alors Versailles et était déjà attaché à la famille de Lamotte comme domestique. (Voyez son acte de naissance, *Revue universelle des Arts*, tome I, p. 156.) Houdon père était, en 1748, portier de la maison de la place du Vieux-Louvre occupée par M. de Lamotte, au moment où elle fut louée par le roi. Il resta dans sa place et devint ainsi le portier de l'Ecole des élèves protégés. On trouvera ci-après ses états de services. Dans leur *Étude sur Houdon, sa vie et ses ouvrages (Revue universelle des Arts*, p. 158), MM. A. de

nelle n'allaient certainement pas jusqu'à pressentir la brillante destinée du futur sculpteur. C'est pourtant la modeste charge du père qui plaça aux mains de l'enfant les instruments de sa fortune et permit à son génie de se révéler.

Pour conduire heureusement cette nombreuse famille, il fallait, avant tout, être accoutumé à diriger une maison de quelque importance. Dumont-le-Romain n'avait pas les habitudes et les qualités requises pour bien mener le petit établissement naissant, dont les commencements étaient fort précaires. La fondation, si maigrement dotée, ne pouvait subsister qu'à force d'économies et quelquefois à l'aide d'expédients, comme un ménage d'artisan vivant un peu au jour le jour. Dumont-le-Romain s'effraya de difficultés dont aurait triomphé et dont triomphera bientôt une bonne ménagère ; trouvant les fonds insuffisants, il demanda à se retirer[1] au mois de mars 1749 et quitta la direction le 31

Montaiglon et G. Duplessis ont recherché où le grand sculpteur avait, tout enfant, puisé l'amour de la sculpture. Ils ont cru qu'il avait été élevé à Versailles et ont voulu voir dans le peuple de statues qui anime les jardins de Louis XIV le premier inspirateur de son talent. Il n'alla pas chercher si loin l'initiation. C'est dans la loge du portier, son père, que Jean-Antoine Houdon conçut pour la première fois l'idée de modeler.

1. On lit dans une note sur l'établissement de l'École des élèves protégés, conservée aux Archives nationales, O¹ 1927 : « M. Dumont demande la démission de sa place de gouverneur. Elle lui est accordée par M. de Tournehem. Le premier peintre (Coypel) sollicite pour M. Dumont une pension de 600 livres, qui lui est aussi accordée le 1er avril 1749. »

« *Nota.* Beaucoup de gens louèrent ce procédé de M. Coypel, car on disait hautement que *le sr Dumont ne quittait cette place que pour donner des entraves au premier peintre, qui avait travaillé au projet de l'établissement de cette École* et qui avait même engagé le chef des arts à accepter pour gouverneur le sr Dumont, préférablement à tous autres. Deux raisons semblaient y porter le sr Coypel, les intérêts du sr Dumont et l'avantage d'être l'allié du premier peintre. Peu accoutumé à conduire une maison, il craignait, disait-il, que les fonds ne fussent point suffisans. Son successeur, M. Carle Vanloo, a montré le contraire. » Cf. une autre pièce du carton O¹ 1927 : « M. Dumont-le-Romain, désirant quitter la place dont il est pourvu de gouverneur de l'École royale des élèves protégés, M. le directeur général

de ce mois. Carle Van Loo, qui était alors à l'apogée de son talent et au moment de son plus grand succès, sollicita la place de gouverneur de l'École des élèves protégés, vacante par cette démission, et l'obtint le 5 avril 1749[1]. C'est alors que commença vraiment cette école qui, tout en restant établissement royal, sera, pendant plus de vingt ans, l'atelier des Van Loo, de Carle d'abord, et, après sa mort, de son neveu Louis-Michel.

Voici ce qui se passait dans la maison de la place du Vieux-

est supplié de vouloir bien lui accorder une pension de 600 livres commencée à avoir lieu le 1er avril 1749, et être prise sur les fonds affectez à l'Académie royale de peinture et de sculpture ou sur ceux accordez par le Roy pour l'École des élèves protégez. — *Bon*, ce 23 mars 1749. »

La retraite inopinée de Dumont-le-Romain, sur les motifs secrets qu'on lui prêtait, est le premier indice de l'existence d'une cabale organisée par l'Académie contre l'École des élèves protégés.

1. « Arrangement proposé à M. le Directeur général des bâtimens au sujet de la place de Gouverneur de l'École royale des élèves protégés, vacante par la retraite volontaire de M. Dumont-le-Romain et demandée par M. Carle Vanloo :

Laisser à M. Vanloo sa pension de	1,000 liv.
Réduire ses appointements à	1,000
Luy donner pour les nourritures	6,800
Pour gages des trois domestiques et du portier.	650
Pour les habits des deux laquais et du portier...	450
Total	9,900 liv.

« Le Directeur général est supplié d'accorder à M. Vanloo la place de Gouverneur de l'École royale des élèves protégés, pour la tenir sur le pied de l'arrangement cy-dessus, et à la charge de se conformer en tout au règlement du 8 dudit mois de décembre 1748, cy-après transcrit, comme aussy de ne recevoir aucun autre élève dans ladite École royale.

« *Bon* du Directeur général, ce 23 mars 1749. »
(Arch. nat. O¹ 1922, 1748, p. 53.)

La note ci-dessus devait émaner de Coypel. Dumont-le-Romain ayant quitté ses fonctions le 31 mars et Vanloo n'ayant été installé que le 5 avril, pendant ces cinq jours l'École fut dirigée par Lépicié.

« Je reconnais avoir reçu de M. Coypel 74 livres onze sols dix deniers pour la nourriture des élèves protégés et des domestiques de l'École roiale de peinture et de sculpture, depuis le 1er du mois courant que M. Dumont-le-Romain a quitté le gouvernement de lad. École jusque ci-après le 5e jour du même mois, à la fin duquel M. Carle Vanloo en a pris possession.

« Fait à Paris.   LÉPICIÉ. »
(Arch. nat. O¹ 1927.)

Louvre et comment étaient réglées les études au commencement de 1749. J'en trouve un récit tout vivant encore dans le premier rapport de Lépicié au Directeur général :

« Les éleves s'assemblent le matin dans la salle d'étude à sept heures et demy et la leçon d'histoire y dure jusqu'à neuf.

« Suivant le plan que j'ai eu l'honneur de présenter à M. le Directeur général et qu'il a approuvé, j'ai cru ne pouvoir mieux faire que de commencer mes leçons par un extrait de l'*Histoire universelle* de M. Bossuet. Cet extrait, qui nous a donné une idée générale de ce qui s'est passé dans tous les temps, nous va faire suivre avec bien plus de facilité l'*Histoire des Juifs* du père Calmet et l'*Histoire ancienne* de M. Rollin que nous lisons actuellement et alternativement.

« Dès que nous aurons finy les deux auteurs, nous irons puiser aux sources en lisant Hérodote, Thucydide, Xénophon, Tacite et Tite-Live.

« En attendant que la saison permette aux élèves de peindre dans la gallerie d'Apollon [1], ils se rendent par ordre de M. le gouverneur dans les salles de l'Académie pour y dessiner *le Gladiateur, le Laocoon* et autres beaux restes de l'antiquité dont l'étude constante a formé les Raphaëls, les Dominiquins et les Carraches.

« Avant le dîné, ils montrent ce qu'ils ont fait à M. le gouverneur qui, en les corrigeant avec une exactitude et un soin particulier, leur démontre les belles proportions de ces figures, et leur apprend à en faire l'application sur le naturel.

1. La galerie d'Apollon ne fut ouverte aux élèves que le 8 mars 1749.

« 8 mars 1749. — M. Coypel, par sa lettre du 6 mars 1749, marque à M. de Tournehem qu'il ne doute point qu'il n'ait été très satisfait des esquisses que luy a fait voir M. Pierre ; qu'il en a été content au delà de ses espérances et qu'il se flatte que M. de Tournehem voudra bien se souvenir de l'ordre pour la gallerie d'Apollon.

« 8 mars 1749. — M. d'Isle, controlleur général des bâtimens du Roy, donnera les ordres pour que l'on permette aux éleves de la nouvelle École royale de Paris de travailler dans la gallerie d'Apollon, au vieux Louvre, à Paris, ce 8 mars 1749. *Signé :* LENORMANT. »

(Arch. nat. O¹ 1922, p. 75.)

On construisit dans la galerie d'Apollon de petites loges pour les élèves protégés, et ils y restèrent installés jusqu'en 1766.

3

3° *Psyché abandonnée de l'Amour se précipite dans un fleuve, elle est secourue par les nymphes Cymodocée et Nais*, par Deshays.

4° *Combat à armes blanches de cavalerie et d'infanterie contre des dragons*, par de la Rue l'aîné [1].

5° *Énée sauvant son père de l'embrasement de Troye*, modele de ronde bosse par Guiard.

6° *Trois Enfants, dont deux se disputent une tourterelle et l'autre s'enivre*, modele de ronde bosse par de la Rue le jeune.

EXPOSITION DES OUVRAGES DES SIX PENSIONNAIRES A VERSAILLES, EN JANVIER 1754.

1° *L'Enlèvement de Céphale par l'Aurore*, par Deshays, depuis deux ans et demi dans l'École.

2° *Psyché fait voir à ses sœurs les presents qu'elle a reçus de l'Amour*, par Fragonard, depuis huit mois dans l'École.

3° *Sacrifice à Bacchus*, par Monnet, depuis cinq mois dans l'École.

4° *Laban qui cherche ses idoles*, par Brenet, nouvellement entré.

5° Modele de ronde bosse représentant *le Roi à cheval vêtu à la gauloise*; deux bas-reliefs, l'un représentant *un Cheval nu*, l'autre un *Cheval avec son équipage*: par Guiard, depuis deux ans et demi dans l'École.

6° Un modele de ronde bosse dont le sujet est *une Bacchante qui enivre ses enfants*; quatre petits bas-reliefs représentant *les Saisons*, figurées par des enfants; par le s[r] de la Rue le jeune, depuis deux ans dans l'École.

EXPOSITION DES OUVRAGES DES PENSIONNAIRES A VERSAILLES, EN AVRIL 1755 [2].

Le Sauveur lavant les pieds à ses apôtres, par Fragonard, âgé de vingt-deux ans, et depuis deux ans dans l'École.

1. « Sur le vu de ce tableau, M. le directeur général charge ledit sieur La Rue de peindre les campagnes du roi, suitte qui avoit été interrompue par la mort de M. Parrocel, dont il avoit été l'éleve. » (Arch. nat.. O¹ 1927.)

2. Cette énumération des tableaux exposés en 1755 est tirée des *Mémoires du duc de Luynes*, tome XIV, p. 133. Elle est précédée de ces mots : « J'ai toujours oublié de marquer que M. de Marigny présenta au Roi, le 13 avril 1755, les ouvrages de peinture et de sculpture faits par les jeunes éléves de

Armide, prête à poignarder Renaud, est arrêtée par l'Amour, par Monet, âgé de vingt-trois ans, dans l'École depuis dix-huit mois.

Mercure qui endort Argus pour enlever Io métamorphosée en génisse, de Brenet l'aîné, âgé de vingt-six ans, dans l'École depuis quinze mois.

Saint Jérôme en méditation, du même Brenet.

Un modèle dont le sujet représente *le Temps qui enchaîne l'Amour*, de Brenet le jeune, âgé de vingt ans, depuis six mois dans l'École.

Une figure allégorique représentant *la Noblesse*, par D'Huez, âgé de vingt-quatre ans, depuis six mois dans l'École.

Alexandre s'endormant avec une boule d'or dans sa main afin de s'éveiller au bruit qu'elle fera en tombant, par Chardin, âgé de vingt-deux ans, et qui n'est que depuis cinq mois dans l'École.

Matathias tuant un Juif qui avoit sacrifié aux idoles et le ministre d'Antiochus qui l'y avoit forcé, aussi de Chardin.

En 1754, le directeur général avait changé l'époque de l'exposition des ouvrages des pensionnaires et, de janvier, l'avait remise entre Pâques et la Pentecôte. Puis, en 1755, il supprima cette exposition par deux motifs, dit une annotation contemporaine [1] : « 1° parce que les élèves protégés jouissoient d'un honneur que plusieurs du corps de l'Académie n'obtenoient jamais ; 2° parce que cet honneur auroit tourné en abus pour ces mêmes pensionnaires qui, après avoir exposé leurs ouvrages aux yeux du roi, regardoient comme inutile d'aller étudier à Rome, puisqu'ils avoient eu l'honneur de recueillir les suffrages de la cour comme s'ils eussent vu l'Italie. » L'annotateur anonyme des papiers officiels ne nous livre là que le prétexte allégué pour justifier cette mesure. Au fond, l'Académie n'entendait tolérer aucune concurrence. Elle redoutait toute rivalité, même de

l'Académie dans le courant de l'année dernière. On en trouvera ci-après le détail. Ces ouvrages ont été exposés dans l'appartement. »
1. Arch. nat. Bâtimens du Roi, O¹ 1914 et O¹ 1927.

la part de ses élèves. Cette vérité, Diderot s'est chargé de
nous la faire connaître dans son *Salon de 1765* [1]. « C'était
autrefois, écrit-il à Grimm, l'usage de présenter au monarque les morceaux de sculpture des jeunes élèves qui concouraient pour le prix, la pension, ou l'Ecole de Rome.
Un élève de Bouchardon osa lutter contre son maître et
faire la statue équestre de Louis XV [2]. Ce morceau fut porté
à Versailles avec les autres. Le monarque, frappé de la

1. Édition de 1821, p. 387.
2. C'était le modèle en ronde bosse représentant le roi vêtu à la gauloise,
exposé en 1754 par Guiard. On l'a vu ci-dessus. Les faits rapportés par Diderot
sont parfaitement exacts. Son récit se trouve confirmé par des renseignements puisés à une source différente et contenus dans la *Notice historique
sur Laurent Guyard, sculpteur chaumontois*, extraite des *Mémoires de la
Société d'agriculture, sciences, etc., de la Haute-Marne*, rédigée par M. Var-
ney, et lue en 1804. Chaumont, 1860, in-8. La *Biographie universelle* de
Michaud les a fort bien résumés. L'administration municipale de Paris venait, en 1754, de choisir Bouchardon pour exécuter la statue équestre de
Louis XV. « Quoiqu'il n'eût pas, dit la *Biographie universelle*, la prétention
de lutter contre son maître, Guyard ne put résister à l'envie de s'exercer sur
ce sujet; il y réussit au point que son modèle fut exposé dans la grande
galerie le jour de la saint Louis. Le roi, l'ayant aperçu en passant, s'était
arrêté pour le louer, et fit même l'observation que la figure était campée sur
le cheval avec beaucoup de grâce. Il n'en fallut pas davantage pour que les
courtisans criassent au miracle et trouvassent le projet de l'élève bien supérieur à celui du maître. Madame de Pompadour, alors toute-puissante, résolut
d'engager le roi à charger Guyard de l'exécution de ce monument. Cependant la justice ayant repris ses droits, et Guyard ayant concouru lui-même
à la faire rendre à son maître, Bouchardon continua son travail; mais il en
garda toujours une sorte de rancune contre son élève, rancune qui devint
souvent préjudiciable à ce dernier. M. de Marigny, qui avait été le prôneur
le plus ardent de Guyard, devint aussi à ce sujet un de ses plus violents per-
sécuteurs, et le contraignit, après une vive opposition, à détruire son propre
modèle. Mais les fragments en ayant été, dit-on, recueillis et réunis par les
amis de l'auteur, le modèle fut moulé et courut tout Paris. Menacé de perdre
sa pension, Guyard vint à bout à l'aide de ses protecteurs de conjurer l'orage
et partit pour Rome. Mais, à l'expiration de ses quatre années, il n'obtint
pas la permission de revoir sa patrie, et vécut en Italie comme dans une
sorte d'exil. » La véracité de Diderot se trouve très-bien établie par cette
version nouvelle de l'anecdote, mais je m'inscris en faux contre les insinua-
tions malveillantes qu'elle contient à la fin contre Marigny. C'est une injustice d'accuser cet administrateur de mauvais vouloir contre Guyard. Laurent
Guyard, sans avoir eu à craindre pour ses droits de pensionnaire à l'Académie de France, partit régulièrement pour Rome, sur la proposition de Vanloo.

beauté de celui-ci, s'adressant à ses courtisans, dit : *Il me semble que j'ai bonne grâce à cheval.* Il n'en fallut pas davantage pour perdre le jeune homme. On le força de briser lui-même son ouvrage, et l'usage d'exposer aux yeux du souverain les morceaux des élèves fut aboli. » Pouvait-on oublier un autre scandale? Parrocel mort, le roi n'avait pas demandé à l'Académie un sujet pour le remplacer. Les faméliques académiciens qui se disputaient la succession du peintre de batailles avaient vu le choix de Louis XV se porter sur un tout jeune homme qui n'avait même pas visité l'Italie et quittait les bancs de l'École pour aller peindre à Choisy [1]. Son talent, sans attendre le laisser-passer de l'Académie, c'est-à-dire les honneurs de l'agrégation, s'était révélé directement à la cour dans une des expositions de peinture faites extraordinairement à Versailles. Bien plus, le jeune Dumont, sculpteur, un simple élève, dont les œuvres exposées avaient été fort remarquées, forçant les portes du sanctuaire, était parvenu, avant d'aller à Rome, à se faire agréer par l'Académie elle-même. C'était

à son heure et à son rang, le 7 mars 1754, en compagnie du sculpteur Delarue. (Arch. nat., O¹ 1922, p. 36.) Il fut si peu persécuté et si peu relégué en Italie comme un exil que, par grâce spéciale et sur sa demande, il obtint comme pensionnaire du roi une prolongation de séjour à Rome. En voici la preuve :

Lettre de Cochin à Marigny du 14 janvier 1758.

« Monsieur, après avoir examiné le plan de succession des pensionnaires à Rome que vous avez fixé de telle manière que désormais aucuns ne seront privés de ce secours que volontairement, il se trouve que, depuis l'automne de 1757 jusqu'à celui de 1758, il restera deux places de pensionnaires vacantes. Il ne paraît aucun inconvénient à laisser Godefroy et Guyard. Cette faveur peut achever de former Godefroy. Guyard, sculpteur, vous est fortement recommandé par des personnes que vous aimés, Madame Geoffrin et M. le comte de Caylus. D'ailleurs, c'est un bon sujet. » (Arch. nat., O¹ 1922, année 1858.)

Il ne faut pas oublier que Guyard, le pauvre apprenti du maréchal-ferrant de Langres, recevait dès 1748 une gratification de 200 livres. Voir ci-dessus, pages 10 et 11.

1. *Le Livre journal de Duvaux.* Introduction, p. CLXXXIV.

la perversion de tous les principes. De tels affronts, de pareilles inconvenances ne se pardonnent pas. La vindicative et personnelle Académie ne les oublia jamais. Quand le retrait de cette distinction flatteuse, qui excitait si utilement l'émulation des jeunes artistes, fut arraché au directeur des bâtiments, cette concession ne désarma même pas le mauvais vouloir ni la jalousie d'un certain nombre d'académiciens. En somme, l'Académie s'obstina à ne voir dans l'École de Paris qu'une rivale, et ne cessa de chercher à la détruire.

Mais n'anticipons pas sur le récit chronologique des événements. A peine née, l'Ecole des élèves protégés avait provoqué d'ardentes critiques. On sait qu'en ce moment rien n'était plus à la mode que de publier, à la suite des Salons, des observations sur les tableaux exposés. Lafont de Saint-Yenne, l'abbé Leblanc, Baillet de Saint-Julien, l'abbé Gougenot, rivalisaient entre eux pour communiquer au public les impressions qu'ils ressentaient à la vue des ouvrages des académiciens et pour discuter à ce propos les actes de l'administration des bâtiments que les uns défendent et que d'autres attaquent très-vivement. Les *Lettres à madame de *** et à M. de X. sur les salons* pullulent, ainsi que les *Réponses à ces lettres* et les *Réflexions sur la peinture* [1]. Tout le monde s'en mêle, car, outre le renom d'homme de goût qu'on se décerne par la publication de quelques pages, on se prépare aussi, pour peu qu'on traite vertement MM. les académi-

---

1. L'opinion du public, plus ou moins sincèrement manifestée par ces brochures, préoccupait vivement les administrateurs des bâtiments du roi. Lenormand écrivait à Coypel, de Fontainebleau, le 18 octobre 1750 : « Je ne seray point étonné de voir courir des brochures sur les tableaux du Luxembourg et je n'en seray pas même fasché, pour que des chefs-d'œuvre consolent nos peintres des mauvaises brochures qui ont couru sur le Salon. A propos de ces brochures, si vous en avez quelqu'une faittes moy l'amitié de me l'envoyer. M. de Vandieres m'en demande s'il y en a. »

(Arch. nat., O¹ 1917.)

ciens, des titres à entrer à l'Académie : comme ce fut le cas
de l'abbé Gougenot [1]. L'école nouvelle ne pouvait échapper aux cent yeux de ce bataillon de critiques. Elle devait
naturellement provoquer leurs satires et nous valoir l'exposition de recettes infaillibles inventées par eux pour régé-
nérer les arts. On lira ci-après un des projets proposés
pour remplacer l'établissement jugé défectueux. Je n'hé-
site pas, malgré sa longueur, à reproduire ce mémoire
presque en entier. Il est intéressant, dans le sujet que
nous traitons, de connaître les idées plus ou moins pratiques de l'époque sur l'enseignement des arts. L'auteur de
ce pamphlet était incontestablement versé dans la matière ;
c'était très-probablement un artiste, peut-être Pierre ou
Lemoyne, qu'on aura occasion de retrouver plus loin, toujours dans le camp opposé. Le critique, en tout cas, faisait
partie du groupe de mécontents que nous verrons constam-
ment conspirer contre l'existence de l'école. Les griefs,
plusieurs fois reproduits à divers intervalles, sont toujours
les mêmes. En 1748, les artistes, parvenus aux honneurs
académiques, ne veulent qu'une chose, qu'on les rémunère
dignement, qu'on s'occupe d'eux de préférence à tout. Peu
leur importe que, faute d'instruction et d'encouragements

1. *Lettre sur la Peinture, la Sculpture et l'Architecture, à M.* ***.
Seconde édition (par l'abbé Gougenot). Amsterdam, 1789.
L'abbé Gougenot, à la fin du manuscrit de sa critique que possède le
cabinet des estampes de la Bibliothèque nationale, se rétracta ainsi :
« Lorsque j'ai composé ce manuscrit, que l'on doit regarder comme un
écart de ma jeunesse, je ne prévoiois pas être un jour aussi intimement lié
avec ceux dont je critiquois alors les ouvrages. M'ayant fait depuis l'honneur
de m'élire de leur Académie au moment que je m'y attendois le moins, et
n'ayant cessé de me donner mille marques d'amitié, j'ai été tenté de le jetter
au feu. Je n'ai été contenu en cela que parce qu'il contient quelques anecdotes et des recherches que j'ai voulu conserver pour y avoir recours en
écrivant sur les arts. Je prie donc très instament mon frère ou ceux de mes
parents dans les mains de qui il tombera de l'ensevelir dans l'oubli et de n'en
jamais avouer l'auteur. J'ai toujours gardé l'anonyme et l'on ne m'a pas soup-
çonné de l'avoir fait. » — Ceci est plus que douteux.

donnés aux jeunes gens, la source de l'art soit sur le point
de tarir. Peu leur importe qu'on prépare ou non une génération nouvelle, capable de leur succéder. Ils ont souvent
beaucoup souffert avant d'atteindre ce degré de notoriété
qu'ils ont laborieusement conquis. La plupart d'entre eux
n'ont pas été aidés dans leurs débuts. Péniblement arrivés
en première ligne, ils veulent jouir immédiatement de tous
les avantages dont l'État peut disposer en leur faveur. Toute
libéralité envers de jeunes gens n'ayant pas encore fait
leurs preuves leur semble un détournement opéré à leur
détriment. Il daignent admettre que l'État intervienne pour
former des élèves, mais à une condition, c'est que tous les
artistes en renom seront concurremment pris pour maîtres
et trouveront un avantage personnel dans l'enseignement
soldé par le roi.

RÉPONSE A LA LETTRE DE M. DE *** [1].

Monsieur, vous demandés mon sentiment sur l'établissement de
la nouvelle École de peinture et de sculpture. J'y satisfais volontiers. J'en parlerai sans passion. Je me flatte même d'une conformité de sentiment avec de très-habiles gens, aussi désintéressés à
la chose que je le puis être, et qui, soumis à la droite raison, ne
décident jamais avec légèreté. Ne vous prévenez point, je vous
prie, sur les personnes que je pourrai nommer pour l'élévation
du mérite, ni même pour le rang qu'elles tiennent à l'Académie ;
ce sont des hommes admirables qu'il faut regarder avec une juste
égalité de talent, mais en différentes manieres d'exécuter. Je passe
au sujet.

A ne regarder la chose que superficiellement, elle est susceptible d'une prévention assez avantageuse ; le projet est noble, l'invention brillante, l'agrément qui y a été donné est respectable :

1. *En France*, 1749. In-12. Cette brochure, très-rare aujourd'hui, distribuée
alors sous le manteau, était destinée à soulever l'opinion publique contre la
fondation de la nouvelle école. Elle fut analysée par l'abbé Gougenot dans
ses *Lettres sur la Peinture, la Sculpture et l'Architecture.*

mais examinés avec attention les dispositions de cet établissement, scrutés-en les détails, réfléchissés sur les conséquences ; que trouverés-vous ? Espérances mal fondées, impossibilité formelle dans le succès, dépense conséquemment perdue et qui fera la ruine de l'Académie.

Cet établissement n'a point été proposé à l'Académie. Le projet et l'exécution ont paru tout ensemble. Si l'affaire avoit été mise en délibération, elle n'auroit eu tout au plus que deux voix. Je suis même persuadé que, si on en avoit ordonné le scrutin, le nombre des suffrages n'auroit pas été plus heureux ; preuve bien certaine d'une invention peu réfléchie. Le public n'a qu'une voix à ce sujet.

Tous les avantages que l'on expose comme la base de l'émulation, tombent tout à coup par la dépense considérable que l'on est obligé de faire ; *cette dépense ôtera sûrement la faculté de bien paier les ouvrages des habiles gens ; elle absorbera pour toujours les gratifications que l'on pouvoit espérer* [1] : enfin plus je réfléchis, plus je trouve de difficultés à parvenir au but que l'on se propose.

1. Je ne crois pas me tromper en attribuant ce *factum* à un membre de l'Académie de peinture. L'académicien se trahit, à n'en pas douter, dans la phrase que je viens de souligner. D'ailleurs, si l'auteur n'avait pas été de l'Académie, aurait-il su aussi bien ce qui s'y passait ? Aurait-il connu le nombre de voix que le projet aurait pu obtenir s'il eût été présenté aux suffrages de la compagnie ? Aurait-il écrit avec aigreur : *Cet établissement n'a pas été proposé à l'Académie ?* etc., etc... Je n'insisterai pas ; les preuves abondent. Je ne m'arrêterai pas non plus à réfuter les sophismes et toutes les fausses allégations qui remplissent ce Mémoire. Je dois cependant prévenir le lecteur qu'on a attribué à Baillet de Saint-Julien cette amère critique de notre Ecole. On lit, en effet, dans la *Lettre à M. **** au sujet de celle *intitulée Lettre à M. D**** sur celles qui ont été publiées récemment, etc. (p. 166 des *Lettres sur la Peinture, la Sculpture et l'Architecture*, de l'abbé Gougenot, Amsterdam, 1749) : « Il [un amateur] tenoit aussi les *Réflexions sur quelques circonstances présentes* et une petite brochure du même auteur dans laquelle il fronde hautement l'établissement de la nouvelle école. » Puis vient l'analyse de la brochure que nous avons reproduite. Comme c'est aujourd'hui une opinion généralement admise de croire les *Réflexions sur les circonstances présentes* écrites par Baillet de Saint-Julien, il résulterait de l'allégation de Gougenot que la critique de l'Ecole des élèves protégés serait du même Baillet. Je n'en persiste pas moins cependant dans mes conclusions. Baillet de Saint-Julien a tout au plus prêté sa plume à l'impuissante animosité de quelque académicien, ou bien encore, par fanfaronnade, s'est laissé passer pour l'auteur de l'écrit anonyme. Il n'y avait pas en ce moment un homme en place qui eût osé l'avouer. L'opinion publique crut sans doute que

L'auteur du projet est habile ; ses talents sont ornés d'un génie supérieur, et il est surprenant qu'il n'aïe pas (*sic*) prévu tous les désagrémens qu'il se prépare. J'y suis sensible par l'estime particuliere que j'ai pour lui. Quand cette école aura consommé de gros fonds, sans rien produire de bon, par l'impossibilité, tout retombera sur lui, sans miséricorde. La prétention de former d'habiles gens est grande et louable, mais sûrement impraticable par les dispositions de l'établissement.

Pour remplir le nombre de six élèves qui doivent composer cette école, on a fait travailler aux prix, dans l'intention de choisir, non pas les plus habiles, car aucun ne mérite ce titre, mais les moins ignorans. L'examen fait, six ont été reçus. Ils doivent rester trois ans dans cette école. On se flatte qu'ils en sortiront habiles gens ; la chose est-elle possible en si peu de tems ?

Il est constant qu'on ne peut devenir habile peintre ou sculpteur sans des dispositions, pour ainsi dire, surnaturelles et que, dans le nombre de deux cents sujets, à peine s'en trouvera-t-il deux ou trois qui aient ces dispositions ; de là il faut conclure l'impossibilité de former un bon sujet dans le nombre de six ; le hasard seroit trop grand, pour ne pas dire miraculeux. Il n'y a donc que le grand nombre qui puisse en produire quelques-uns. La preuve en est sensible dans l'exemple qui suit.

Il y a plus de deux mille peintres à Paris ; joignons-y ceux des provinces et des royaumes étrangers, cela pourra faire quatre ou cinq mille ; combien d'excellens dans ce grand nombre ? douze ou quinze, en y comprenant même les talens particuliers.

Les six protégés, car c'est ainsi qu'on les distingue, doivent être logés, nourris, chauffés, etc..., et jouir chacun de 400 liv. de pension pendant trois ans pour leur entretien. C'est M. Dumont à qui la direction de cette école est déférée ; c'est sous ce maître qu'il faut devenir grand peintre en trois ans.

seul le baron de Saint-Julien était assez indépendant, par la fortune et le caractère, pour braver ouvertement la cour et le directeur général des bâtimens. Mais je suis bien certain que quiconque aura lu avec attention la réponse à la *Lettre de M. D****** ne l'attribuera jamais à un homme de lettres de profession.

Il paroît que tous les besoins de la vie sont très-bien établis dans cette école ; mais ce qui surprend extraordinairement, c'est qu'il n'est pas la moindre question de modele pour servir à ces jeunes gens à dessiner et à peindre continuellement d'après nature, c'est en vérité avoir oublié le principal[1].

Pour revenir aux commodités de la vie dont je viens de parler, elles sont moralement contraires à l'avancement des éleves ; la perfection des arts s'acquiert rarement chez un homme à son aise. Il faut, au contraire, travailler durement et avoir de la peine. C'est l'envie de s'en tirer qui donne du courage et nous rend habiles.

Ces jeunes gens sont éleves de MM. Vanloo, Natoire, Boucher, Restout et Pierre. Il n'est pas douteux qu'ils ne conservent une juste prévention pour le mérite de leurs premiers maitres : or, ne trouvant pas la même excellence chés le directeur de la nouvelle École, ils ne feront point de cas de ses ouvrages, ni de ses principes ; et, n'aîant pas assés d'aquis pour aller d'eux-mêmes, quel progrès peut-on espérer ? Il est certain d'ailleurs que le parti qu'ils prennent d'entrer dans cette École est plus excité par l'indigence que fondé sur une véritable disposition pour la peinture et la sculpture.

Ce qui étonne le plus les habiles gens, c'est qu'on prétend trouver toutes les belles manieres de peindre dans celle de M. Dumont. C'est en lui seul que l'on veut réunir cette belle pâte de Van Loo, le dessein de Natoire, les grâces de Boucher, le bon goût de Restout et le mérite de Pierre, tous hommes excellens, sans contredit.

Le succès ne seroit-il pas plus certain en laissant à ces habiles maitres le soin de faire des éleves ? les goûts différens que prendraient ces derniers produiroient cette variété si agréable en peinture. Pourquoi se refuser à une circonstance si sensible ?....

Autre singularité. Il y a un sculpteur dans le nombre de six éleves, parce que M. Dumont dit qu'il sçait modeler. Je permets à quelqu'un de se l'imaginer ; mais est-ce de cette façon que l'on

1. Ceci est une indigne calomnie. On travaillait d'après nature à l'École des élèves protégés; on en trouvera la preuve page 53.

forme des habiles gens? Non, c'est chez celui qui travaille solidement à des ouvrages de réputation et de conséquence. La partie essentielle est de voir travailler le maître, autrement point de progrès.

On assure que personne n'a vu peindre M. Dumont; qu'il a un grand rideau dont il couvre son ouvrage lorsqu'on vient le voir. Croiroit-il avoir seul le secret de la peinture? Passons-lui cette prévention. Il est permis de se flater; mais cette façon seroit déplacée vis-à-vis de ses éleves. On craint cependant qu'il ne la suive, parce qu'il a demandé que l'on fasse une cloison au bout de la gallerie d'Apollon qui est destinée pour l'étude de ces jeunes gens; sans doute pour leur ôter la liberté de lever le coin du rideau.

C'est dans ce lieu fermé qu'ils doivent s'exercer ensemble à la composition ou à l'exécution de leurs pensées. Pratique bien contraire à leur avancement, et tout opposée à celle des maîtres anciens et modernes. On ne sçauroit être trop recueilli pour la composition. La moindre dissipation dérange. Le recueillement n'est pas moins essentiel pour l'exécution, en tel genre que ce soit, principalement lorsqu'on tient le modele de ce que l'on peint; c'est pourquoi s'écarter de cette pratique, ce n'est plus travailler, mais perdre son temps.

Il n'en est pas de même quand les éleves ne font que copier; ils doivent être rassemblés et se voir travailler. Le maître doit être au milieu d'eux : il est même à propos qu'il copie en leur présence, pour leur en montrer la belle maniere. Mais seroit-il possible qu'une école si coûteuse au roi ne fût établie que pour copier? C'en est cependant l'idée; preuve convaincante de l'inutilité de ce nouveau systeme.

M. Dumont étend sa prétention jusqu'à faire des éleves de talens particuliers. Il s'est chargé d'un jeune homme qui a fait un assez joli dessein de bataille, mais dont le tableau ne vaut rien. Est-ce cultiver utilement les premieres dispositions de ce jeune homme que de le placer chés un tel maître? Non assurément; c'est chés M. Parrocel qu'il faut chercher le goût et les bons principes de ce beau talent.

Qu'est-il nécessaire au surplus de vouloir multiplier forcément les peintres ? Il n'est plus question de plafonds dans les apartemens ; tout se réduit aux dessus de portes, et l'on peut dire que la peinture est devenue meuble. Les tableaux de cabinet des peintres modernes ne sont plus à la mode. Quel avantage faut-il donc espérer des éleves de la nouvelle école ? S'il en réussit un dans le nombre, ce sera pour l'étranger. Le roi aura fait une dépense considérable pour un homme qu'il perdra dans le tems qu'il commencera à devenir nécessaire, et l'on ne pourra avoir de ses ouvrages qu'en faisant sortir l'argent du roiaume. Quel abus ! cependant trop à craindre puisqu'il est notoire que les Couronnes du Nord mettent tout en usage pour avoir d'habiles gens qui ne leur aient rien coûté à élever.

Il ne faut pas s'imaginer que les bons peintres manqueront tout à coup. Il est plus naturel de penser qu'avant que la loi de nature nous ait enlevé ceux qui existent, on verra des productions inattendues. Ces excellens artistes découvrant dans quelques-uns de leurs éleves des dispositions aussi avantageuses que particulieres, les prendront en affection et en feront des maîtres ; ce qu'on ne peut espérer de la nouvelle école. On connoît trop les sujets qui la composent.

Il n'est pas douteux que M. Dumont ne sache faire de très-bons tableaux ; mais il n'a pas les qualités nécessaires pour faire des éleves. Il n'en a fait de sa vie, et c'est beaucoup risquer pour une premiere épreuve ; d'ailleurs, quand l'Académie entiere s'efforceroit à les instruire, il n'en résulteroit rien. Tous les habiles maîtres sont d'accord sur ce point.

L'Académie de Saint-Luc n'est-elle pas encore une ressource ? Elle est remplie d'un très-grand nombre d'éleves. Il en est sorti de très-habiles gens qui ont été reçus à l'Académie royale avec distinction. C'est une pépiniere qui peut produire du bon, sans qu'il en coûte pour les élever. Il s'est fait depuis peu dans cette Académie un concours qui a produit un nombre de très-bons tableaux en tous genres et bien au-dessus de ce que promettent les protégés. Ce sont des peintres et des sculpteurs, qui s'élevant à leurs dépens, deviennent habiles, sans avoir une école si coûteuse au roi. Tous les grands maîtres de l'École françoise, comme de toute autre, n'ont eu pour école que de voir tous les habiles gens, et de tirer ce qu'ils ont pu des uns et des autres. C'est ce qui les a rendu (*sic*) si excellens; car il est constant que s'ils avoient eu toutes les commodités qui doivent se trouver dans la nouvelle école, la nonchalance les auroit séduit, et ils n'auroient rien fait.

Il seroit donc plus avantageux de laisser les éleves à leurs maîtres, en donnant une récompense proportionnée aux talens des uns et au progrès des autres. Cette récompense, qui seroit successivement reversible aux maîtres et aux éleves, seroit une dépense utile et bien moins coûteuse que celle de la nouvelle école qui est de 15,000 liv. par an, sans compter les frais de l'établissement. Cette somme, quoique assez considérable, est cependant au-dessous de l'estimation de M. Dumont, qui prétend que 20,000 liv. est le moins qu'il en puisse coûter au roi. Voilà, dès la naissance de cet établissement, la dépense augmentée d'un quart en sus. Encore si elle étoit utile; mais que produira-t-elle? Pas un sujet capable en trois ans. L'impossibilité est trop certaine. Suposons même cette rareté par excellence, ce sera tout au plus un sujet qui promettra. Voilà le terme et le *non plus ultra* de l'espérance qui aura coûté 45,000 liv. au roi. Si les trois premieres années ne produisent rien, et qu'après trois autres années il sorte enfin un sujet qui flate de quelque espérance, ce sera un cher aprentissage. Cet éleve, qui aura coûté 90,000 liv., ne sera pas en état de faire un bon tableau; car il n'est pas possible que, avec toutes les précautions imaginables, la correction la plus précise des bons maîtres et les dispositions les plus avantageuses, l'on devienne habile peintre en trois ans. Il faut trente années d'un travail pénible et varié. C'est alors qu'avec de grandes dispositions l'on commence à donner aux vrais connaisseurs un préjugé favorable sur le talent. Il ne faut pas s'y tromper, la peinture en est un où l'on ne peut forcer la nature; par conséquent école inutile. Placés plutôt dix éleves chez quatre ou cinq des meilleurs maîtres et que le roi leur païe 8 liv. par mois seulement, pour chacun des dix éleves; (c'est ce que l'on pourroit apeller les protégés, puisqu'il ne leur en coûteroit rien pour aprendre). Cette dépense, quoique modique, n'auroit lieu que pour le nombre efectif d'éleves qui, le pinceau à la main, cultiveroient réellement l'étude de la peinture; ce nombre n'excederoit pas cinquante, et les maîtres auroient indépendamment la faculté de recevoir chés eux autant de jeunes gens qu'il leur plairoit, sous des conditions particulieres avec les parens. Cela exciteroit chés ces deux sortes d'éleves une émulation avantageuse. Ils travailleroient à l'envi : les uns pour conserver le titre de protégés, qui flate naturellement l'amour-propre, les autres pour l'acquérir; enfin, tout iroit au bien de la chose et fourniroit le véritable moïen de découvrir ceux qui pourroient avoir des talens. Voilà ce qui formeroit une école utile ; et c'est de ce grand nombre que l'on pourroit attendre quelques habiles gens.

Que l'on donne dix éleves à MM. Vanloo, Natoire, Boucher, Restout et Pierre; les voilà cinquante chés des maîtres tous égaux en mérite, mais avec des goûts différens, ce qui est absolument nécessaire à la peinture. Tous les habiles maîtres tendent au même but ; mais ils y arrivent par des routes différentes. Il est constant qu'un éleve deviendra très-habile chés un tel maître et seroit ignorant pour toujours s'il avoit travaillé chés un autre.....

A l'égard de la dépense, elle seroit moins forte de plus de moitié, puisque les soixante et dix éleves, sur le pié de 8 liv. chacun par mois, ne coûteroient au roi que 6,720 liv. par an, au lieu de 15,000 liv. accordées à la nouvelle école. Les maîtres y trouveroient un secours qui, leur faisant un état gracieux et assuré par un produit de 980 liv. par an, exciteroit leur émulation à faire des éleves. Ceux-ci, animés par l'atention de leurs maîtres, s'atacheroient à bien faire pour être admis à travailler aux grands prix et aller à Rome après les avoir gagnés, etc.

Les talens particuliers sont sans contredit aussi nécessaires que les peintres d'histoire..... Pourra-t-on prouver que tous ces excellens genres se trouveront chés M. Dumont? Personne n'osera sûrement hazarder cette preuve. Pourquoi donc oublier des parties si essentielles, puisqu'il paroît que l'objet principal de la nouvelle école est de former des peintres d'histoire, comme si l'on n'avoit besoin que de ce genre ? Il n'est pas à présumer que ce soit la volonté du roi ni l'intention du chef respectable qui préside

4

en cette partie. Il convient donc de placer deux éleves chés les maitres qui excellent en talens particuliers.

Desportes et Oudry ont commencé avec peine et n'ont jamais eu de maitres pour leurs talens..... Cependant à quel degré de perfection ne les ont-ils pas portés? Par quels moïens? La nécessité et le grand travail.

Quelle opposition à cette pratique dans la nouvelle école! Une vie aisée; un travail commode; une prévention flateuse sur un état que l'on croit assuré. Comment devenir habiles avec tant de commodités? Il ne faut pas y compter. Cette jeunesse, loin d'être laborieuse, ne travaillera qu'à son aise ; ce qui ne sera pas fait un jour sera remis au lendemain. Si le maître n'inspire pas l'ardeur du travail, point de perfection à attendre; encore moins de facilité, qui ne s'acquiert que par un travail pénible et pour ainsi dire forcé. Or, le défaut de facilité est un malheur qui influe sur toute la vie et rend incapable, quoique avec du talent, d'entreprendre des ouvrages d'une certaine conséquence.

Après trois ans de cette École, en suposant que le maître se soit accommodé des écoliers, et que par réversion les écoliers soient contens du maître (ce qui ne paroît pas facile), en sortant, dis-je, de cette École, bien instruit de la pratique et des principes du maître, on ira à Rome non pas habile, mais ignorant.

Il faut convenir que le séjour de Rome a pour les peintres de grands avantages que vainement on chercheroit ailleurs; mais ce n'est pas pour le coloris. Il est certain que lorsque les éleves auront pris celui du maître, ils ne deviendront pas meilleurs en cette partie, et l'on verra sortir de jeunes mains de vieux tableaux qui ne vaudront rien. N'importe, on ne laissera pas que d'avoir rang et de l'argent; ce qui consomme des fonds, qui ne devroient servir qu'à récompenser ceux qui se sont sacrifiés pour se distinguer [1].

1. Encore le bout de l'oreille académique qui se montre ici comme dans le projet de faire toucher exclusivement par cinq des plus éminents artistes les fonds destinés à l'enseignement des élèves protégés. La forme si peu littéraire ne trahit pas moins que la pensée la plume inexpérimentée d'un artiste.

Il y a une chose plus singuliere, et que je me reprocherois de vous laisser inconnue. On ne borne point ces éleves aux talens de peinture. On veut qu'ils acquierent de l'esprit. Voici de quoi il est question. M. Lépicié, historiographe et secrétaire perpétuel de l'Académie, avec cela excellent graveur, doit leur fournir de l'esprit six fois par semaine ; c'est-à-dire donner des leçons de belles, lettres tous les matins, hyver et été, avant que les éleves se mettent à l'ouvrage. Peut-on de bonne foi admettre cette étude comme relative aux talens pour lesquels on destine ces éleves ? N'est-il pas certain qu'elle les dérangera, et leur ôtera l'idée de leur travail naturel ? Ne seroit-il pas plus convenable de leur faire employer ce tems à réfléchir sur l'étude de la peinture qui est leur partie principale ? Il n'est pas question d'en faire des hommes lettrés, mais de bons peintres. Tout ce qui n'a point rapport à la peinture est un tems perdu ; il ne faut que du bon sens pour être habile. Si l'on a un sujet à composer, on doit lire ou se faire instruire de tout ce qui concerne son sujet et aller son train ; on sçauroit tout ce qu'un homme est capable de sçavoir qu'il ne faudroit pas moins examiner à fond ce qui a rapport au sujet que l'on veut traiter ; et cela dans le moment même de la composition. C'est donc un tems perdu que de l'aprendre d'avance ; la mémoire la plus heureuse ne presenteroit que des idées imparfaites. Il n'est pas question de former des historiens et des poëtes ; il faut des peintres et des sculpteurs. Je le répete encore, il ne faut que du bon sens pour être habile ; et certainement les artistes qui ont donné dans la poésie et dans le genre d'écrire n'ont jamais tenu les premiers rangs [1].

Une nouvelle réflexion me confirme le mauvais succès de cet établissement ; c'est que, s'il subsiste, les bons maitres capables d'enseigner renverront tous leurs éleves sans qu'on n'ait rien à leur reprocher. La raison en est sensible ; ces maitres qui auront eu bien de la peine à débrouiller de jeunes gens, auront de la

---

[1]. On doit reconnaltre dans tout ceci le raisonnement d'un artiste et d'un artiste praticien. Tous les gens du monde, tous les gens de lettres et même bon nombre d'artistes avaient en ce moment un sentiment diamétralement opposé. L'épigramme que contient la dernière phrase était à l'adresse de Coypel.

mortification de les voir entrer chez M. Dumont; et, s'il arrive par le plus grand des hazards qu'un d'eux aie le bonheur de percer par une longue suite d'années, M. Dumont ne manquera pas de s'en atribuer le mérite; c'est un désagrément qu'il est naturel d'éviter en ne faisant plus d'éleves; et c'est le parti que tous les bons maitres sont disposés de prendre. Pour lors, n'y aiant plus rien à atendre que des éleves de la nouvelle école, quelle ressource!

La sculpture aura le même sort, vingt années de cette école ne formeront pas un sujet en ce genre. Le maitre dit cependant qu'il sçait modeler. Comment le croire? Il n'est pas un de ses confreres qui l'ait vu et qui lui connoisse ce talent.

L'éleve en sculpture ne peut rien aprendre sans voir opérer son maitre; c'est-à-dire le voir modeler, travailler la pierre et le marbre, fondre même des figures en bronze et les voir réparer. Il n'y a point de bons sculpteurs qui n'aient aprofondi toutes ces différentes manieres de travailler.

Le nombre de bons sculpteurs, quoique très-petit, est cependant considérable par rapport au peu d'occupation qu'ils ont. Il n'y a que le roi qui puisse faire faire des ouvrages de conséquence. Le goût des particuliers se réduit aux corniches dans les apartemens; le grand est trop coûteux pour eux; c'est pourquoi en faisant des éleves en ce genre, ce sera pour l'étranger.

Je finis par cette derniere réflexion. Les éleves destinés pour la nouvelle école sont de l'âge de vingt à vingt-six ans. Ils peignent tous et ont commencé à goûter et jouir de leur gain. (On peut comprendre ce que je veux dire.) Les voilà, pour ainsi dire, sous la férule scholastique d'un maitre qui aura le droit de commander. Que s'ensuivra-t-il de là? une petite répugnance qui ôtera le goût et l'amour du travail. Cette vérité se découvre par avance. Les éleves qui ont postulé pour entrer dans cette École, voudroient aujourd'hui en éloigner le moment. Ce devoit être au 1er janvier 1749, suivant l'ordre de l'établissement, et ils ont demandé par grâce que l'on différât de huit à dix jours. Ils ont déjà tenu d'assés mauvais discours, principalement sur l'aquis de l'esprit. Toutes ces circonstances fortifient l'idée que j'ai que cette École se détruira en naissant.

Voilà ce que je pense sur cet établissement dont la dépense seroit bien mieux employée, comme je l'ai déjà dit, en récompense pour les maitres qui feroient des éleves en différens genres et en gratifications pour ceux qui se distingueroient par le nombre et la perfection de leurs ouvrages. Ce seroit le judicieux moïen de flater l'émulation des Académiciens et d'en donner à ceux qui travaillent pour le devenir.

Mes réflexions ne sont pas rendues dans le beau style. Je ne m'en pique pas, mais elles sont fondées.

J'ai l'honneur, etc.   D* P***.

Les critiques et les attaques accumulées et résumées dans ce volumineux mémoire n'empêchèrent l'école ni de s'ouvrir ni de prospérer. Tout marchait régulièrement suivant le programme ministériel, qui était appliqué dans sa lettre et dans son esprit [1]. Au bout de leurs trois années les

---

[1]. « Mémoire des avances faites par M. Vanloo pour l'étude particuliere des éleves protégés d'après le modelle de l'Académie, dans les mois de juin et de juillet 1749 :

Payé au modelle 13 journées à 3 liv.	39 liv.	—
Au même, 2 pintes 1/2 de vin à 12 s.	2	2 s.
Plus une voye de charbon consommée pendant la tenue dudit modelle	5	14
Donné au modelle 3 livres de gratification	3	»
Aux éleves peintres 4 toiles à 3 livres	12	»
A Levasseur pour avoir moullé les 2 figures des éleves sculpteurs	15	»

Modèles payés en 1750, juillet et août, pour l'étude particulière de six éleves protégés. (Arch. nat., O¹ 1926, O¹ 1927.)

Il y eut au commencement, dans l'administration de l'École, une très-courte période d'indécision sinon d'irrégularité. Des vacances se produisant fréquemment à l'Académie de France à Rome, on fut quelquefois obligé pour les remplir d'envoyer en Italie des élèves protégés avant l'accomplissement normal de leur stage de trois années. Le règlement, il est vrai, avait prévu le cas d'une diminution dans le temps du séjour à Paris. Mais Cochin, en 1756, proposa au directeur général et fit agréer par lui un plan d'après lequel tous les élèves se trouvaient reçus à l'Ecole de Paris aussitôt après avoir remporté le grand prix et ne partaient pour Rome qu'après trois ans révolus.

Voir le plan proposé par Cochin pour la succession des élèves à l'École de Rome et le mémoire, trop long pour être rapporté ici, qui l'accompagne. (Arch. nat., O¹ 1927.)

élèves étaient envoyés à Rome et toujours remplacés à tour
de rôle par les grands prix, ou, en cas de vacances extraordinaires, par les vainqueurs d'un concours spécial [1]. Les
fonds étaient tous les trois mois ponctuellement versés au
premier peintre par le contrôleur général. En voici le détail :

DÉTAIL DE LA DÉPENSE DE L'ÉCOLE PAR QUARTIER [2].

Honoraires du directeur......................	400 l.	
Pension alimentaire du même...............	230	
Au même, pour supplément.................	250	
Pension alimentaire du professeur d'histoire...	250	
Pension aliment. des éleves, à raison de 800 liv. pour chacun............................	1,200	
Pour les gages de deux laquais et d'un portier.	112	10 s.
Pour ceux de la cuisiniere..................	50	
Pour l'habillement des deux laquais et du portier.	112	10 s.
Pour différentes dépenses..................	194	
Honoraires du professeur d'histoire..........	250	
Gratification aux six éleves à raison de 300 liv. pour chacun............................	450	
Pour le loyer de la maison à raison de 1,500 liv.	375	
Pour les appointements du catalogue des tableaux [3]................................	600	
A Reporter........	4,494 l.	

1. « Ordre à demander à M. de Vandieres, directeur et ordonnateur général
des bâtimens :
« Un ordre adressé à M. de Silvestre, pour annoncer à l'Académie un nouveau concours entre les étudians peintres, au sujet d'une place d'éleve protégé
vacante par la sortie du sr de la Rue, choisi pour travailler aux conquêtes
du Roy. » De la main de Marigny : *Expédier*. (Arch. nat., O¹ 1926.)
2. À l'origine le directeur ne recevait que 250 livres d'honoraires. Il n'avait
en tout et pour tout que 250 livres de pension alimentaire. Ne pouvant reproduire le détail de la dépense par quartier dans tous ses états successifs,
pendant tout le temps que dura l'École, j'ai choisi comme exemple un compte
de frais sous le régime qui fut le plus longtemps appliqué.
(Arch. nat., O¹ 1926.)
3. On prenait bien injustement sur le budget de l'École les appointements
de Lépicié pour son catalogue des tableaux du roi et les honoraires de ceux
qui régissaient le détail des arts, c'est-à-dire qui remplissaient, avec ou sans

Report	**4,494** l.
Pour les honoraires du détail des arts	**250**
Pour le secrétariat du détail des arts	**200**
Pour quittances et frais de voiture.	**6**
Total par quartier	**4,950** l.
— par année	**19,800**

La gratification de 300 liv. n'était remise aux élèves que
sur le témoignage de leur gouverneur attestant leur assiduité et leur bonne conduite. Carle Vanloo n'avait pas à le
refuser et le libellait ainsi tous les trois mois : « Je certifie,
gouverneur de l'école royale des élèves protégez, être content de la conduite desdits élèves sans exception d'aucun ;
je prie en conséquence M. Coypel écuyer, premier peintre
du roi, de vouloir bien leur délivrer le quartier de leur
gratification. » Les pensionnaires lui en donnaient une décharge collective [1].

L'École répondait à un besoin trop sérieux et elle était
déjà trop bien organisée pour que la mort de son fondateur
Lenormant de Tournehem, arrivée le 19 novembre 1751,
pût compromettre son existence. D'ailleurs, il était remplacé par le frère de madame de Pompadour, Abel-François
Poisson qui, associé depuis cinq ans à la direction des
Bâtiments par la survivance de cette charge que le roi
lui avait accordée, partageait toutes les vues de son prédécesseur sur l'administration et n'était pas animé d'un
moindre zèle. A.-F. Poisson, successivement marquis de
Vandières, de Marigny et de Ménars, directeur des bâtiments du roi de 1751 à 1773, fut certainement le plus intelligent et le plus actif de tous les hommes qui régirent,
en France, les arts au xviii⁰ siècle. La lecture de la corres-

le titre, les fonctions de premier peintre ; c'est ce qui fait paraître ce budget
beaucoup plus fort qu'il ne l'était réellement.
1. Toutes ces pièces sont aux Archives nationales, O¹ 1926, O¹ 1914.

existence — le titre officiel de Dandré-Bardon, le droit qu'il avait acquis de propager au nom de l'Etat ses doctrines personnelles éclaireront quelques faits encore obscurs. C'est lui qui, à tort ou à raison, dès 1755, contribua beaucoup par son enseignement à développer les idées de retour à l'antique — et quel antique que le sien ! C'est lui qui, entre Vien et David, fournit à toute une génération d'artistes, sinon l'idée, au moins les moyens d'opérer une révolution dans le goût.

II

Pendant les dix premières années de son existence, l'École des élèves protégés, comme tous les établissements heureux, n'a point d'histoire. Tout s'y passe régulièrement, suivant les prescriptions inscrites dans l'acte de fondation. Son budget, si petit qu'il soit, lui est exactement fourni et cette maigre subvention, grossie par la générosité de Van Loo, suffit à l'art, chez nous toujours si vivace, si modeste et si fécond. Mais, vers 1759, tout change. La France est loin des succès de Fontenoy. Elle s'est imprudemment engagée dans la Guerre de sept ans. Les finances, qui faisaient difficilement face aux prodigalités de la cour, sont absolument épuisées par les exigences de la guerre et les subsides qu'il faut fournir aux alliés. Marigny, qui a pu défendre jusqu'à présent la dotation de l'École, n'est plus écouté. Le contrôleur général ne paye plus que par à-compte à partir des derniers mois de 1759. Bientôt il ne payera plus du tout.

A ce moment, les ennemis de l'École, qui n'ont pas réussi dans leurs premières attaques, font un nouvel effort pour la détruire. Exploitant au profit de leur haine les difficultés actuelles, ils cherchent à effrayer le directeur des bâtiments, peut-être même le contrôleur général des finances, au sujet de la dépense des élèves protégés. Un petit complot dut alors être tramé; je n'en tiens pas tous les fils, mais voici qui est certain. L'académicien J.-B.-M. Pierre, qui, comme on le verra plus tard, est l'agent de cette coterie hostile, s'introduisit, je ne sais sous quel prétexte, chez Marigny, tâcha d'ébranler sa confiance dans l'École de Paris, et, sachant l'intérêt tout particulier qu'il portait à l'Académie de France à Rome, dépeignit cette dernière comme susceptible d'une réduction dans son allocation annuelle, de l'aveu même de Natoire, son directeur. Marigny, pris à l'improviste, étourdi par cette menace dirigée contre une institution qu'il croyait indispensable aux arts, prêt à tout sacrifier plutôt que cette École de Rome qu'il connaît, qu'il apprécie justement et qu'il aime, renvoie Pierre à Cochin. Près de Cochin, Pierre recommence sa manœuvre. Il fut même assez habile pour lui faire déclarer qu'il vaudrait mieux suspendre l'École de Paris que de rien enlever à celle de Rome. Mais heureusement Pierre avait affaire à un esprit judicieux et sensé : il ne put le convaincre de l'inutilité de l'École de Paris, et le piége fut évité. « Monsieur, écrivait Cochin à Marigny après cette entrevue, M. Pierre m'a communiqué, *par votre ordre*, le résultat d'une lettre par laquelle il paroist que M. Natoire croit que ce seroit un soulagement que de diminuer le nombre des pensionnaires de Rome... Il vaudroit beaucoup mieux suspendre l'École de Paris et porter tous les fonds à Rome... Mais j'ose encore espérer qu'on ne sera pas réduit à laisser tomber ni l'une ni l'autre. Ce 17 décembre 1760. Cochin [1]. » Quand

1. Arch. nat., O¹ 1911.

cette lettre lui parvint, Marigny était sans doute remis de
sa première émotion, peut-être avait-il vu d'où partait
ce coup déloyal, et il traça en tête du billet de Cochin
ces simples mots : « Répondre qu'on ne changera rien à
l'Académie de Rome et qu'on fera en sorte de ne rien
retrancher à l'École des élèves protégés. » Les ennemis de
l'École étaient éconduits une seconde fois. Leur haine devra attendre quinze ans encore pour se satisfaire.

Depuis dix ans qu'il est fondé, qu'avait donc fait cet établissement pour mériter cette animosité persistante, ou plutôt
que n'avait-il pas fait pour désarmer les mauvaises passions
de ses adversaires? Ses premiers hôtes n'étaient certes pas
indignes de l'hospitalité royale, et les talents qu'il forma,
dès le début, ont largement indemnisé la France de ses li-
béralités. Il avait commencé en accueillant des peintres
comme Doyen, Deshays, Fragonard, Durameau, Lavallée-
Poussin; des sculpteurs comme Pajou, Guyard, Berruer,
Gois, Lecomte, Clodion, Houdon. Il envoyait à Rome, non
plus des enfants inexpérimentés, sans connaissances pratiques aussi bien que sans éducation esthétique, mais des
hommes capables de comprendre, d'interpréter et de s'as-
similer les chefs-d'œuvre au milieu desquels le roi voulait
qu'ils vécussent pendant quelques années. Il préparait à
la France une génération d'artistes forte, sérieuse, aussi
disciplinée dans le travail que libre dans les manifestations
de son génie particulier. Dans tous les temps, les écoles
spéciales ont eu des ennemis. On les accuse d'être quelquefois des asiles ouverts par l'État à de studieuses médiocrités : on les dépeint comme des prisons intellectuelles
où les talents originaux sont étouffés; on leur reproche
d'étendre sur une science ou sur un art une uniformité déplorable et de viser plutôt à couronner les qualités moyennes
qu'à développer les instincts exceptionnels et le génie na-

turel. Pouvait-on rien objecter de semblable à notre école?
Si elle assurait à tous ses membres une pratique égale et
uniforme de tous les procédés techniques, elle avait maintenu et même entretenu l'indépendance absolue de leurs
sentiments et de leurs manières personnelles. A côté d'un
talent académique comme celui d'un Doyen ou d'un La-
vallée-Poussin se développait la fantaisie d'un La Rue, élève
de Parrocel. Fragonard y peignait à côté de Durameau.
Pajou, Clodion et Houdon modelaient à côté de Brenet
et de Lecomte. Cette libre et précoce éclosion des talents
sous la savante et intelligente incubation de l'École était
précisément ce qui offusquait les jaloux et les malveillants
de l'Académie. Les malheurs du temps viendront à leur
secours.

On se rappelle combien était modeste la dotation de
l'École des élèves protégés. Dès 1755, au milieu d'un ren-
chérissement universel, l'allocation fournie par le roi pour
la nourriture était insuffisante. Van Loo y mettait du sien
depuis longtemps, mais ne voulait rien demander. Christine
Somis, sa femme, qui dirige la maison avec toute l'économie imaginable, à bout de ressources et moins timide que
lui, se décida à parler. « Le 11 mars 1755, dit un rapport
fait au directeur général des bâtiments, Christine Somis,
épouze de Carle Van Loo, gouverneur de l'École royale des
éleves protégéz, par son mémoire à M. le marquis de Marigny, lui représente que la dépense faite par son mary
pour entretenir la table de l'École des éleves protegés depuis son établissement n'est fixée qu'à 6800 liv., avec laquelle somme il chauffe, éclaire et blanchit cette maison.
Cette somme ne pouvant suffire, il se trouve forcé de joindre
ses appointements de 1000 liv. en qualité de gouverneur et
les 600 liv. de la gratification que vous lui accordez, Monsieur, à titre de récompense. Il espere, Monsieur, que vous

voudrez bien avoir égard à l'emploi de ses propres fonds, et j'ose vous supplier de vouloir bien lui accorder une augmentation de 1600 livres. *Signé* : CHRISTINE VANLOO [1]. » Vanloo, tourmenté sans doute par ses fournisseurs, fut enfin obligé de sortir lui-même de sa réserve. « Carle Vanloo, dit un autre rapport fait au roi, supplie très-humblement Votre Majesté de vouloir bien lui faire la grâce de lui accorder une augmentation de cent pistoles par an pour pouvoir fournir à la subsistance des éleves protégés. Cette subsistance fut fixée, lorsque cette école fut établie, à 6800 liv. par an, sur quoi il est obligé de nourrir, de chauffer, de blanchir et d'éclairer huit maîtres et trois domestiques. Il représente très-humblement à Votre Majesté qu'il n'est pas possible, avec 18 liv. 15 s. par jour, de fournir le nécessaire à ces huit maîtres et à ces trois domestiques, vu la cherté et l'augmentation du prix des denrées depuis trois ans [2]. » Présentée et appuyée par Marigny, la requête avait chance de réussir. Le roi la revêtit en effet de son *bon*, et les mille livres de supplément furent accordées.

Mais, si en 1755 les circonstances n'étaient pas encore trop défavorables, le prestige de l'école et son crédit encore fort grands, il suffit de quatre années pour détruire cette prospérité. A partir de 1759 [3], il ne s'agit plus pour Vanloo de réclamer des augmentations; les fonds annuels, si insuffisants déjà quand ils étaient versés, ne sont même plus fournis régulièrement. « Monsieur, écrivait Cochin à Marigny le 26 mai 1763, permettés-moi de vous représenter le besoin qu'a M. Carle Vanloo de recevoir quelques secours pour le soutien de l'école des éleves protégés par le roy. Il

1. Arch. nat., O¹ 1923, p. 1 et 2.
2. Arch. nat., O¹ 1923, p. 1 et 2.
3. Lors de la liquidation générale de l'École, en 1774 et 1775, on voit des sommes dues remonter jusqu'à 1759. (Arch. nat., O¹ 1927.)

y a une année et demie en arriere et quoique j'aye partagé
de maniere à fournir les secours pour la vie, préférablement
à toutte espece d'appointemens, il n'ont rien reçu du tout
depuis le mois de décembre dernier [1]. » « Il faut tâcher de
luy donner de l'argent, » dit Marigny dans une note tracée
en haut de cette lettre. Mais l'intervention du directeur en
personne n'activait que bien peu les versements du trésor.
De continuelles réclamations sur ces irrégularités se produisent sans obtenir le moindre résultat. On en arrive à
mendier des à-compte. « Monsieur, dit Cochin écrivant
à Marigny le 4 mars 1765, permettés moy de rappeler à
votre souvenir l'extreme besoin où se trouve M. Carle Vanloo
de recevoir quelques secours pour soutenir l'école des
éleves protégés par le roy. Si la position des affaires ne
permettoit pas de donner un quartier, nous vous suplions
d'accorder un demi-quartier (comme on l'a fait quelquefois),
pour subvenir aux nécessités les plus pressantes [2]. » Quant
aux appointements du gouverneur et du professeur d'histoire, aux gages des gens de service, aux pensions des élèves,
il n'en est plus question depuis longtemps. C'est en vain
que, partant pour Rome, ceux-ci donnaient procuration à
leurs parents afin qu'ils pussent toucher en leur nom leurs
petites gratifications. Il faudra attendre jusqu'en 1775 que
toutes ces dettes du trésor soient acquittées et les comptes
de l'école apurés [3]. L'un des élèves protégés, le peintre Saint-
Quentin, inventa, en 1765, un moyen pour battre monnaie
avec son titre à la pension royale. Au moment de son départ

---

1. Arch. nat., O¹ 1914.
2. Arch. nat., O¹ 1914.
3. Voici un des rares à-compte qui furent payés de 1760 à 1774 :
« Je soussigné reconnois avoir reçu pour mon fils, par les mains de
M. Cochin, secrétaire perpétuel de l'Académie royale de peinture et de sculpture, chargé par M. le marquis de Marigny de la recette et distribution des
fonds destinés à l'entretien de l'École royale des éleves protégés, la somme

pour l'Académie de Rome, il tira des lettres de change[1] sur Cochin. Il alla jusqu'à se laisser poursuivre et à faire faire opposition[2] par huissier au payement de sa pension à cause

[1] de 75 liv. pour le 4ᵉ quartier année 1761 (soixante et un), de la gratification accordée par Sa Majesté à mon fils, en sa qualité de pensionnaire.

« A Paris, ce 18 septembre 1767 (soixante-sept). HOUDON. »

Voici en vertu de quel titre Houdon père touchait la pension de Jean-Antoine Houdon :

« Je soussigné ai fondé de procuration M. Houdon, mon père, à raison de recevoir pour moy les quartiers de la pension qui m'est accordé (*sic*) par le Roy. En foy de quoy j'ai signé la présente. A Paris, le 2 octobre 1764.

« HOUDON. »
(Arch. nat., O¹ 1927.)

1. « Je prie M. Cochin de vouloir bien payer au sʳ Bachot, cordonnier, la somme de cent livres, à prendre sur la gratification que le Roy m'a accordée en qualité de pensionnaire de l'École des éleves protégés.

SAINT-QUENTIN.

« Je prie également M. Cochin de payer cinquante-huit livres à M. Manet, doreur, qui lui remettra un billet de cette somme.

« Paris, 4 septembre 1765. SAINT-QUENTIN. »

« Je prie M. Miger de payer à M. Durocher, talieur, la somme de sans huy livre que je luy dois.

« M. Durocher, maître tailleur, rue Troussevache, en entrant par la rue Saint-Denis, entre le marchand de vin et le tourneur.

« M. Durocher pouras aler resevoir les sans buit livre que je luy suis redevable chés M. Cochin. Il demandera M. Miger et luy diras le temps a peut pres ous il vous feras avertire et suis votre serviteur. SAINT-QUENTIN.

« Miger, je te prie de mettre a la suite de notre petis mementos M. Lorend, rue de la Grande-Truanderie [et] de lui donner quand tus pouras quatre vingt seize livres pour M. Froment, sans soixante livre pour M. Montier. — Quand tus pouras avoir notre argans sela nous feras plaisir. Adieu porte-toi bien et suis ton amie. SAINT-QUENTIN.

« Tus pairas à Dalbant la somme de 29 livres que je lui suis redevable. »

« Je reconnois devoir à Monsieur Froment la somme de 160 livre que M. Miger aura la bonté de remettre comme nous sommes couvenus de l'argans qu'il doit resevoir de ma pension.

« Fait à Paris, ce 2 octobre 1765. SAINT-QUENTIN. »
(Arch. nat., O¹ 1927.)

Miger, dont on parle ici, est le graveur qui fut plus tard de l'Académie et qui, en ce moment, était commis de Cochin pour les grandes entreprises de gravures disigées par celui-ci.

2. « L'an 1765, le 28 septembre, à la requête de Simon Pachou, froteur d'apartemens, demeurant à Paris, grande rue du faubourg Saint-Jacques..... maison de la dame Girard, vis-à-vis l'Y grec..... j'ai, Alexandre-Alexis Lardin, huissier audᵉʳ ordʳᵉ, signifié et déclaré à M. Cochin, garde des desseins de la Couronne, directeur de l'Académie, que le dit Pachou est opposant à ce que

d'une dette invraisemblable contractée envers un frotteur
pour un prétendu frottage d'appartement, lui qui était logé
et hébergé par le roi dans l'hôtel de la place du Louvre. Il
était aussi censé devoir cent livres à un cordonnier et cent
huit livres à un tailleur de la rue Trousse-Vache ! Ces prodigalités, par trop inouïes pour un élève de l'Académie, nous
révèlent tout simplement, je crois, la ruse du malin peintre
qui s'était adressé à des compères et s'efforçait d'avancer,
au moyen de cette supercherie, l'échéance si retardée déjà
et encore si lointaine de sa pension [1].

Privée de toute subvention pendant des années entières
(*durant près de quinze ans*), comment vécut cette malheureuse
école où non-seulement les professeurs ne recevaient aucun
émolument, les élèves, tous pauvres, aucun secours, mais où
la nourriture même n'était plus payée par le trésor? C'est
un problème qui serait aujourd'hui insoluble. Ces épreuves
n'étaient pas au-dessus du courage et du désintéressement
de nos pères. Leur robuste confiance dans la créance royale,
leur enthousiasme pour l'art, leur foi dans la protection
purement nominale du prince les soutenait. Carle Vanloo,
évidemment, trouva d'abord chez ses fournisseurs un crédit
énorme ; car personne n'hésitait à faire des avances de fonds
pour le roi. Ensuite il s'endetta résolûment sans s'inquiéter

mou dit sieur Cochin paye et vide ses mains des sommes qu'il a ou aura
cy-après en sa ditte qualité et qui peuvent revenir au sr Cinquantin, éleve et
pensionnaire du Roy en la ditte Académie royale, et ce jusqu'à ce que ledit
Pachou ait été payé par ledit sieur Cinquantin de la somme de trente-six livres
restante de plus grande somme et de compte verballement arrété entre eux
pour frotage d'appartement fait pour ledit sr Cinquantin et pour autres causes
qu'il déduira en temps et lieux. » (Arch. nat., O¹ 1927.)

1. Le peintre et ses créanciers réels ou fictifs ne reçurent rien avant 1774.
« ..... Le 7 mai 1774..... au sr Saint-Quentin, pour à-compte, 450 livres,
sçavoir : 75 liv. pour le quatrieme quartier 1762 ou son entrée à l'Ecole,
plus 300 liv. pour l'année 1763 et 75 liv. pour le premier quartier 1764. Il
reste pour son parfait payement pareille somme de 450 liv. »

(Arch. nat., O¹ 1927.)

de l'avenir. C'est à soutenir l'école qu'il employait certainement les 6,000 livres que, depuis 1762, lui valait le titre de
premier peintre, ou plutôt les rares à-compte qu'il pouvait
obtenir sur ce traitement. Mais, en tout cas, son crédit s'était
singulièrement agrandi par cette dignité nouvelle et les
appointements qu'elle supposait. Les élèves aidaient aussi
le maître dans sa tâche par leur frugalité, leur bon esprit,
l'amour désintéressé de l'étude, l'estime et l'affection qu'ils
lui avaient vouées. Ils lui en donnèrent dès le début un précieux témoignage. Une place de pensionnaire-peintre était
vacante à l'Académie de France à Rome. Le directeur général fit demander par Lépicié, remplissant en ce moment
les fonctions de premier peintre du roi, quel était celui des
trois élèves peintres actuellement à l'école de Paris qui
désirait aller immédiatement à Rome ; on lui offrait de le
dispenser du stage réglementaire de trois années que tout
grand prix devait accomplir, sous Carle Vanloo, avant de
partir pour l'Italie. C'était un appât bien séduisant, que
cette émancipation immédiate proposée à trois écoliers.
Voici cependant ce que Lépicié répondit à Marigny le
10 mai 1754 :

« Monsieur, en conséquence de vos ordres, M. Vanloo a déclaré
ceux que vous avez la bonté d'envoyer à l'Académie de Rome, et
il a fait part en même temps de vos intentions pour remplir une
sixieme place de peintre vacante en ladite Académie. Le choix
ne pourroit tomber que sur les trois éleves peintres qui restent,
savoir : le s^r Fragonard depuis un an dans l'école ; le s^r Monnet
depuis neuf mois ; le s^r Brenet depuis quatre mois. Cependant,
Monsieur, ces trois éleves ressentent si vivement le besoin qu'ils
ont encore des leçons et des exemples de M. Vanloo pour la couleur et pour la composition qu'ils vous supplient très-respectueu-
sement de leur permettre d'achever leur temps sous un si bon
maître. En cela j'ose vous assurer qu'ils n'ont d'autre but que de

e rendre plus dignes de l'honneur de votre protection, de profiter
plus efficacement du voyage d'Italie et de mieux lire dans les productions des Raphaël et des Carraches [1]. »

Cette rare preuve d'affection me fait n'accepter que sous
bénéfice d'inventaire une allégation de Diderot sur la bruta-
lité de Vanloo dans ses rapports avec ses élèves. « Vanloo [1],
dit le célèbre critique dans son *Salon de* 1765, était né peintre comme on naît apôtre. Il ne dédaignait pas le conseil de
ses élèves, dont il payait quelquefois la sincérité d'un soufflet
ou d'un coup de pied ; mais le moment d'après et l'incar-
tade de l'artiste et le défaut de l'ouvrage étaient réparés. »
Exagérée ou non par Diderot [2], la vivacité de Vanloo, dont
la bonté compensait largement le ton bourru, ne lui aliéna
jamais le cœur de ses disciples. Il n'avait pas moins de
titres à leur estime. « En 1749, dit Dandré-Bardon [3] dans
un style aussi ridicule que sa personne et son talent, le
ministre des arts lui procura la direction de l'Ecole royale
des élèves protégés. C. Vanloo ne regarde pas ce nouveau
poste comme une de ces places purement honorifiques qui
n'exigent qu'une police infructueuse et une rebutante sévérité. Il en envisage les obligations comme des devoirs d'État
qui le soumettent à joindre pour l'instruction des élèves les
exemples aux préceptes. Avec quelle attention ne veille-t-il
pas sur leurs ouvrages, sur leur progrès ! Quels motifs d'avancement, quel modèle d'assiduité et de vigilance ne leur
offre-t-il pas ! Nous en croira-t-on ? L'aurore est à peine levée
qu'il a les pinceaux à la main, et le soleil, prêt à se coucher,
l'a souvent trouvé encore occupé à peindre. Un avantage gé-

1. Arch. nat., O¹ 1925.
2. Diderot dit en même temps que Vanloo ne savait ni lire ni écrire, ce
qui n'est pas exact. J'ai vu des signatures de Vanloo qui m'ont paru parfaitement autographes et tracées d'une main exercée.
3. *Vie de Carle Vanloo*. Paris, 1765, in-12, pages 31, 32, 33 et 51.

néral résulte de cette conduite. Carle voit les progrès des
pensionnaires du roi croître de jour en jour. Il les seconde;
il les hâte... Les pensionnaires, de leur côté, répondant
aux intentions du supérieur, ne sont pas moins attentifs à
gagner le cœur de l'Apelle qui les dirige. » — « Il étoit,
dit le même auteur, sincere, ingénu, naïf, affectueux; il
vivoit avec ses éleves comme avec ses enfants. » Les succès qu'il obtint dans son enseignement le firent nommer
par le roi chevalier de l'ordre de Saint-Michel en 1750 [1],
et par l'Académie adjoint et recteur en 1752 : il reçut
en 1762, comme on l'a déjà vu, le titre de premier peintre
du roi.

Le pédant professeur d'histoire que nous avons cité tenait
malheureusement beaucoup plus à faire montre de ses talents littéraires vis-à-vis de ses contemporains qu'à léguer
à la postérité des faits précis et des anecdotes. Sa notice sur
la vie du Gouverneur des élèves protégés est vide, bour-
soufflée et grotesque. Il aurait pu et dû nous prouver que
ces écoliers, préoccupation constante de la direction des
arts, dans lesquels le public saluait la jeunesse de l'Académie, étaient traités avec une rare bienveillance par ce bon
Carle Vanloo qui avait pour eux toutes sortes d'indulgences
paternelles, on disait même des faiblesses. En effet, il
n'hésitait pas quelquefois à se compromettre pour eux. Un
jour Marigny vient à l'École pour distribuer quelques récompenses. Il appelle un élève pour lui remettre une mé-

---

1. Contrairement à la conduite de plusieurs artistes qui demandèrent sans
vergogne et, on peut le dire, mendièrent leur cordon de Saint-Michel avec
une effronterie tout à fait digne des temps modernes, l'honnête et délicat
Vanloo paraît avoir reçu l'Ordre du Roi sans l'avoir sollicité.

« 6 février 1750. — M. Coypel, premier peintre, par la haute estime qu'il
a pour le sr Vanloo, peintre et gouverneur des éleves protégés, engage [M. le
directeur général] à demander pour lui des lettres de continuation de noblesse
et le cordon de Saint-Michel.

« *Bon* du Roi. »   (Arch. nat,, O¹ 1922, 1750, p. 1.)

daille. L'élève était absent. Grand scandale! Personne n'avait le droit de s'absenter sans l'autorisation du directeur général, qui, n'ayant été nullement consulté ni prévenu, se retira fort mécontent[1]. Le fait était grave. Il y allait de l'expulsion du pensionnaire et peut-être de celle du gouverneur, son complice; car le pauvre Vanloo fut obligé de tout

1. *Lettre de Cochin à Marigny*, 22 décembre 1764 :

« Monsieur,

« J'ai l'honneur de vous remettre la liste des élèves qui ne se sont point trouvés à l'Académie lorsque vous avés bien voulu y faire la distribution des prix. Permettez moy en même temps de vous représenter ce qui semble pouvoir excuser ce manquement dans quelques uns d'eux. Le jour de la distribution des prix n'étant point annuellement fixé, ils ne peuvent en être avertis qu'autant qu'ils se trouvent présens à l'Académie lorsqu'on l'annonce ou que leurs camarades les en avertissent. Cette année les circonstances se sont trouvées telles qu'ils ont été encore moins à portée d'en être instruits. On n'a pu leur annoncer que le vendredi 7, et la semaine suivante s'est rencontrée celle dans laquelle ceux qui ont gagné des médailles ne viennent pas à l'Académie afin de céder la place à ceux qui y concourent; ce qui se fait une fois tous les trois mois; aussi ceux qui y avoient manqué lors de la première annonce n'ont pu s'y trouver le lundi suivant, et il est vraysemblable que cela a contribué à leur laisser ignorer le jour ou l'heure de l'assemblée. Le nommé Boucher, sculpteur, qui devoit recevoir le premier prix, seroit sans doute excusable par l'impossibilité de son retour, si son absence l'étoit en elle-même et si elle eut été légitimée par les permissions nécessaires. Mais vous connoissés les circonstances qui le concernent et vous êtes à portée de peser le degré de rigueur dont il vous plaira d'user à son égard. Je ne puis que desirer ardemment que vous daigniés l'adoucir.....

« Je finis en ajoutant une réflexion : c'est que l'assiduité à l'Académie est volontaire et que, n'y ayant qu'environ cent vingt places à l'Académie pour plus de quatre cent élèves ou hommes faits qui viennent y étudier et deux ou trois cent d'entre eux ayant acquis par le gain des médailles le droit d'y prendre place toutte leur vie, si tous y venoient exactement, il ne seroit pas possible que ceux qui n'en sont pas encore à ce degré pussent étudier. Mais la plus grande partie étant obligés d'exercer leur talent dans différens arts pour en vivre et beaucoup de ces arts n'exigeant pas un plus haut degré de science dans le dessein, la plupart cessent d'y venir lorsqu'ils ont gagné les médailles, et l'on y voit gueres d'assiduité que dans ceux qui concourent à ces médailles ou qui se destinent à la peinture de l'histoire ou à la sculpture statuaire. Mais ces actes principaux ne sont pas la seule vûe d'une école publique et gratuite, elle doit encore vivifier tous les autres arts qui dérivent de ceux-ci.

« C'est pourquoy nous ne reprenons du défaut d'assiduité que ceux à qui nous prenons un intérest particulier ou par nos rapports avec eux ou à cause

avouer. Yves Boucher, — jeune sculpteur qui, loin d'être sans talent, n'avait pas la bourse bien garnie, — était parvenu à se faire remarquer de M. de Choiseul, ou tout au moins de son architecte. L'illustre ministre, qui soutenait alors plusieurs artistes de valeur mais encore ignorés, commanda à notre sculpteur un travail qu'il devait exécuter sur place à Chanteloup. Boucher demanda à son gouverneur la permission de s'y rendre. Vanloo n'eut pas le courage de la lui refuser, ni de lui faire perdre l'occasion d'exécuter un ouvrage promettant à la fois honneur et profit. Mais craignant, sinon le refus du directeur général, au moins quelque retard, il se décida à n'en pas parler; il ne comptait pas non plus sur la visite inopinée du marquis de Marigny. En vain les deux coupables se retranchaient-ils derrière cette circonstance que, le travail ayant été ordonné par le ministre des affaires étrangères, on avait cru pouvoir se passer d'un assentiment qui était certain. Marigny, impitoyable, fit faire une enquête. Vanloo, très-effrayé, n'en dormait point. Heureusement, le juge enquêteur était Cochin, qui ne voulait de mal à aucun des prévenus : il peignit le désespoir de Vanloo, le représentant comme une expiation suffisante de sa faute ; il vanta le mérite de l'élève, se chargea d'une partie de la responsa-

de leurs dispositions marquées..... L'Académie a toujours plus d'élèves qu'elle n'en peut contenir et beaucoup d'entre eux vrayement nés pour faire des progrès ne trouveroient point de place si tous venoient.

« Je suis, etc.

« Ce 22 décembre 1764. COCHIN. »

En haut, de la main de Marigny :

« M. Boucher a été inconsidéré. Je deffens que sa médaille luy soit remise avant le jour de la distribution des prix de l'année prochaine.

« Bonnechose, idem.

« Baudoin et Berthelemy auront leurs médailles l'année prochaine s'ils en gagnent d'autres. — Sinon néant.

« Maquet aura sa médaille comme Boucher et Bonnechose.

« 27 décembre 1764. » (Arch. nat., O¹ 1929.)

bilité [1]. Et **Marigny**, tout heureux de n'avoir pas à sévir et d'avoir sauvegardé la discipline sans recourir à la répression, mit, de sa belle et fine écriture, en marge du rapport de cette affaire : « Bon pour qu'il retourne achever l'ouvrage qu'il a commencé. Puisqu'il a des dispositions et du talent,

1. *Lettre de Cochin à Marigny* :

« Dans la derniere lettre que j'ay eu l'honneur de vous écrire au sujet des éleves qui ont manqué à la distribution des médailles, je n'ai touché qu'en passant à ce qui concernoit Boucher, sculpteur, pensionnaire du Roy à l'École des éleves protégés. Je croïois que vous étiés suffisamment instruit de cette affaire pour porter le jugement que vous trouveriés convenable ; mais depuis j'en ay appris des circonstances qui changent la nature de la chose. C'est pourquoi je vais vous exposer historiquement tout ce qui s'est passé, en avouant même les fautes que j'y ai commises.

« Il est nécessaire d'abord que vous sçachiés que ce Boucher, avec des talents et des dispositions, n'a aucun secours pour son entretien. C'est pourquoy M. Vanloo n'a point cru devoir s'opposer à ce qu'il travaillast de maniere à en retirer quelque lucre. Lorsque l'ouvrage que ce jeune homme a été faire à Chanteloup s'est présenté, il lui a été proposé par l'architecte et alors les projets n'étoient pas considérables. Il en demanda la permission à M. Vanloo, à la vérité sans savoir alors ni la conséquence de l'ouvrage ni même qu'il étoit pour M. le duc de Choiseul. M. Vanloo le lui permit regardant cela comme une passade. Dans ce cas il n'y a aucune faute de la part du jeune homme ; il est en regle ayant la permission de son supérieur direct.

« Quelques semaines après, M. Vassé, qui avoit été le maitre de Boucher avant qu'il fut à la pension, vint me faire ses plaintes sur ce que cet éleve ne travailloit plus pour lui, etc..... Il me fut facile de lui prouver qu'il n'avoit aucun droit sur sa liberté. A cette occasion je vis M. Vanloo et lui fis sentir qu'il n'auroit pas dû accorder cette permission de sortir de Paris sans vous l'avoir auparavant demandée. Il me dit que, comme c'étoit pour M. le duc de Choiseul, il avoit cru que vous ne vous y seriés point opposé. A quoy je lui dis que c'étoit justement un motif de plus, parce que, loin de vous y opposer, vous auriés été charmé d'obliger M. le duc de Choiseul et qu'il vous otoit le plaisir de lui donner cette marque d'affection. Je trouvai M. Vanloo si effrayé de se trouver en faute que je fus obligé de le rassurer. Considérant que la faute étoit foible, je lui conseillay (et c'est en quoy j'ay failli) d'ensevelir cela dans l'oubli. Je pensois alors que cet ouvrage étoit sur sa fin......

« Il en est arrivé autrement : la distribution des médailles a détruit mes espérances et il en faut venir à vous confesser tout.

« Pendant le séjour de M. Vanloo en Angleterre, le pensionnaire est venu le prier de lui accorder une prolongation pour achever cet ouvrage. M. Vanloo n'y étant pas, M. Dandré-Bardon, qui n'est pas leur directeur, lui a dit qu'il rendroit compte à M. Vanloo de la démarche convenable qu'il faisoit, et le pensionnaire est reparti.

« Il s'ensuit de ce que je viens d'avoir l'honneur de vous exposer que le

je veux bien lui remettre moy-même, en pleine Académie, sa
médaille : ce sera quand j'y irai, c'est-à-dire vers le mois de
novembre ou décembre 1765 [1].» Ce n'était pas là une mince
faveur. A quelque temps de là, Blondel, dans une lettre
ampoulée et platement maladroite, suppliant le directeur de
venir distribuer lui-même les médailles aux élèves de l'Académie d'architecture, s'attira une réponse qui dut lui être
désagréable ; car Marigny, qui n'aimait ni les flatteurs, ni
les courtisans, apostilla ainsi la supplique de l'architecte :
« M. Perrier [2] envoira dire à M. Blondel de passer chez luy,
et luy dira de ma part que je ne veux pas distribuer les médailles de ses marmousets d'élèves ; que j'entends qu'elles
soient distribuées par luy le jour de rentrée ou de sortie.
Bien entendu qu'il m'en rendra compte [3]. »

Sous cette direction à la fois douce et ferme les manque-
ments au règlement et à la discipline furent toujours des
actes rares et isolés, jamais le résultat d'une entente commune entre les pensionnaires, ni le produit d'une conspira-
tion. L'École des élèves protégés ne compte dans ses annales
aucune révolte contre l'Académie. Cela se comprend fort
bien. Tous ils aimaient leurs directeurs, pleins de bienveillance, la maison qui les nourrissait, les maîtres qui, à part

pensionnaire n'est point en faute, mais que M. Vanloo et moy nous y sommes
tous deux; moy pour avoir été d'avis de cacher la faute déjà commise, etc....
« Quant à M. Vanloo, je ne vous cacherai point que depuis longtemps il en
est extrèmement alarmé et que les inquiétudes à ce sujet ont plus que payé
pour la coulpe; qu'il vous craint plus que vous ne voulez l'être et que, si vous
lui en faittes quelques reproches, ils lui seront extrèmemeut amers. Je finis
en vous suppliant de vouloir bien accorder à l'élève pensionnaire qui est de
retour ici la permission d'aller achever l'ouvrage commencé.
« S'il part avec votre permission tout est en règle ; c'est la grâce que je
vous demande pour lui.
« Ce 25 décembre 1764.   COCHIN. »
                                                  (Arch. nat., O¹ 1924.)
    1. Arch. nat., O¹ 1924.
    2. C'était un des commis des bâtiments du roi.
    3. La note est datée du 25 août et signée d'un M. (Arch. nat., O¹ 1924.)

quelques exceptions déjà signalées et malheureusement gran-
dissantes, leur donnaient tant de preuves de sollicitude, cette
Académie enfin dont ils croyaient déjà faire partie. Aussi
les verrons-nous ne prendre aucune part à la petite sédition
qui éclata dans l'École académique à la fin d'août et au
commencement de septembre 1768. Quand Cochin fit défendre par l'Académie à tout élève de porter l'épée, ils
n'étaient certainement pas de ceux qui avaient menacé de
percer le secrétaire perpétuel de leurs fers innocents, à la
suite d'une injustice dans le jugement du concours pour le
grand prix[1]. Ils ne furent pas atteints non plus par cette

1. Voyez la *Gazette des Beaux-Arts*, tome XXIV, p. 267, et les *Salons* de
Diderot.
Voici deux lettres de Cochin à Marigny qui donnent des renseignements
précis sur ce petit épisode de la vie de l'École des Beaux-Arts et confirment
le récit de Diderot :
« Monsieur, j'ay eu l'honneur de vous envoyer l'inscrit sur les registres de
l'assemblée derniere et le jugement des prix. J'ay l'honneur maintenant de
vous exposer un tumulte fait par les éleves et ce que j'ay pu connoistre des
faits et des causes de ce désordre, pour recevoir vos ordres à l'égard de la
conduitte que l'Académie a à tenir aussi bien que de ce que j'ay dessein d'y
proposer.
« Pendant l'assemblée, les éleves et autres jeunes gens de leur connoissance
au nombre de plus de cent étoient sur la place du Louvre. M. l'abbé Pommyer, descendant de l'Académie, a été fort étonné de trouver son carosse
entouré par ces éleves qui se proposoient de maltraitter son cocher. M. Pommyer ayant peine à percer cette foule les a tancés et traittés comme leur
tumulte le méritoit, en leur disant qu'il étoit heureux pour eux qu'il n'en
connût aucun et qu'il leur feroit connoistre qu'elles pouvoient être les suittes
de leur étourderie. Entré dans sa voiture et son domestique montant derrière, pendant qu'il montoit, deux ou trois d'entre eux ont tiré l'épée et l'un
d'eux a porté un coup à ce domestique. On prétend que ce n'est qu'un coup
de canne, mais M. Vien et plusieurs autres personnes ont vu distinctement
plusieurs épées tirées. La cause étoit que le bruit de leurs applaudissements,
de leurs huées et de leurs sifflets, — car on assure que plusieurs s'en étoient
munis, — effarouchoit des chevaux jeunes et encore peu faits au carosse; or
le cocher leur a dit de se retirer.
« Quoiqu'il en soit, il est certain que l'attroupement tumultueux de ces
éleves est indécent; qu'ils ne sont pas moins repréhensibles d'avoir été attaquer ces domestiques et surtout d'avoir tiré l'épée sur ce laquais, et que
l'Académie ne croit pas pouvoir dissimuler l'indécence de ces procédés.
« La cause premiere est venue d'un abus que je ne sçavois pas qui existoit,

foudroyante mesure; ils purent donc continuer à se parer
de cette chère et précieuse épée pour laquelle tous les
artistes du XVIII° siècle, jusqu'à ce lourdaud de Wille, ont

mais auquel il sera facile de remédier. Par la maniere dont nous procédons
au jugement des prix, le modele suit le concierge qui présente les cartes aux
académiciens pour recevoir celles qu'ils rejettent, au moyen de quoy ce modele est instruit du jugement des prix. Lui ou quelque autre, par des signes
convenus, ont fait connoistre par les fenêtres à ces jeunes gens attroupés sur
la place les jugemens à mesure qu'ils étoient prononcés. Celui du premier
premier prix de peinture a eu le bonheur d'être applaudi par ces jeunes
gens. Nous l'avons entendu, mais sans en connoistre la cause avec certitude.
et plusieurs d'entre nous l'ont attribué à quelque charlatan qui faisoit des
tours sur la place. Le jugement du premier prix de sculpture n'a point eu
l'approbation de cette jeunesse sans frein, et parce que ce n'étoit pas leur
avis, et parce qu'ils haissent singulierement l'éleve qui l'a remporté et que
l'on dit eu effet sérieux, taciturne et peu communicatif, mais cependant doué
de talens. C'est dans ce moment de fermentation que, s'attrouppant autour
du carosse de M. l'abbé Pommyer, ils ont effrayé par leur bruit non-seulement ses chevaux, mais encore ceux des autres carosses qui étoient là et ont
donné la scene dont j'ay parlé cy-dessus. Ces esprits échauffés rencontrant
ensuitte le jeune Moitte qui venoit de gagner le premier prix de sculpture,
ils se sont mis à l'insulter et vouloir le balotter entre eux. On ignore ce qui
en seroit arrivé, si M. Pigalle qui sortoit de l'assemblée dans cet instant, ne
l'eût tiré de leurs mains et fait évader. Ce jeune homme est actuellement
très-malade de la révolution que toutes ces choses lui ont faittes.

« Instruit du tapage qui se faisoit en bas, aussitôt que j'ay eu achevé de
faire signer, je suis descendu et j'ay trouvé tous les éleves campés fierement
et rangés à peu près en front de bandiere, comme prêts à se battre contre
quiconque oseroit leur parler. Accompagné de M. Pigalle, je me suis approché d'eux et je leur ay demandé ce que signifioient ces attroupemens tumultueux, j'ay demandé s'il y avoit des mécontens, qu'ils n'avoient qu'à se nommer et faire connoistre le sujet de leur mécontentement. Comme on peut
juger, ils n'ont pas été assés bêtes pour se nommer, aussi n'y comptois-je
pas; mais continuant de rester devant nous, le chapeau sur la tête, M. Pigalle
leur a reproché cette malhoneteté et leur air hautain. A cette remontrance
quelques-uns ont bien voulu se découvrir, mais en petit nombre. Un des plus
proches de moy, pâle d'une colere interne, et en effet c'étoit, je crois, celui
qui avoit porté un coup d'épée au domestique, je lui ay demandé ce qu'il
faisoit là et s'il étoit de ceux qui faisoient les mécontens. Il m'a répondu
qu'il n'étoit ni content, ni mécontent, ni peintre, ni sculpteur, de ce ton qui
sembloit dire que si j'avois quelque chose à lui dire il étoit prest à me répondre. J'avoue qu'il m'en a coûté pour me dompter. Mais M. Pigalle qui étoit
dans la même position et moy nous avons senti qu'il ne nous convenoit pas
de nous compromettre avec nos éleves; ce qui paroissoit inévitable si nous
eussions pris le ton d'authorité que cependant il nous auroit convenu de
prendre, mais qui n'auroit pas été prudent dans un moment d'efervescence.
Je me suis contenté de répondre à cet insolent (sinon par ses propos, du

professé un si risible attachement. Prétentions plutôt naïves que ridicules de ces jeunes roturiers qui, fils de leurs œuvres, se proclamaient fièrement relevés et anoblis par

moins par ses manieres) que puisqu'il n'étoit ni peintre, ni sculpteur et qu'il n'avoit nul interest à la chose, il feroit tout aussi bien d'être ailleurs. Nous nous sommes écartés en nous promenant toujours sur la place, pour voir les suittes de ce petit tumulte et y apporter les remèdes qui dépendroient de nous, si l'on se portoit à quelques excès. Nous avons été témoins de touttes leurs folies, des couronnes de laurier fanné, prises à la porte d'un cabaret, données à ceux de leurs amis qui avoient gagné des prix. Enfin l'assemblée s'est peu à peu séparée, ces petits héros triomphans de la petitte bravade qu'ils croyent nous avoir faitte.

« Il est certain que, si nous avions cru les premiers mouvemens, ce qui nous paraissoit le plus convenable étoit de fermer l'Ecole jusqu'à ce qu'on nous ait déclaré quels sont ceux qui ont tiré l'épée sur le domestique, à l'égard du tumulte nous aurions remis à en connoistre les auteurs apres la premiere assemblée. Je suis certain que vous nous auriés approuvés et que votre intention n'est pas que les élèves de l'Académie lui manquent de soumission et de respect; mais deux réflexions nous ont fait suspendre et attendre que nous ayons reçu vos ordres. La premiere, c'est que comme c'est une Ecole publique qui est sous vos ordres, nous croyons nécessaire d'être certains que vous approuverés cette suspension qui eût à la vérité marqué plus de fermeté, si elle eût été faitte sur le champ, mais qui néanmoins fera encore son effet quoique retardée. La seconde, c'est que nous avons dans notre corps quelques personnes qui ne demanderoient pas mieux que de trouver à blâmer l'Académie de peinture (comme si en supposant quelques fautes involontaires dans l'une, cela pourroit excuser les sottises volontaires et réfléchies de l'autre). Or j'ay regardé comme possible que ces personnes eussent écrit (non pas peut-être à vous, mais au moins à quelques-uns des amis qui vous accompagnent) de maniere à jetter du blâme sur l'Académie. Il m'a donc paru nécessaire que nous ne fissions aucune chose que vous ne fussiés instruit de tout.

« Je continue à vous exposer tout. Ce prix a été accordé à l'éleve nommé Moitte à la pluralité de vingt-trois voix contre dix-huit. Je ne dois point vous dissimuler que ce jugement a déplu à quelques-uns même des plus habiles de l'Académie; qu'ils ont prétendu qu'il y étoit entré des raisons d'affection, parce que son père est un de nos membres. Ce qu'il y a de certain, c'est que ce prix a été jugé dans touttes les règles et sans qu'on ait aperçu de cabale; que peu de personnes ont dit leur sentiment; qu'on n'a point vu qu'on ait été chercher les membres de l'Académie l'un apres l'autre pour tâcher de déterminer leur voix. Ce qui s'est fait visiblement en faveur de celui qui cependant n'a eu que le second prix, et ce que ceux qui étoient d'un autre avis ont vu sans se plaindre, parce que chacun a sa liberté de voir par ses yeux et de dire son sentiment.

« Plusieurs raisons jointes ensemble ou séparément peuvent avoir déterminé la pluralité des voix en faveur de Moitte : 1° il est fils d'académicien, et dans le cas où la balance est égale, ce poids la détermine; 2° voilà trois années

leur profession ! Enfantillage après tout bien plus excusable que la sénile vanité de leurs maîtres, travestis la plupart en écuyers, grimés en gentilshommes ou remplis de faiblesses pour le cordon de Saint-Michel.

qu'il met au prix les deux premieres avec un applaudissement général et l'on convient qu'il eût dû avoir le premier prix de l'année passée si l'on n'avoit eu égard à ce que son concurrent ayant eu le deuxieme prix longtemps avant, c'étoit le retarder beaucoup et le décourager ; Moitte fut donc retardé ; 3° c'est que, quoique son prix de cette année ne soit pas aussi bon à plusieurs égards qu'on avoit lieu de l'attendre, néanmoins plusieurs personnes (dont je suis du nombre et je ne suis pas seul de ce sentiment, de plus habiles que moy en sont aussi) prétendent y voir des preuves qu'il est plus avancé dans le talent que l'autre. Aussi les éleves qui le haissent tant ne l'attaquent pas sur le défaut de talent et conviennent qu'il est plus avancé que son concurrent. Ce qu'ils lui reprochent, c'est un caractere qui leur répugne ; c'est-à-dire qu'il leur paroît sournois et mauvaise langue. Cela peut être, mais l'Académie ne s'informe point de ces choses ; tant qu'un éleve se comporte avec décence, elle n'a rien à lui dire et son caractere n'influe pas sur le jugement qu'elle porte de ses talens. D'ailleurs tous ces propos de jeunes-gens, lorsqu'on veut les approfondir, sont presque tous ou controuvés ou exagérés.

« Quant aux personnes de l'Académie qui prétendent que ce prix n'a pas été bien jugé, je ne me mêle de contredire personne. Ce que j'ay à dire, c'est qu'en homme d'honneur, sans cabale ni égard pour ce qu'il étoit fils d'académicien, j'ay cru, après un examen réfléchi, devoir lui donner ma voix, et qu'ainsi je ne suis pas surpris qu'il s'en soit rencontré plusieurs qui aient pensé de même que moy et sans autres motifs que ceux qui m'ont déterminé.

« Assés volontiers, j'ay coutume, lorsque je donne ma voix, d'écouter ce que pensent les sculpteurs sur ce qui concerne la sculpture. Mais ne les trouvant point d'accord dans cette occasion, j'ay pris le party, et c'est celuy que je prendray à l'avenir, d'examiner avec attention sans consulter personne, et j'ay cru avoir de bonnes raisons pour me déterminer ainsi.

« Je conviens que le prix qui a gagné n'est pas aussi bien composé que celui de son concurrent. qu'il y a même dans ce dernier des détails spirituellement traittés ; mais en général la composition n'est pas ce qui me détermine principalement. D'une part, je sçais que souvent les compositions sont aidées par le maitre ; ainsi, ce seroit celui qui auroit pour maitre le sculpteur le plus ingénieux, ou bien celui dont le maitre auroit bien voulu l'aider, tandis que l'autre éleve auroit été refusé par le sien. D'ailleurs, l'homme qui a le plus de génie quelquefois n'enfile pas heureusement. C'est donc à l'exécution que je m'attache principalement, parce que je suis sûr qu'elle est d'eux, et que je suis convaincu que c'est ce qui désigne véritablement le plus ou moins de talent et de sçavoir.

« J'ay cru voir, et j'ay vu selon ma façon de sentir que les parties qui étoient bien dans ce bas-relief étoient mieux que les parties qui étoient bien dans

La bonne tenue de l'école, les succès de ses membres finirent par en imposer à ses détracteurs. En 1765, il n'était plus question de la supprimer, ni même de la restreindre. Loin de là, on agrandit son modeste domicile. Les ateliers

les autres. J'en ay conclu, comme je le fais encore, que c'est celui qui est le plus avancé. Donc j'ay dû lui donner ma voix pour le premier prix; ce que j'ay fait.

« Au reste, quel que soit le partage des voix et des idées dans l'Académie, cela est étranger au tumulte causé par les éleves de l'Académie. Il seroit absurde qu'ils s'arrogeassent le droit d'approuver ou d'improuver nos jugements au gré de leurs têtes légeres et de marquer leur improbation par des insultes : c'est une indécence qu'il est nécessaire de réprimer.

« Je vous supplie donc, Monsieur, de vouloir bien me faire sçavoir si, sur l'exposé que j'ay l'honneur de vous faire le plus exactement qu'il m'est possible, vous approuvés que l'Académie prenne tous les moyens qui sont en son pouvoir pour connoistre les turbulents et les expulser, et même jusqu'à suspendre l'Ecole pour quelques jours — moyen le plus sûr pour être bientôt instruit par ceux qui ne sont pas coupables ou qui le sont le moins ; car cet attroupement qui n'a pu être dissipé par nos remontrances n'en suppose guere d'innocens ; — enfin pour faire sentir l'indignation de l'Académie, prévenir toutte récidive, et contenir cette jeunesse dans les bornes du respect qu'ils doivent avoir pour l'Académie et les membres qui la composent et la décence qu'ils doivent observer dans l'Ecole. Je suis avec un profond respect... COCHIN. Ce 30 août 1768. »

En marge du dernier paragraphe, Marigny a écrit : « Sans doute. »
(Arch. nat., O¹ 1911.)

« Monsieur, tout père frappe à côté, dit la Fontaine. L'Académie irritée des désordres commis par les éleves, l'exposé de leurs étourderies et les diverses couleurs qu'on a voulu y donner ont occupé tout le temps de l'assemblée du 3 septembre. Enfin l'Académie n'étant pas à portée de savoir au juste quels étoient les plus coupables, d'autant plus que l'on rejettoit le tout autant qu'on le pouvoit sur le nombre de jeunes gens qui ne sont pas du nombre des éleves..... c'est pourquoi l'Académie s'est bornée à prononcer généralement, et voici l'arrêté qu'elle a fait :

« L'Académie, informée des désordres commis par les éleves le samedi précédent, a arrêté que le professeur en exercice leur fera connoitre le mécontentement de l'Académie qui cependant pour cette fois veut bien ne point faire de recherches particulieres contre ceux qu'elle a lieu de soupçonner. L'Académie de plus leur défend tout attroupement sur la place et dans l'enceinte du Louvre, sous peine de bannissement pour ceux qui seront surpris et, renouvellant ses anciens règlemens, leur défend de porter l'épée, déclarant que tous ceux qui seront reconnus avoir violé cette loy seront bannis pour ce seul fait ; et l'Académie recommande aux professeurs d'y tenir la main.

« Ce reglement ne peut qu'être approuvé par le Gouvernement et tend au repos public trop souvent troublé par les tons de petits maitres qu'ont malgré nous pris nos éleves. Nous n'avons pas ignoré que c'est la mortification la

des élèves avaient été établis dans la galerie d'Apollon. Marigny, qui avait à cœur de restaurer le Louvre et de le débarrasser intérieurement et extérieurement de toutes constructions parasites, voulut dégager la plus belle pièce de ce palais ; il ordonna de transporter ailleurs ces ateliers [1]. Cochin lui écrivit à ce sujet :

Monsieur, j'ay l'honneur de mettre sous vos yeux le plan et les devis du projet que vous m'avés ordonné pour construire le cabinet de M. Vanloo et les atteliers des six éleves dans la maison accordée par le roy à l'École des éleves protégés par S. M.

La construction de ce petit bâtiment, selon le devis fait par M. Brebion avec toute l'exactitude dont il est capable, monte à 5,393 liv. 1 s. 7 d., etc.

Il y a dans le fond de la terrasse ornée d'arbres de cette maison un espace occuppé par un poulailler qui seroit très-propre à y construire deux ateliers, l'un au res de chaussée pour un sculpteur et l'autre au-dessus pour un peintre.

plus sensible pour eux que cette défense de porter l'épée, mais nous sommes foudés à remettre en vigueur cette loy qui subsiste depuis l'établissement de l'Académie. Si l'on a fermé les yeux sur son exécution, ça été par tolérance, lorsqu'ils se sont tenus tranquilles. Ils ne peuvent eux-mêmes nier que le billet de protection, signé d'un académicien qui répond de leur conduitte et au moyen duquel ils ont la permission de dessiner, a porté expressément dans tous les temps : à condition que ledit N. ne portera pas l'épée. Nous ne prétendons pas à la rigueur les empêcher de porter l'épée dans Paris, mais nous espérons par là empêcher qu'il ne la portent sous nos yeux dans la place du Louvre, au moment où ils ne doivent se présenter à l'Académie que pour vacquer à l'étude. Nous espérons encore que ceux qui ne la portent pas encore retarderont à s'en décorer.
« 5 septembre 1768. COCHIN. »
(Arch. nat., O¹ 1924.)

Le 7 septembre tout était calmé : les élèves avaient écouté sans murmure a réprimande de l'Académie.

1. La galerie d'Apollon fut complétement débarrassée en septembre 1766. Marigny écrivait, en effet, à Cochin :
« A Compiegne, 7 septembre 1766.
« Vous m'annoncez, Monsieur, une nouvelle qui ne peut manquer de me faire plaisir, en m'apprenant que la galerie d'Apollon où la nécessité avait obligé de former divers atteliers pour les éleves protégés est enfin dégagée de tout cet embarras..... »
(Arch. nat., O¹ 1914.)

Par ce moyen on n'auroit pas à nous reprocher que nous aurions ôté aux éleves des atteliers où ils etoient à l'aise pour les placer de maniere à leur retrancher le nécessaire. Cet arrangement sera une chose à demeure, etc.

Ce 10 juin 1765. COCHIN.

Les modifications proposées furent approuvées et exécutées; car, l'année suivante, on s'aperçut que la récente installation réclamait un surcroît de dépense dans le chauffage[1]. Cette nouvelle prodigalité du roi était de nature à réveiller la jalousie qu'excitaient les fonds nominalement accordés à l'école. Mais un événement bien plus grave pour elle que les dénonciations de ses ennemis ou que la suppression de tous subsides fut le malheur qui venait de la frapper : le 15 juillet 1765, Carle Vanloo était mort subitement d'un coup de sang, dans la soixante-unième année de son âge. Pour sentir le vide que faisait cette mort, il faut comprendre ce qu'était alors l'enseignement. Aujourd'hui, presque aucun lien n'existe entre un maître officiel et ses élèves. A certains jours de la semaine, le professeur arrive ponctuellement, avec un certain appareil, pour donner sa leçon ; il parle ou corrige, et, comme un acteur au théâtre après avoir terminé sa tirade, il disparaît sans connaître seu-

1. *Lettre de Cochin à Marigny :*
« Monsieur, il y a toujours dans l'exécution des meilleurs projets quelque difficulté qu'on n'a pas prévue. Lorsque les éleves protégés étoient dans la galerie d'Apollon un seul poële tenu bien chaud échauffoit passablement toutes leurs loges. M. Bailly fournissoit le bois et le comptoit dans ses rôles. Il est vrai qu'il ne faudra plus dans la galerie qu'une très petite quantité de bois, parce que, n'étant plus habitée, elle n'aura besoin de feu que dans les temps extrêmement humides pour la conservation des belles choses qui y sont et dans les moments de l'Assemblée. Mais les lieux où sont à présent les éleves étant séparés et beaucoup plus froids et humides, ils ne peuvent être chauffés à moins de quatre poëles et conséquemment d'environ douze voyes de bois.

= 17 octobre 1766. COCHIN.

« M. Soufflot espere dans le cours de l'été prochain diminuer cette consommation par le moyen de conduits de chaleur qu'il a dessein d'y pratiquer. »

(Arch. nat., O¹ 1916).

lement le nom de ceux auxquels il enseigne, qu'il a loués,
blâmés et instruits. Maître et élève sont volontairement
étrangers l'un à l'autre, quelquefois hostiles. Il n'en était
pas de même au milieu du xviii° siècle. Sans doute les
mœurs n'étaient plus celles des xv° et xvi° siècles, où l'écolier
se donnait tout entier au maître et se faisait, à sa mort, son
continuateur, après avoir été pendant toute sa vie son colla-
borateur gratuit et anonyme. Une étroite union, cependant,
attachait encore le maître au disciple. Tous deux vivaient
ordinairement dans la plus complète intimité, partageant le
même logis et le même foyer. Le roi avait pris soin de
dire, dans le règlement de l'École; nos élèves protégés
vivront continuellement avec leur gouverneur, travailleront avec lui, habiteront sa maison et mangeront à sa table.
Et l'établissement royal était bien vite devenu non-seulement l'école, mais la maison de M. Vanloo. Bien plus, le
pauvre artiste, malheureux des désordres de ses enfants,
n'avait pas demandé mieux que de trouver à côté de lui,
dans des élèves, l'affection et la piété filiale que lui refu-
saient des fils ingrats[1]. Exclusivement préoccupé de son
art, c'était joie pour lui d'enseigner en travaillant et d'avoir
pour disciples non ceux que le hasard lui amenait, mais
l'élite des jeunes artistes de l'époque. Carle Vanloo n'avait
pas été seul non plus à adopter cette nouvelle famille que
lui donnait l'État. Sa femme, la bonne Christine Soumis[2], la

1. Carle Vanloo fut obligé de faire enfermer un de ses fils à Saint-Lazare,
et sollicita la faveur de le faire transporter à la Désirade. Voyez Jal, *Dict.
critique de Biographie et d'Histoire*, V° Vanloo.
2. Christine Somis ou Soumis. Van Loo l'avait épousée à Turin. Voici ce
qu'en dit Dandré-Bardon, « l'homme de lettres » de la maison, dans un style
qui n'était pas moins à la mode que son dessin prétentieux (*Vie de Carle
Vanloo*, page 21) :
« La réputation de C. Vanloo lui procura tout à la fois la connaissance du
grand Sommis, l'Amphion de l'Italie, et l'avantage d'épouser Christine Sommis, la Philomele de Turin. Ce mariage ménagé par le dieu des talens fut

célèbre virtuose italienne, avait voulu partager ses devoirs envers les écoliers. Elle s'était faite leur ménagère, et leur prodiguait, en santé ou en maladie, les soins d'une mère dévouée. Achats à faire, faveurs ou petits congés à accorder, on la voit intervenir partout où elle peut être utile. Elle avait auprès de l'école de Paris un rôle analogue à celui que madame Wleughels [1] remplissait avec tant de zèle à l'Académie de Rome.

Veut-on avoir une idée précise des réunions intimes qui, après le travail de la journée, rapprochaient le maître et les élèves dans de communs divertissements? Qu'on jette un coup d'œil sur un tableau [2] de la galerie de Versailles. Vanloo y est représenté dans une des pièces de l'hôtel des protégés, au milieu de sa famille. Le cadre, trop étroit, n'a pas permis d'y adjoindre ceux que son cœur n'en a jamais séparés dans la réalité de la vie. Mais soyons sûrs que, sans ses chers élèves, la soirée n'aurait pas été agréable pour Vanloo, ni la partie complète. Groupons donc hardiment les six pensionnaires dans le fond de la toile. Le maître s'amuse à dessiner

célébré par un fameux poëte dans les vers suivans qu'il adressa à la nouvelle épouse :

« Que ne puis-je à ton air, ô charmante Christine,
    Disait Vanloo, joignant ta voix divine,
Sur la toile animer ton gosier enchanteur !
    Mais l'art résiste à mon envie.
Avec ta voix, tes grâces, ta douceur
L'amour grava ton portrait dans mon cœur,
Et je veux que l'hymen m'en fasse une copie.

« Leur arrivée à Paris, eu 1734, dit le même Dandré-Bardon (page 23), intéresse également les amateurs de musique et de peinture. On voit les concerts se reproduire partout. La belle voix de madame Vanloo, les grâces qu'elle met dans son chant, le choix des airs agréables et pathétiques que son discernement présente aux Français, gagnent tous les cœurs à la musique italienne. »

1. Quand l'histoire de l'Académie de France à Rome sera écrite, on connaîtra les services que madame Wleughels (*la bonne maman Wleugels*) rendit pendant de longues années aux pensionnaires, même après la mort de Wleughels, et sous les directions de Detroy et de Natoire.

2. N° 3850, peint par Louis-Michel Vanloo, exposé au salon de 1757.

le portrait de sa fille. Madame Vanloo chante pendant qu'on l'accompagne sur la guitare. Quelques instants auparavant on jouait au cavagnol. Avant de se quitter, on arrêtera le programme de la partie projetée pour le dimanche suivant, quelque expédition pittoresque dans la banlieue de Paris; je n'invente rien. Le XVIIIᵉ siècle, on ne l'ignore pas, aimait beaucoup le dîner sur l'herbe. Aux termes mêmes du règlement le directeur était tenu de faire avec ses élèves des excursions à la campagne, de leur faire admirer et comprendre le paysage, de les distraire et de les instruire en les amusant. École complétement confondue avec la famille du maître! Mœurs touchantes, primitives et, comparées aux nôtres, toutes patriarcales! Grâce à elles, les arts français ont eu jusqu'à la fin du siècle dernier une tenue, une suite, un développement régulier qu'ils ne connaîtront plus avec notre manie de morcellement, d'émiettement et d'individualisme en toutes choses.

Vanloo mort, que va-t-il arriver? La maison va-t-elle changer complétement de physionomie et passer sous un nouveau maître? Arrachera-t-on à la veuve du gouverneur le patronage de cette jeunesse qui lui est si chère? Je laisse un témoin nous raconter cette crise de l'école.

Monsieur, pénétré de la confiance dont vous m'honorés en m'ordonnant de vous écrire sur les places vacantes par la perte que les arts ont faite dans la personne de M. Vanloo, j'obéis. Je ne m'étendrai point sur l'état où se trouve sa veuve par les sacrifices que ce grand peintre a faits à la perfection de son art; vous en êtes instruit, et le premier désir que vous a inspiré votre bonté est de trouver les moyens de lui aider à subsister et à élever sa famille.

Après y avoir réfléchy, je m'arrête à une seule idée qui me paroist la plus simple, puisque votre bonté vous porte à obtenir à M. Boucher le titre de Premier peintre, distinction qu'il mérite si bien par les plus rares talens et pour laquelle le cri des arts se joint en faveur de l'estime dont vous l'honorés. En lui donnant cette place, si vous voulés bien y joindre celle de directeur des éleves protégés, dont j'ose vous assurer que M. Boucher est d'autant plus capable que, en sachant contenir les éleves, il aura l'art de s'en faire aimer et de leur inspirer l'amour du talent et du travail; si vous voulés bien réunir sur sa teste ces deux objets, alors il sera possible d'extraire de la pension accordée au premier peintre une somme de 3,000 livres en faveur de la veuve, aux conditions d'être réunies après elle à la place de premier peintre.

Mon premier sentiment avoit été de n'extraire de cette pension que 2,000 livres. Mais cette veuve estimable étant chargée de famille, elle seroit bien resserrée; d'ailleurs votre bonté vous ayant porté à lui en accorder trois, il faut qu'elle l'éprouve dans toutte son étendue. Le motif qui m'avoit porté à cette économie étoit la crainte de trop restreindre la place de premier peintre et d'en ôter les secours nécessaires pour la soutenir avec quelque dignité; mais comme les appointements attachés à la place de directeur des éleves protégés sont de 1,600 livres, joints avec les 2,000 liv. attachées à la place de surinspecteur des Gobelins, dont M. Boucher jouit et où je crois qu'il est essentiel pour l'avancement de la manufacture qu'il soit continué, ces divers avantages réunis tiendront lieu de ce qui pourroit être ôté à la pension de premier peintre.

J'ajoute que, de cet arrangement, il résulteroit un nouveau bien que vous pourriés faire à la veuve. M. Boucher venant demeurer à l'École des élèves protégés vous remettroit son logement au Louvre. Ce logement au Louvre est grand et vous pouvés en accorder une partie à madame Vanloo. Il l'est même assez pour que vous puissiés aussi en favoriser M. L. M. Vanloo. Vous satisferiés au désir que vous avés de lui faire du bien en lui donnant ce logement. Il est bien digne de vos bontés et sa fortune a besoin de secours. Il n'y a pas d'apparence que, dans la distribution que vous pourrés avoir à faire de quelques logements aux galeries du Louvre, il soit possible de rien accorder à M. Vanloo. Peut-être ce logement du Louvre exigera-t-il quelques arrangemens pour y placer ces deux familles unies, mais le lieu est vaste, et, sans beaucoup de dépense, tout peut s'accommoder à la satisfaction de l'un et de l'autre; d'ailleurs M. Vanloo y seroit beaucoup mieux pour travailler qu'aux galeries.

J'ay rejetté l'idée que j'avois eue d'abord de chercher les moyens de continuer à loger madame Vanloo dans le bâtiment de l'École des élèves protégés; il est trop petit et il y a à peine de quoi loger honnêtement le directeur et les élèves. Il faudroit alors faire des constructions qui ne pourroient être que très-dispendieuses. De plus, pour que les enfans de feu M. Vanloo fussent nourris avec les pensionnaires, il faudroit augmenter la pension de 2,400 livres, ce qui ne me paroist pas praticable et qui même ne pourroit pas durer longtemps.

D'ailleurs vous n'avez déjà que trop entendu parler de ces jeunes gens, fils de M. Vanloo, quelques-uns lui ont donné beaucoup de chagrin et, du moins pour ceux-là, on peut assurer qu'ils ne sont pas faciles à morigéner. Il paroist donc qu'il vaut mieux n'en point charger le nouveau directeur de l'École, et répandre plutost vos bienfaits sur la veuve, qui leur en fera la part qu'elle jugera à propos et dont ils se rendront dignes. C'est pourquoi j'opinerois plutost à forcer la pension de la veuve, que cependant je crois très-abondante à 3,000 livres, et surtout en y joignant le don d'un logement.

Je suis, etc. 16 juillet 1765.   COCHIN [1].

18 juillet 1765.

Je me proposois d'avoir l'honneur de vous répondre, comme je le pensois, qu'il ne se pouvoit rien de mieux que les dispositions que vous vouliés bien me faire connoistre; j'étois même charmé d'y trouver une marque d'attention pour M. Pierre à qui cela feroit voir que vous faittes pour lui tout ce qui peut l'obliger sans affliger ses anciens. Une visite de condoléance que j'ay faite à madame Vanloo m'a fait naistre une autre idée qui peut-être vous agréera et remplira les mêmes vues.

1. Cette lettre, ainsi que la suivante, était adressée au marquis de Marigny.
(Arch. nat., O¹ 1924.)

J'ay aperçu qu'elle avoit beaucoup d'inquiétude d'être obligée de quitter la maison de l'École des élèves protégés, et que, en conséquence, ils imaginoient un moyen qui, en effet, me paroist praiquable : ce seroit que vous voulussiés bien nommer M. L. M. Vanoo à la place de l'École des élèves protégés, et, en effet, outre que ;'est un homme sage et prudent, qu'il est l'ancien même de M. Boucher, il a de plus une certaine gravité naturelle qui semble le rendre tout à fait propre à cet employ.

Sur ce que j'ay voulu prouver que ce projet me paroissoit impratiquable à cause de la petitesse du lieu, elle m'a assuré qu'il suffiroit, et que d'ailleurs ils pourroient s'agrandir en louant à leurs frais, de M. de la Motte, quelques pièces de plus. Il est facile de voir que l'espérance de madame Vanloo est que, M. Vanloo étant par cette place engagé à tenir une table honnête, elle pourra faire avec lui quelques arrangements modérés pour sa nourriture et celle de ses enfants. Elle a de plus besoin des talens et de la fermeté de M. Vanloo pour cultiver et porter un peu plus loin les talens qu'ils commencent d'avoir et pour maintenir la conversion tardive de l'aîné et les assez heureuses dispositions des autres. Il est certain que M. Vanloo n'y trouveroit pas les mêmes avantages qu'un autre, mais il aime sa tante. Il sera charmé d'être son consolateur et de ne se point séparer d'elle. Elle en a d'autant plus besoin que, son mariage ayant été fait à Turin et selon la coutume de ce pays, le peu qu'il y aura appartient aux enfants à l'exception de sa dot qui est d'environ 300 livres de rente. Enfin j'ay vu que leurs souhaits les plus ardens étoient pour cela et qu'ils se figuroient que c'étoit le moyen le plus efficace de lui procurer quelque consolation.

Si vous approuviés cecy, vous auriés quatre personnes à gratifier au lieu de trois : M. Vanloo auroit l'École des élèves protégés, à l'ordinaire ; M. Boucher seroit premier peintre du roy ; et au lieu de lever sur ses appointemens 2,400 livres, vous pourriés n'en prendre que 2,000 pour la veuve. Elle retrouveroit par les autres avantages qui paroissent si nécessaires à son sort ce qu'elle perdra, mais qu'elle ignorera que vous étiés déterminé à lui accorder. La pension lui paroistra toujours beaucoup plus considérable qu'elle n'avoit osé l'espérer. A la vérité, il ne resteroit à M. Boucher que 4,000 livres de la place de premier peintre, mais, outre qu'il auroit la réversion, ce qui le flattera le plus ne sera pas les appointemens, mais bien le titre. M. Coypel pendant longtemps a eu cette place avec moins. Conséquemment je ne verrois pas de difficulté à ce que M. Boucher rendit la surinspection des Gobelins, dont vous gratifieriés M. Pierre. A l'égard de cette surinspection, puisque vous me permettés de dire ce que je pense, je crois qu'on ne peut guère diminuer des 2,000 livres de cette place, parce qu'elle occupe du temps à celui qui la remplit.

Il y auroit bien encore un moyen, mais peut-être est-il plus difficile. Il a paru que Sa Majesté honoroit de beaucoup de bontés le défunt; s'il lui plaisoit de donner à sa veuve la pension par extraordinaire, la place de premier peintre pourroit rester telle que vous l'avez établie.

Mais sans faire cette supposition, je crois que le plan cy-dessus s'approcheroit d'autant mieux de vos intentions qu'en faisant du bien à chacun, vous le feriés conformément à leurs désirs, ce qui augmente le prix du bienfait. M. Boucher ne souhaite que l'honorifique principalement; M. Vanloo qu'un peu plus d'aisance et un logement pour être en état de soutenir sa famille. Madame Vanloo se trouveroit secourue de toutes manières et M. Pierre appercevroit que vous ne le négligés pas dans les occasions.

Je suis, etc.   COCHIN.

Le dernier conseil de Cochin fut suivi en tous points par le directeur général. Louis-Michel Vanloo fut nommé gouverneur. Accepter la direction de l'établissement royal dans les conditions pécuniaires où il se trouvait, était, de la part de Louis-Michel Vanloo, un véritable acte de dévouement. C'était compromettre sa fortune, je veux dire son honorable pauvreté, que se charger de toutes les dettes précédentes sans savoir quand le roi pourrait rembourser les dépenses passées de l'École et assurer même celles du présent et de l'avenir. Mais on avait toujours une invincible confiance dans la créance royale. D'ailleurs, comme le dépeint Cochin, Louis-Michel Vanloo était un homme de devoir. Il rendait service à sa tante et à ses neveux; il continuait l'École de son oncle; il accomplissait une mission qu'il croyait utile à son art. Il accepta donc sans hésiter. Il mourra bientôt à la peine, avant d'avoir été remboursé de sommes, considérables pour ses ressources, qu'il avait été obligé d'avancer. A partir de 1767, on ne lui versa plus guère que de rares à-compte sur la nourriture; à partir de 1769 il ne reçut absolument rien [1].

Sous Louis-Michel Vanloo, l'École conserva tout d'abord quelques-unes de ses bonnes traditions. Les études austères et profondes auxquelles Carle Vanloo avait habitué les jeunes artistes se poursuivent. La faveur est toujours sévèrement bannie du séminaire des arts. L'entrée est exclusivement ouverte par le concours; les travaux théoriques et pratiques des trois années, le départ pour Rome par rang d'ancienneté, toutes ces excellentes dispositions qui préparaient si bien les futurs pensionnaires de l'Académie de France subsistent intactes. Le bon vouloir réciproque des maîtres et des élèves, ce noble désintéressement qui leur fait braver la rigueur obstinée du trésor royal, continuent d'animer tout le monde. Michel Vanloo amène avec lui, dans

---

1. [En 1774.] Décompte ou état de ce qui est dû à la succession de M. Louis-Michel Vanloo, directeur des Élèves protégés, reçu partie par ses mains, partie par madame Berger, sa sœur, sçavoir :

1769. Pension alimentaire, 3e et 4e quartier............	3,950
1769. Supplément alimentaire, 4e quartier..............	250
1769. Honoraires, 3e et 4e quartier....................	800
1769. Les réserves pendant les quatre quartiers.........	1,176
1770. L'année entière.................................	11,676
1771. Premier quartier en entier.	2,919
1771. Deuxième quartier (déduit 400 liv. d'honoraires)...	2,519
1767 — 1768 — 1769 — 1770 et 1771 : pour le chauffage des ateliers des élèves, à raison de 300 liv. par an..........	1,500

(Arch. nat., O¹ 1927.)

l'hôtel des élèves protégés, sa sœur, madame Berger, qui se
joint à la veuve de Carle pour diriger le ménage de l'École.
La vie reprend, mais les apparences seules sont sauvées. La
mort de Carle Vanloo a porté à l'institution un coup dont
elle ne se relèvera pas. Le choix de son successeur était
cependant loin d'être mauvais : Louis-Michel Vanloo était
un artiste sincère, de beaucoup de talent, un excellent por-
traitiste, le meilleur des hommes. « Je l'aime, a dit le
sévère Diderot[1], parce qu'il est simple et honnête, parce
que c'est la douceur et la bienfaisance personnifiées. Personne n'a plus que lui la physionomie de son âme. » Il
n'avait pas malheureusement cette âme ardente, ce naïf
enthousiasme, cette rustique énergie de Carle, qui électri-
saient, entraînaient et fascinaient les élèves. Et puis il lui
manquait une qualité indispensable pour conduire la jeunesse : la fermeté.

Pour les contemporains, la substitution d'un directeur à
l'autre se fit sans secousse. Rien d'abord ne transpira dans
le public des modifications qui s'étaient introduites ou qui
se préparaient dans l'esprit de l'École. Si l'institution n'a
pu triompher de la haine intéressée de quelques académiciens, si elle n'a pu convertir ses incorrigibles adversaires,
en revanche le pays l'a acceptée et l'admire. On attribue
à son influence la meilleure part de nos succès dans les arts.
Diderot, si hostile à toute école, Diderot qui, dans son
Essai sur la peinture[2], s'écriait : « Cent fois j'ai été tenté
de dire aux jeunes élèves que je trouvais sur le chemin du
Louvre avec leur portefeuille sous le bras : — Mes amis,
combien y a-t-il que vous dessinez là ? — Deux ans. — Eh
bien ! c'est plus qu'il ne faut. Laissez-moi cette boutique de

1. *Salon de* 1767.
2. *Essai sur la Peinture, pour faire suite au Salon de* 1765. Édit. de
1821, tome 8, p. 414.

manière. » Le même Diderot ne pouvait s'empêcher de
rendre un éclatant témoignage à la bonne organisation de
l'École des élèves protégés. Il écrivait à Grimm [1], en 1767 :
« Vous savez que nous avons ici une École de peinture,
de sculpture et d'architecture [2], dont les places sont au
concours, comme devraient y être toutes celles de la
nation, si l'on était aussi curieux d'avoir de grands magis-
trats que l'on est curieux d'avoir de grands artistes. On
demeure trois ans dans cette École; on y est logé, nourri,
chauffé, éclairé, instruit et gratifié de trois cents livres tous
les ans. Quand on a fini son triennat, on passe à Rome, où
nous avons une autre École. Les élèves y jouissent des mêmes
prérogatives qu'à Paris, et ils ont cent francs de plus par an.
Il sort tous les ans, de l'École de Paris, trois élèves qui vont
à l'École de Rome, et qui font place ici à trois nouveaux
entrants. Songez, mon ami, de quelle importance sont ces
places pour des enfants dont, communément, les parents
sont pauvres, qui ont beaucoup dépensé à ces pauvres parents, qui ont travaillé de longues années, et à qui l'on fait
une injustice, certes, très-criminelle, lorsque c'est la partialité des juges, et non le mérite des concurrents, qui dis-
pose de ces places. » Il est certain que l'établissement
fondé par Lenormant de Tournehem était devenu populaire. C'était la première école spéciale du gouvernement
qui flattât, en France, les instincts démocratiques de la
nation, et dont le concours seul ouvrît la porte. A ce titre,
l'Ecole des Beaux-Arts n'a pas droit seulement aux hommages des artistes. Tout le monde doit saluer en elle la
doyenne et l'aïeule de nos grandes écoles nationales.

Mais la direction supérieure des arts, depuis longtemps

1. *Salon* ae 1767. Édit. de 1821, tome 10, p. 113 et 114.
2. Ceci est inexact. A l'École royale des élèves protégés il n'y eut jamais
d'architectes.

découragée par son impuissance à rien faire de bien, s'occupe moins des protégés, et la discipline intérieure se ressent de cette négligence. Le respect traditionnel et la stricte observance des lois fondamentales de l'institut ont singulièrement diminué. Comme sous le maître précédent, les infractions à la règle sont encore rares, mais elles commencent à se produire plus fréquemment et ne sont toujours réprimées que par une sorte de tribunal de famille, qui réprimande souvent, punit peu, et surtout se cache pour punir, de peur d'ébruiter la faute commise et de nuire par là au coupable qu'on n'a pu cesser d'aimer. Le maître forcé de sévir était, dans bien des cas, plus malheureux que l'élève châtié, horriblement agité par deux sentiments contraires : la crainte de laisser périr les règlements et l'affection qui le poussait invinciblement à une dangereuse indulgence. Professeur d'histoire, directeur, premier peintre, c'était à qui étoufferait toute plainte motivée par la conduite d'un pensionnaire, sans la laisser parvenir jusqu'à ses supérieurs. Tous redoutaient qu'elle n'arrivât, par la voie hiérarchique, jusqu'aux oreilles du directeur général. Ces procédés, par trop débonnaires, avaient, comme on peut le penser, absolument compromis la discipline. Pendant toute la durée de l'École, il n'y eut qu'un seul exemple de renvoi. Voilà ce petit drame qui remua bien des cœurs dans le cercle des écoliers et dans le monde de la place du vieux Louvre. Il est encore tout palpitant dans une lettre du premier peintre adressée à Marigny.

Monsieur, mon devoir me force de vous instruire des choses désavantageuses que j'ay apprises au sujet du nommé Pilon [1], sculp-

---

1. Louis-Jacques Pilon, premier prix de sculpture de 1764. Ce Pilon, qui fut très-justement chassé pour son mépris des règlements de l'École et son inconduite, voulut plus tard, par l'entremise du prince de Poix, réclamer en

teur, l'un des deux élèves qui attend son brevet pour se rendre à
Rome. J'avois bien sçu qu'il avoit contracté des dettes avant son
entrée dans la petite école[1]. J'avois même fait venir une partie de
ses créanciers et leur avois représenté qu'ils perdroient ce jeune
homme s'ils faisoient assez d'éclat pour que vous fussiez instruit
de son dérangement ; que je ne doutois pas qu'à son retour il ne
satisfît aux principaux et aux intérêts; que l'on pourroit faire
une distribution à mesure que l'on recevroit des parties de ce qui
lui étoit dû sur sa pension. Plusieurs, contens de mes raisons, se
sont retirés; mais il en est revenu de plus animés. Pilon n'a pas
mis de délicatesse dans la liste des créanciers que je lui avois demandée. Il m'a présenté des papiers qui ne me plaisent point du
tout et dont le détail ne doit pas vous être fait.

Ce n'est pas tout, Monsieur, ce libertin a mené une vie si indécente à l'école, malgré les remontrances réitérées de son supérieur et ce que luy a dit une fois M. Cochin. Il a toujours couru,
découché. Il est sans cesse avec des *figures*. Enfin je ne conçois
pas par quelles raisons ou par quelle faiblesse on ne vous a pas
prévenu à ce sujet, malgré les plaintes continuelles de M. Vanloo.

Comment envoyer à Rome un homme qui vexera M. Natoire,
qui corrompra l'Académie, qui déshonorera la nation, qui, à
trente ans, ne montre que des dispositions, parce que son liberti-
nage ne luy a permis que des travaux lucratifs?

Mon devoir est rempli, Monsieur; je vais maintenant devenir
suppliant. Votre indignation n'est que trop fondée; mais enfin, si
une simple mais forte correction pouvoit mériter par la suitte
votre indulgence, je prendrois la liberté de vous prier de m'adresser vos ordres à l'effet de suspendre seulement le brevet et le payement des trois cents livres jusqu'à ce que vous appreniez des
choses plus avantageuses. Vous pourriez encore, Monsieur, ajou-

---

1780 contre la mesure du directeur des bâtiments qui l'avait exclu. Sa demande fut repoussée et sa démarche n'aboutit pas, bien qu'il mentit impu-
demment.   (Arch. nat., O[1] 1914.)

1. Ces mots : *la petite école*, désignent l'École royale des élèves protégés
par opposition à l'École académique, qui, ouverte à tout le monde, était naturellement beaucoup plus grande et beaucoup plus peuplée.

ter à cette grâce la jouissance de la pension de la petite école,
jusqu'au temps où lui et Barthelemy [1] doivent sortir.

Ce 9 août 1770.   PIERRE [2].

L'ordre d'expulser Pilon fut envoyé par Marigny à Pierre.
Celui-ci, chagrin de voir son conseil si bien suivi, répondit :
« Monsieur, l'honneur de votre confiance sur le sort du
sieur Pilon est très-certainement flatteur, mais il m'a rendu
bien malheureux, ainsi que M. Vanloo. Après de longues
conférences pour balancer les raisons pour et contre,
et nous mettre dans le cas de mériter votre approbation,
nous conclûmes à la nécessité absolue d'un exemple.
M. Vanloo termina en me disant avec vivacité : Je vous avoue
que j'en ay besoin icy. Je le désire, malgré toute la peine
que me cause une sévérité de cette force pendant ma
direction. » Pierre se donna encore un jour pour réfléchir,
et décida le renvoi de Pilon le 21 août 1770.

Ce n'est plus Cochin, on vient de le voir, qui correspond
avec le directeur général et traite des affaires de l'École.
Une grande révolution s'est opérée dans les bâtiments
du roi. Il nous va falloir insister sur elle.

1. Il s'agit ici de Jean-Simon Berthellemy, qui avait remporté en 1764 le
grand prix de peinture réservé de 1763.
2. Arch. nat., O¹ 1924.

III

C'est en vain que dans le domaine des lettres, des sciences et des arts on voudrait échapper aux préoccupations de la politique. Elle s'introduit partout. Qui renoncerait systématiquement à l'étudier perdrait l'intelligence des phases successives de l'art ou de la science dont il retrace l'histoire, et constaterait, sans les expliquer, des alternatives de progrès et de décadence. La création de l'École des élèves protégés avait fait partie d'un ensemble de mesures prises, à son avénement au pouvoir, par un groupe d'hommes politiques ; c'était une des multiples manifestations d'un esprit qui, pendant vingt ans au moins, pénétra et anima tout en France. Pour comprendre les tendances, le but, la nature de cette institution, il nous faut remonter jusqu'en 1748, époque de sa naissance. Madame de Pompadour inaugurait alors son règne. On sait de reste quelle main puissante et énergique cette femme avide étendit sur toutes les branches de l'administration. Si, dans la politique, rien ne lui échappa, pas même les relations extérieures du pays dont elle confia le soin à ses créatures, on pense aisément que la direction de l'activité artiste de la France fut le premier des priviléges revendiqués par la maîtresse du roi. Dès 1745, elle avait fait renvoyer le vieux directeur des Bâtiments, Orry, esprit économe et routinier, qui ne pouvait réaliser ses vues de réforme et d'améliorations. En attendant que son frère, le jeune Abel Poisson, eût atteint l'âge d'administrer, Lenormant de Tournehem (père putatif de la

marquise et qui, en tout cas, l'avait élevée) remplaça Orry.
Immédiatement, la direction des Bâtiments du roi, c'est-à-
dire l'administration des beaux-arts, déploya une prodi-
gieuse activité. J'ai démontré ailleurs, en détail, ce mouvement énorme[1] : expositions annuelles des ouvrages des
membres de l'Académie de peinture; travaux extraordinaires; moralisation et réglementation du système des commandes qu'on essaye de délivrer au concours; tarifs pour
le payement des œuvres d'art commandées substitués au
régime de la faveur; jury imposé aux expositions de l'Académie dont les ouvrages ne sont plus dignes d'être toujours
présentés à l'admiration et à l'imitation de la foule; acceptation par le roi du titre de protecteur direct de l'Académie;
encouragements de toutes sortes judicieusement répartis
aux industries nationales; enfin établissement à Paris d'une
école supérieure, capable d'assurer au recrutement de
l'Académie de France à Rome des sujets plus éprouvés
et à la future composition de l'Académie de peinture des
artistes plus éminents. Pour prendre si heureusement de
semblables mesures, la clairvoyance politique et le zèle ne
suffisent pas. Derrière Lenormant et madame de Pompadour se trouvaient, on le devine, des conseillers intelligents
et absolument compétents, auteurs plus ou moins avoués de
toutes ces réformes : Coypel, Lépicié, Cochin, Soufflot,
Hulst, tel était le groupe restreint d'hommes spéciaux à qui
la maîtresse du roi et Lenormant de Tournehem avaient le
bon esprit de demander des avis. Il faut avouer qu'ils
n'avaient pas mal placé leur confiance. Involontairement et
toute proportion gardée, ce petit cénacle rappelle beaucoup
les conseillers obscurs, mais sûrs et compétents, dont Colbert avait su s'entourer dans toutes les branches de son

---

1. Voyez le *Journal de Duvaux*, tome Ier, Introduction, chapitre III.

administration : gens de peu, artistes sincères et éprouvés, praticiens convaincus, hommes simples et modestes travaillant encore ou à peine sortis de l'atelier [1]. Voilà le monde au sein duquel naquit, avec les autres réformes, l'École royale des élèves protégés.

La place de directeur des bâtiments du roi, réservée d'abord sous Louis XIV à des personnages ayant toujours, sinon des connaissances techniques, au moins des habitudes d'administration, fut, après le duc d'Antin, une des charges que la haute noblesse ambitionna avec le plus d'ardeur. Quand Orry fut renvoyé, on imagine quelle dut être la rage des grands seigneurs en voyant ces fonctions leur échapper encore une fois. Le marquis de Voyer d'Argenson, qui y visait, se jeta par colère dans l'opposition, c'est-à-dire devint le protecteur de l'Académie de Saint-Luc, de l'art non officiel. Et l'on sait toutes les tribulations que les maîtres peintres causèrent à l'Académie royale, même au XVIIIe siècle et jusqu'en 1777. Tout pouvait cependant se concilier encore, si le nouveau directeur, Lenormant, acceptait les conseils des grands amateurs, leur livrait l'art à gouverner sous sa responsabilité, prenait pour règle leurs fantaisies et leurs caprices. Loin de là ! Il s'entoura exclusivement d'artistes, de praticiens, de ce monde de petites gens que nous venons de dépeindre; et tous les Mécènes, nobles ou simplement fastueux, se trouvèrent éconduits. Alors, à côté du petit groupe laborieux et pratique qui dirigeait effectivement les arts, se forma un tout autre cercle qui aspirait à le diriger et recourait à tous les moyens pour y parvenir : grands seigneurs acheteurs de tableaux, financiers protecteurs d'artistes. guettent le mo-

---

1. A part Coypel, alors fort à la mode, tous ces artistes n'avaient pas encore une réputation bien assise. Ils étaient tous au second rang. Ce fut le mérite de madame de Pompadour de les y distinguer.

ment de se jeter sur la proie qu'ils convoitent. A mesure
que grossit cette meute des mécontents, le nombre si restreint des réformateurs de 1748 diminue tous les jours. En
1751, Tournehem est mort, mais a été remplacé sans désa-
vantage par Marigny; Coypel disparaît en 1752; puis Hulst
et Lépicié, l'un en 1754, l'autre en 1755. Enfin le chef et le
principe de tout ce mouvement, madame de Pompadour,
meurt en 1764. Avec elle expire la réforme et l'œuvre
de réorganisation tentées dans les arts. La force d'impulsion
acquise permettra seule à son influence de survivre encore
quelques années.

En 1770, époque à laquelle nous sommes parvenus dans
notre récit, les temps deviennent en effet bien durs pour les
derniers représentants des idées de madame de Pompadour et du système politique constitué par elle. Choiseul
est exilé, madame Du Barry, qui règne déjà, ne pouvant
triompher de la dignité du marquis de Marigny, ce frère
importun de l'autre maîtresse, le bat en brèche. Disposant
à son gré du contrôleur général Terray, elle lui fait refuser
tout secours d'argent[1]. La place de premier peintre, dont
Cochin, sans en avoir le titre, remplit les fonctions avec tant
de goût et de probité depuis quinze ans, est donnée à un
artiste homme du monde, qui a fait jusqu'ici bande à part
et, ménageant les deux partis, attendait la réaction pour
parvenir au but de ses désirs[2]. Les vaincus frémissants du
régime précédent relèvent enfin la tête et vengent leur
défaite. Les événements de 1770 sont le résultat de leur
revanche. C'est, en un mot, l'heure de la curée pour tous
les hommes qui ont impatiemment subi le joug de la mar-

1. Voyez les *Mémoires de l'abbé Terray*. Londres, 1776, in-12, p. 160 et
suiv. Or on a vu ci-dessus que Marigny ne pouvait obtenir aucune distribution de fonds pour son ministère.
2. J. B. M. Pierre fut nommé premier peintre du roi le 4 juin 1770.
                                        (Arch. nat., O¹ 1924.)

juise de Pompadour, et qui arrivent au pouvoir avec la
ferme volonté de ne rien laisser debout de ce qu'elle avait
fondé.

On le voit, le monde officiel qui entoure les dernières
années de Louis XV, lors même qu'il ne s'occupe pas
d'enseignement, est en principe hostile à toutes les créa-
tions de la politique précédente. Le monde des arts, vaste
coterie formée d'éléments bien disparates et organisée en
dehors de la direction des bâtiments, est instinctivement
rempli de malveillance pour tout ce qu'elle a produit; il a
notamment juré la perte de l'École protégée. Que reste-t-il
donc pour défendre la pauvre institution proscrite? Le corps
illustre et indépendant qui, expression la plus haute de la
France artiste, — par conséquent juge impartial et compétent dans la matière, — est le protecteur naturel de tout
ce qui concourt à perfectionner les arts nationaux : l'Académie.

J'ai montré ce qu'était l'Académie de peinture en 1748,
combien elle s'était écartée de l'esprit de sa fondation,
comment l'élément étranger et non artiste y tendait à tout
corrompre et à tout asservir. Depuis, les choses ont été
de mal en pis. Les amateurs, dont l'influence s'est singulièrement agrandie, sont les souverains juges de l'art. Un
contemporain [1] a justement qualifié cette réunion de bro-

---

1. Mathieu-François Pidanzat de Mairobert. Voyez, dans la *Revue universelle des Arts*, tome XIX, p. 190, les lettres sur l'Académie royale de sculpture et de peinture : « Je passe légèrement sur les six honoraires amateurs et
les huit associés libres, où l'on compte la moitié de grands seigneurs, gens
de qualité, militaires [1] recevant au moins autant de lustre de l'Académie
qu'ils lui en donnent; quatre financiers, gens riches [2] s'étant avisés le soir
d'être savants dès le lendemain et croyant avoir acquis beaucoup de connoissances après avoir acheté beaucoup de tableaux; de ces sots qu'aiment sin
gulièrement les marchands et qu'adulent et prônent certains peintres qui,

1. « MM. les comte de Baschi, marquis de Calvières, chevalier de Valory, marquis de Voyer, duc de Bouillon, Blondel d'Azincourt, baron de Bezenval, Turgot.»
2. « MM. Watelet, de la Live de Jully, Bergeret, de Montullé. »

canteurs, d'intrigants et de « gens utiles », comme on
disait. Car l'Académie, dans le choix des amateurs honoraires et des associés libres, semble être uniquement
préoccupée de se procurer des intermédiaires puissants
auprès des grands corps de l'État ou des gens en place.
Elle a dans son sein des conseillers au parlement, pour solliciter ses procès et s'occuper de ses affaires litigieuses; des
parents et amis de tous les ministres, pour s'en assurer les
faveurs; des financiers, graveurs de pochades, pour acheter
ses tableaux; des pédants pour discourir à tout propos,
mettre la peinture en madrigal et disserter sur le génie. Ils
sont là quatorze *virtuoses* de cette force (six honoraires et
huit associés libres), qui, par leur bavardage, leurs manières
d'hommes de cour, à l'aide de réceptions brillantes, de
dîners, de fêtes, de petits services rendus, dominent tous ces
besogneux praticiens, et sont les maîtres de la compagnie;
on pourrait dire du tripot, en voyant l'état d'énervement où
est tombée la rustique mais fière et libre Académie de 1648 [1].

oubliant la noblesse de leur art, s'associent secrètement aux marchés lucratifs de ces brocanteurs et à leurs manœuvres honteuses. Quant à M. de
Boulogne [1], d'un nom illustre dans la peinture, il n'est point étranger à
l'Académie; mais qu'y fait celui de l'abbé Pommyer qui n'a point la manie
d'être dupe, qui n'a point fait de voyage en Italie, personnage borné, sans
illustration, sans lumières? Sans doute, comme conseiller de grand'chambre,
il est de ceux qu'admet la nouvelle loi en qualité de gens utiles et pourra
solliciter les procès de la compagnie, si elle en a. »

1. Cette sévérité d'appréciation deviendrait de l'injustice si je ne m'em-
pressais de constater qu'il y eut parmi les amateurs quelques exceptions des
plus honorables. Caylus, Hulst et Mariette méritent d'être comptés au nombre
des membres les plus utiles et les plus éminents de l'Académie. A qui maintenant me reprocherait la vivacité du jugement porté sur les amateurs je
répondrai que je n'ai pas dépassé les droits de l'histoire et n'ai fait que
reproduire la dénonciation indignée d'un contemporain. Pidanzat de Mairobert ne savait même pas toute la vérité. J'ai prouvé ailleurs (*Journal de
Duvaux*, Introduction, p. CLXIII) que Watelet, par exemple, n'avait pas
craint de se déshonorer pour entrer à l'Académie. Il s'était abaissé jusqu'à
solliciter la recommandation de l'ignoble Poisson père.

1. « Conseiller d'État ordinaire et au conseil royal, intendant des finances.
Il descend d'un peintre de ce nom très-connu. »

Il ne fallait donc pas compter sur la protection du corps académique[1]; bien plus, gagné par l'ennemi, il attendait sa part des dépouilles de l'École, prêt à frapper le premier la victime condamnée.

Ce n'est plus dans l'antique maison occupée par l'Académie, à l'ombre du Louvre, au milieu des artistes de la vieille roche, devant le foyer de Lépicié, sous les yeux de sa laborieuse femme, Élisabeth Marlié, que s'agiteront désormais les questions d'enseignement, et que se prendront, en famille, les décisions de l'administration des arts ; ce n'est plus dans la triste et froide demeure de Cochin, plus éloignée sans doute des sévères souvenirs de la corporation des peintres et de sa primitive bonhomie, mais ouverte encore aux saines influences de l'art et rigoureusement fermée aux suggestions de la multitude ignorante ; c'est au milieu d'un monde futile et frivole, dans le cénacle des amateurs, dans le cercle des gens de finance, des enrichis, des importants de toutes sortes, sous l'inspiration de quelque bas-bleu « des Académies de peinture et belles-lettres de Rome, Boulogne et Florence », enfin dans ce « temple du goût » qu'on appelle le *Moulin-Joli*, dont Marguerite Lecomte, l'Égérie de ces législateurs, est la prêtresse. Là, le ban et l'arrière-ban des *connaisseurs*, des ignorants, des badauds stylés par quelque encyclopédiste phraseur[2] et tout remplis des théories de

1. Une seule voix s'éleva dans l'Académie pour défendre l'École. Pierre, après la mesure qui la mutilait, écrivant à Marigny pour lui rendre compte d'une séance de l'Académie, disait : « L'article concernant l'École a eu UN contradicteur. Sans doute un amateur de cette bonhomie qui trouve que tout va bien parce qu'il est plus commode de laisser les choses comme elles sont que de s'occuper des réformes. » (Arch. nat., O¹ 1924.)

2. Mieux que personne Watelet connaissait les dangers que faisaient en ce moment courir à l'art les amateurs devenus trop nombreux. Mais comme bien d'autres philosophes il contredisait ses préceptes par sa conduite, et ne se rendait pas bien compte du contagieux exemple qu'il donnait à la société. Watelet était assurément un appréciateur éclairé des talents et, dans une certaine mesure, le digne successeur des Caylus et des Mariette. Mais tous ceux

Jean-Jacques, appliquent à l'art les doctrines de la philosophie en vogue : Il faut tout ramener à la nature. L'école ne peut que gâter les instincts naturels. Il faut apprendre à de jeunes enfants le maniement de l'instrument, mais rien de plus. Il faut leur enseigner la langue pittoresque, mais se garder de leur donner des modèles. Arrière les maîtres ! Il faut émanciper l'art; on ne disait pas encore le « révolutionner ». Voilà d'indiscutables axiomes. La tradition est en effet le grand adversaire auquel on déclare partout la guerre. On veut avant tout faire table rase du passé sans se demander si l'avenir, pour naître, n'a pas besoin d'un germe. Car tout ce beau monde de grands philosophes, destitué de toute autre foi sérieuse, croit invinciblement à la génération spontanée de l'avenir. Dès que Pierre arrive à la tête de l'admi-

qui se groupaient autour de lui pouvaient-ils l'être et s'appliquaient-ils la judicieuse distinction qu'il faisait entre les vrais et les faux amateurs ? Hélas! non, et voici comment il les traite dans un remarquable article de son Dictionnaire des arts de peinture, sculpture et gravure.

« Dans la société le nom d'amateur, qui se confond souvent avec celui de connoisseur, se donne ou se prend avec moins de formalité (que le titre d'amateur dans une Académie), à peu près comme les noms de comte ou de marquis qu'on admet aujourd'hui sans trop regarder quel droit on a de les porter. Mais lorsque ce terme destiné à exprimer, en parlant de l'art de la peinture, un sentiment vrai et estimable se multiplie trop par l'effet du désœuvrement et de la vanité, ne doit-on pas craindre de le voir enfin réduit à ne figurer qu'une prétention et un ridicule ? Les amateurs des beaux-arts étaient peut-être trop rares, il y a un siècle : ils deviennent aujourd'hui trop communs...

« Que trouvent le plus souvent les artistes égarés dans le tumulte des cercles et dans la société ? Des âmes froides, auxquelles les arts et leurs productions sont au fond très-indifférens, quoiqu'elles paroissent quelquefois s'y intéresser; des enthousiastes hors de mesure, la plupart comédiens de sentiment, des dissertateurs diffus et vagues, pleins de bonne opinion d'eux-mêmes, qui soutiennent opiniâtrement les sentimens qu'ils ont adoptés, souvent par hasard, ou en les empruntant d'autrui ; des discoureurs plus modérés, mais plus à charge encore, qui, fort instruits de tous les lieux communs des sujets qu'on traite le plus ordinairement dans les conversations, ne connoissent cependant aucun des détails importants qui appartiennent aux arts ; des hommes enfin et malheureusement *des femmes* qui, aux justes droits qu'on leur reconnoît, ajoutent celui de prononcer sur les réputations et sur les talens, objets qu'elles ne croyent pas plus importants que beaucoup d'autres dont elles ont eu de tout tems le droit de décider souverainement. »

nistration et que l'influence des amateurs se fait sentir, l'existence de l'École, qu'on traitait de *gothique*, était compromise. On verra que sa suppression était en principe décidée, et qu'elle deviendra le *delenda Carthago* du nouveau premier peintre. Quant à ce premier peintre, on va comprendre combien il est supérieur à tous ses prédécesseurs, et comment il a le droit de mépriser leurs idées et de vouloir détruire leur œuvre. Pierre d'abord, disait-il, était noble de naissance : cela était fort glorieux pour la peinture et fort heureux pour lui-même qui n'aurait pas mérité de le devenir par son talent. Ensuite il ne pouvait être confondu avec les misérables qui avaient auparavant occupé sa place : car on ne trouve plus à la tête des arts un rustre comme Vanloo, qui ne savait que peindre. Le premier peintre, aujourd'hui, ne peint plus. Ce gentilhomme, une fois parvenu aux honneurs, laisse ces soins grossiers aux derniers venus de ses subordonnés. Hôte ordinaire de Versailles, il assiste au lever du roi [1].

Sous la menace de l'orage prêt à crever sur elle, l'École ne sut malheureusement pas se recueillir, revenir aux traditions de sévérité qui ont entouré d'hommages ses premières années, reprendre cette conduite irréprochable qu'elle avait victorieusement opposée aux premiers dénigrements de ses détracteurs. Abandonnée à elle-même, sous la molle direction d'un homme faible comme Michel Vanloo, elle laisse quelques-uns de ses mauvais penchants dégénérer en vices. Elle ne connaît plus que de nom les règlements intérieurs

---

1. « Les artistes, disait Pidanzat de Mairobert (*Lettres sur l'Académie, Revue universelle des Arts*, tome XIX, p. 187), ne sont pas contents du directeur de l'Académie, M. Pierre, premier peintre du roi, auquel ils reprochent beaucoup de morgue et d'importance... « Il se croit, disent-ils, obligé « de donner des audiences, à aller à la cour, à ne pas manquer le lever « du roi. Cependant la principale affaire d'un peintre est de composer des « tableaux. Vanloo travailloit le dimanche comme les autres jours, sans que « S. M. s'en aperçût, et son lever ne s'en faisoit pas moins bien. »

qui ont présidé à sa fondation. Cochin n'est plus là pour châtier et se taire. Le surveillant est un ennemi juré qui tient registre de toutes les fautes, qui les grossit avec complaisance, s'empresse de les publier et d'en importuner le directeur des bâtiments. La cabale n'a donc plus besoin de recourir à des subterfuges ou à des voies détournées. Elle a un agent qui, tous les jours, sous l'apparence d'un devoir accompli, déprécie les élèves protégés dans l'esprit du ministre, et accumule contre eux des griefs dont quelques-uns ne sont pas imaginaires. Au malheureux Marigny, réduit depuis dix ans aux expédients pour solder les différents services des bâtiments, on montrait une somme d'argent considérable mal employée et d'un médiocre profit pour les arts, tandis qu'un virement de fonds pourrait féconder ou plutôt empêcher de périr d'autres branches plus utiles de son ministère. Le résultat était certain d'avance pour les spectateurs de cette lutte entre le dernier vestige du régime précédent et les représentants du régime nouveau. Les jours de l'établissement proscrit étaient comptés. On le laissait par tolérance vivre encore quelque temps, pour ne pas porter atteinte aux droits acquis. Mais la première secousse dans sa vie normale, le premier accident devait être le signal de sa destruction.

L'événement, l'occasion tant désirée se présenta bientôt. Louis-Michel Vanloo mourut le 20 mars 1771, à l'âge de soixante-quatre ans. La cabale, qui avait compté sans la prudence et la sagesse de Marigny, fut déçue dans quelques-unes de ses espérances. Le directeur des bâtiments appartenait à la vieille école des hommes politiques de Louis XV et ne procédait pas par des moyens radicaux. Il ne croyait pas qu'une institution qui avait été longtemps profitable aux arts pût être devenue tout à coup pernicieuse et funeste. A la demande et au souhait de suppression, il répondit par

ın ordre de réforme. Voici les instructions qui, parfaite·
ment tenues secrètes jusque-là, partirent de Ménars[1] le
20 avril 1771.

Première lettre de Marigny à Pierre.

20 avril 1771.

La mort de M. Michel Vanloo, Monsieur, exigeant un prompt
remplacement pour diriger l'École des éleves protégés, j'ai pris, il
y a peu de jours, les ordres de S. M. sur ce sujet. Elle a disposé
de cette place en faveur de M. Vien.

J'ai mis en même temps sous les yeux du Roy un nouveau plan
d'administration de l'École, qui m'a paru d'autant plus nécessaire
qu'il me fournit les moyens de venir au secours de l'Académie
royale de peinture et que j'ai vu avec peine que les Arts n'avoient
pas retiré de l'établissement de l'École tel qu'il étoit anciennement
tous les avantages qu'on eût dû en attendre. En conséquence de
ce nouvel arrangement, il n'y aura plus à l'École des éleves protégés que deux éleves qui y resteront une année, après laquelle
ils seront envoyés à Rome si par leur assiduité au travail et leurs
dispositions ils en sont jugés dignes. Par une suite de ce même
arrangement les fonds destinés particulièrement pour les dépenses
et l'entretien de l'École seront les suivans, sçavoir :

Pour appointemens au directeur de l'École......	1,600 l.
Pour sa nourriture et celle de deux éleves.......	3,000
Pour gratification aux deux éleves à raison de 300 livres chacun.............................	600
Pour gages de cuisiniere, laquais et portier.....	500
Pour habillement de domestiques..............	300
Pour dépenses imprévues et menus objets de détail courant...................................	1,500
Total....................	7,500 l.

1. **Ménars**, terre très-considérable située près de Blois. Acquise par ma-
dame de Pompadour, elle passa à son frère, qui, successivement marquis de
Vandières et de Marigny, prit à la fin de sa vie le titre de marquis de
Ménars.

Vous voudrez bien faire part à M. Vien de ce nouvel arrangement dont il importe qu'il soit informé. Il est au surplus nécessaire que vous vous occupiez d'un nouveau reglement pour la discipline de l'École afin que je puisse l'examiner et donner les ordres nécessaires pour son exécution, au plus tard à l'entrée des nouveaux éleves qui pourront être jugés cette année dignes d'y être admis.

Cette réduction dans le nombre des éleves de l'École protégée m'a mis à portée de proposer à S. M. une augmentation de traitement pour l'Académie royale de peinture, objet sur lequel vous recevrez une lettre particulière.

Sur le surplus des fonds précédemment destinés à l'École et objets accessoires, il a plu à S. M. d'assigner. . . . .
. . . .

5° A la dame Berger, sœur de feu M. Vanloo, en considération de ses services dans l'administration économique de l'École, 1,000 livres de pension viagere.

Comme enfin, par la réduction des éleves de l'École, le directeur n'aura pas besoin d'autant de logement que par le passé, S. M. voulant traiter favorablement les dames Vanloo et Berger, et ayant égard aux services et aux talens distingués de leurs mari et frère successivement directeurs de cet établissement, Elle a bien voulu leur conserver un logement dans l'hôtel.

Je suis, Monsieur, votre, etc. [1].

Deuxième lettre de Marigny à Pierre.

A Ménars, le 20 avril 1771.

Le Roy ayant jugé à propos, Monsieur, d'agréer un plan d'administration de l'École des éleves protégés qui en réduit considérablement la dépense, j'ai saisi cette occasion de venir au secours de l'Académie royale de peinture dont je sçais que les fonds sont depuis longtemps insuffisans pour les dépenses auxquelles l'astreint l'instruction publique dont elle est chargée. Sur les représentations que j'en ai faites à Sa Majesté, Elle a bien voulu qu'il fût pris sur l'ancien fonds de l'École une somme de 6,000 livres

1. Arch. nat., O¹ 1914.

pour servir d'augmentation au traitement de cette Académie. De cette somme néanmoins l'Académie ne jouira au moment présent que de 3,000 livres, les 3,000 livres de surplus étant affectées pour un temps aux objets suivans :

1° Pour continuation d'appointemens à M. Dandré-Bardon, en sa qualité de professeur d'histoire à l'École des éleves protégés, 1,000 livres.

2° Au même pour indemnité de la nourriture qu'il avoit à ladite école, 1,000 livres.

3° A M. Cochin pour pension annuelle à raison du détail des Arts dont il a été chargé pendant plusieurs années, 1,000 livres.

Je suis, etc. [1].

Lettre de Marigny à Cochin.

Ménars, le 20 avril 1771.

Sa Majesté, Monsieur, en agréant le nouvel arrangement que je lui ai proposé au sujet de l'École des éleves protégés et de la destination des fonds affectés cy-devant à cet objet, a bien voulu, en considération des soins que vous vous êtes donnés pendant plusieurs années que vous avez été chargé du détail des Arts, vous conserver une somme de 1,000 livres payable annuellement par forme de pension pendant votre vie, après quoi elle tournera en augmentation de traitement de l'Académie royale de peinture.

C'est avec un vray plaisir que j'ai profité de cette occasion de vous marquer ma satisfaction de la maniere dont vous avez géré ces détails. A l'égard de vos appointemens pour le catalogue raisonné des tableaux du Roy, il n'y a rien de changé, et vous continuerez de percevoir les 2,400 livres anciennement affectées à cet objet. Je suis, etc. [2].

Lettre de Marigny à Vien.

20 avril 1771.

La mort de M. Michel Vanloo, Monsieur, faisant vacquer la place de directeur de l'École des éleves protégés, j'ai pensé ne pouvoir mieux faire que de vous proposer au roi pour la remplir. S. M. a

1. Arch. nat., O¹ 1914.
2. Arch. nat., O¹ 1914.

bien voulu, en conséquence, vous accorder cette place. C'est avec
un vray plaisir que je vous annonce cette distinction flatteuse de
vos talens.

Les circonstances et la nécessité de venir au secours de l'Académie royale de peinture m'ont engagé à faire agréer par S. M. quelques changemens à l'administration de l'École. M. Pierre, chargé
en sa qualité de premier peintre du détail des arts, doit vous informer du changement qui commencera à avoir lieu sous votre ges-
tion.

Sur les représentations qui m'ont été faites de divers abus qui
s'étoient glissés dans la manutention de l'École, j'ai aussi chargé
M. Pierre de me proposer, pour les prévenir, un nouveau reglement que j'examinerai et sur lequel je ne tarderai pas à lui marquer ainsi qu'à vous mes intentions. Je suis, Monsieur, etc. [1].

Telles étaient les modifications contenues dans ces mis-
sives : l'Académie, l'avide et criarde Académie recevait, sur
le budget annuel de l'École réformée, un supplément de
traitement de 6,000 livres, dont 3,000 payables immédiatement. Tous les droits acquis étaient rigoureusement sauve-
gardés. Cochin, Dandré-Bardon, la famille Vanloo, n'étaient
pas oubliés et trouvaient, dans des pensions suffisantes, une
honorable rémunération de leurs services. Les élèves entretenus par le roi étaient en ce moment au nombre de cinq :
c'étaient les peintres Vincent et Lebouteux, les sculpteurs
Moitte et Foucou, qui avaient remporté les derniers grands
prix de l'Académie, et Norblin de la Gourdaine, élève de
Casanova. Les quatre premiers furent envoyés à Rome[2].

1. Arch. nat., O¹ 1914.

2. *Réponse du directeur général au premier peintre.*

« 17 mai 1771. — A l'égard des élèves qui se trouvent actuellement à l'École
au nombre de cinq, par le compte que je me suis fait rendre de l'état des
pensionnaires qui sont à Rome je vois que j'ai au mois d'octobre prochain
quatre places à y remplir, ainsi vous voudrez bien prévenir les quatre plus
anciens de ces élèves qu'ils aient à faire leurs dispositions pour s'y rendre.
Quant au cinquieme, Sa Majesté ayant jugé à propos de réduire l'École à

Quant à J.-P. Norblin, entré contrairement aux règlements[1] et qui, en somme, n'avait droit à rien, il reçut une gratification ou indemnité de 400 livres[2].

deux places d'élèves et ces deux places étant destinées pour les deux jeunes artistes qui gagneront cette année les grands prix de l'Académie, il est nécessaire qu'il quitte l'Ecole. En le lui annonçant, vous l'informerez cependant que S. M. a bien voulu lui accorder en dédommagement une gratification de 400 livres que je lui ferai payer incessamment, et qu'au surplus cela ne l'exclut point des autres grâces... et d'être envoyé à l'Académie de Rome s'il s'en rend digne, etc. »   (Arch. nat., O¹ 1911.)

La réduction dans la durée de la pension n'eut pas d'effet rétroactif sur les droits acquis des élèves pensionnaires.

« Du 25 avril 1775. M. Pierre a reçu chez M. Dutartre, trésorier des bâtimens, le 1er quartier 1771 des fonds alloués à l'École des élèves protégés.

« Sur quoi payé :

« Au sr Vincent les trois années de son pensionnat expirées au 3º quartier 1771 quoiqu'elles dussent cesser à l'expiration des six derniers mois, époque de la réduction de ladite École à deux pensionnaires, 900 livres.

« Au sr Moette pour les trois années de son pensionnat expirées au 3 novembre 1771, quoiqu'elles dussent cesser aux six derniers mois 1771, époque de la réduction à deux pensionnaires. »   (Arch. nat., O¹ 1927.)

1.   « *Mémoire des objets sur lesquels M. le marquis de Marigny est supplié de donner ses ordres.*

« Le nommé Jean-Pierre Norblin de la Gourdaine, élève de l'Académie royale de peinture et sculpture déjà proposé à M. le directeur général pour remplir la place du sr Berthelemy, peintre, dans l'École des élèves protégés, est fils du sr Norblin, possesseur du fief de la Gourdaine, scitué à Mussy, en Bourgogne, dans lequel ses peres ont vécu ainsi que luy. Il est connu pour très-honnête. Sa fortune bornée l'empêche de donner des secours à son fils. Ce jeune homme passe pour être fort rangé et très-laborieux. Quelques officiers de l'Académie en parlent avantageusement. M. Dumont, recteur, le reçoit avec amitié. Toutes ces causes réunies le mettent dans le cas qu'exige le premier article des règlements de l'École des élèves protégés pour y être admis. »   (Arch. nat., O¹ 1914.)

En marge de ce mémoire, le marquis de Marigny, directeur général des bâtiments, a mis un *bon*, signé d'une M. — M. de Montucla, premier commis des bâtiments, a postérieurement ajouté cette note : « N. B. Depuis la lettre écrite on m'a. instruit que cela est contraire à l'article 18 des statuts de l'Ecole des élèves. » Il fallait en effet avoir obtenu le grand prix de Rome pour entrer dans cette école avant d'être envoyé à l'Académie de France à Rome. A partir de 1770 le marquis de Marigny, rebuté par son impuissance à faire le bien, ne s'occupait presque plus de ce qui se passait à l'École des élèves protégés. Norblin fut le seul élève de l'Ecole protégée nommé par faveur, le seul qui ne soit pas entré par le concours des grands prix.

2.   « Objets payés d'après la lettre de M. le comte d'Angivillier du 30 septembre 1775... Au sr Norblin de la Gourdaine, pour gratification, 400 liv. » C'était l'exécution de l'ordre de Marigny. (Arch. nat., O¹ 1914.)

La correspondance du premier peintre nous fait connaître quels furent les premiers essais de reconstitution et comment s'opérèrent les mesures transitoires.

Monsieur (écrivait Pierre à Marigny), vos ordres me deviennent nécessaires pour terminer les dispositions qu'exige la réforme que vous avez jugée convenable à l'École des éleves protégés. Le premier objet regarde M. Vien, honoré de votre confiance dans l'administration. Il ne peut se dispenser d'occuper le plus tôt possible l'appartement du directeur, afin de veiller de près sur les études et sur la conduite des deux éleves qui resteront pensionnés...

Je suis avec respect, etc.

Paris, 2 mai 1771. PIERRE [1].

Monsieur (disait encore le premier peintre dans une autre lettre), les dispositions convenables à l'installation de M. Vien dans l'École des éleves protégés se font successivement. Madame Berger a placé une grande partie de ses effets au Louvre et dans une pièce que M. Vien lui a prettée pour faciliter les réparations indispensables, surtout dans l'appartement de madame Vanloo.

Ainsi, Monsieur, ce sont vos ordres que l'on attend pour commencer. Suivant votre décision le directeur devoit entrer en pleine fonction au 1er juillet, mois qui commence la dernière année. Malgré l'empressement de madame Berger à se mettre en regle, cela ne paroît guère possible quant au logement, vu le tems nécessaire aux réparations et aux changemens. Au reste, Monsieur, tout peut s'arranger si vous êtes toujours dans l'intention de faire partir quatre éleves dans le courant du mois prochain, le sr de la Gourdaine étant sorti de la pension.

Si madame Berger cesse d'être chargée de la nourriture comme vous l'avez arrêté à la fin du mois de juin, M. Vien peut les faire venir chez lui aux heures des repas jusqu'au départ pour l'Italie ou jusqu'à l'entier établissement dans l'école...

Je suis avec respect, Monsieur, etc.

Paris, ce 22 juin 1771. PIERRE [2].

1. Arch. nat., O1 1911.
2. Arch. nat., O1 1911.

Malgré tous les efforts tentés contre elle, Marigny n'avait certainement pas abandonné l'œuvre de prédilection de son prédécesseur. Cédant à de continuelles obsessions, il avait cherché à complaire au monde nouveau des courtisans, et croyait avoir satisfait l'Académie; mais il entendait bien maintenir l'institution ainsi réformée et la réorganiser avec moins de dépense. Sur ses ordres et ses indications, le 9 août 1771, Pierre[1] soumit à son approbation le règlement suivant :

ARTICLE PREMIER.

Aucun éleve de l'Académie royale de peinture et sculpture ne sera admis dans l'École des éleves protégés qu'il n'ait remporté le grand prix de peinture et de sculpture sur un tableau d'histoire ou sur un bas-relief dans le même genre.

ARTICLE II.

Ce tableau ou bas-relief sera jugé par tous les membres de l'Académie royale de peinture et de sculpture, suivant l'usage de la Compagnie, pendant l'assemblée générale qui suit la fête de la Saint-Louis.

ARTICLE III.

Le nombre des éleves qui pourront entrer dans l'École des éleves protégés sera réduit à deux, sçavoir : un peintre et un sculpteur. Le tems qu'ils y resteront sera fixé à une année, après laquelle ils partiront pour se rendre à l'Académie de France à Rome, si M. le directeur et ordonnateur général des Bâtimens du roy juge à propos de les nommer aux places qui seroient vacantes dans ladite Académie.

ARTICLE IV.

Les éleves qui auront reçu la grâce d'être admis dans l'École des éleves protégés seront tenus de suivre les ordres du directeur,

1. « Monsieur, j'ai l'honneur de vous envoyer un projet de reglement pour l'École des éleves protégés. Le fond est pris de ceux qui avoient été faits lors de l'établissement. Il a fallu supprimer beaucoup d'articles qui deviennent inutiles à la nouvelle forme et en ajouter sur des objets qui avoient été oubliés. 9 août 1771. PIERRE. »   (Arch. nat., O¹ 1911.)

tant sur ce qui concerne leurs études que sur ce qui regarde leur conduite.

<h3 style="text-align:center">ARTICLE V.</h3>

Il ne sera point permis aux deux éleves d'entreprendre aucun ouvrage particulier ou public sans l'attache du directeur, le tems qui leur est accordé dans l'École étant destiné à dessiner, peindre ou modeler d'après les grands maîtres et l'antique, et à se préparer aux études qu'ils doivent faire à l'Académie de France à Rome.

<h3 style="text-align:center">ARTICLE VI.</h3>

Les études d'après nature étant des plus nécessaires à l'avancement, les éleves dessineront tous les jours à l'École de l'Académie royale de peinture et sculpture.

<h3 style="text-align:center">ARTICLE VII.</h3>

Si le directeur juge à propos de permettre de dessiner, de peindre et modeler d'après des personnes du sexe, il indiquera les jours destinés à ce genre d'étude. Les éleves travailleront ensemble; le directeur sera présent, et en son absence le professeur d'histoire et belles-lettres, pour y maintenir la décence et le respect dû au lieu.

<h3 style="text-align:center">ARTICLE VIII.</h3>

Les éleves seront très-exacts à suivre les cours d'anatomie et de perspective qui se font dans l'Académie royale de peinture et sculpture. Ils rendront compte au directeur des leçons auxquelles ils auront été présens.

<h3 style="text-align:center">ARTICLE IX.</h3>

Il en sera de même pour les leçons d'histoire et belles-lettres que le professeur institué dans l'École de l'Académie royale de peinture et sculpture donnera aux jours ci-après marqués.

<h3 style="text-align:center">ARTICLE X.</h3>

Le professeur d'histoire et belles-lettres donnera ses leçons trois fois par semaine dans une des salles de l'Académie royale de peinture et sculpture, à trois heures après midi. Elles dureront une heure. Les éleves de ladite Académie y seront admis au nombre de dix, et ne pourront être reçus qu'après avoir gagné les secondes médailles qui se distribuent tous les trois mois.

ARTICLE XI.

Les éleves ne pourront sortir fréquemment sans prévenir le directeur des raisons qui les y engagent; jamais aux heures des exercices.

ARTICLE XII.

Les éleves rentreront soir à dix heures au plus tard pendant l'hiver, et à onze heures en été. Ils seront très-attentifs à ne point découcher sans une excuse légitime, comme maladie de parents ou campagnes connues et authorisées par le directeur.

ARTICLE XIII.

Le luxe dans le vêtement sera absolument proscrit. Le directeur y tiendra la main.

ARTICLE XIV.

Les éleves qui ne se conformeront point au présent reglement seront revoyés de l'École du Roi.

Approuvé, 15 août 1771.   MARIGNY [1].

Au milieu des déboires de sa situation, ce dut être pour le spirituel et sceptique administrateur un plaisir bien vif que d'obliger Pierre, l'ennemi juré de l'École, d'en être, par devoir, en quelque sorte le nouveau fondateur. C'était là une des ironies de la haute fortune du premier peintre, une de ces cruelles exigences que toute position officielle très-élevée impose à ceux qui les occupent. Mais que dut penser Marigny, quand, — hypocrisie ou illusion momentanée, — il reçut la lettre suivante, où Pierre est sur le point de s'enthousiasmer en parlant des nouveaux élèves protégés :

Monsieur,

... J'eus l'honneur de vous addresser il y a quelque tems des reglemens pour l'École des éleves protégés... Dimanche ou lundi les vainqueurs peuvent entrer chez M. Vien. Il seroit bon de bien débuter et d'instruire les éleves de leurs devoirs, et cela pour ob-

1. Arch. nat., O¹ 1911. Quoique ne la satisfaisant pas complétement, le nouveau règlement fut approuvé par l'Académie. (Lettre de Pierre à Marigny, O¹ 1924.)

vier à l'excuse qu'ils allèguent (et avec raison) de leur ignorance et de l'abandon.

Les quatre anciens éleves partirent mardy dernier. Ils ont eu le bon esprit de résister à l'envie de voir le Sallon, parce que j'avois prié M. Vien de leur faire sentir que ce seroit une délicatesse de leur part, puisqu'ils n'ignorent pas le mécontentement de l'Académie, les Sallons précédens [1]. Le matin de la Saint-Louis ils vinrent me demander la permission d'y monter, puisqu'il étoit public, en m'assurant qu'ils y renonceroient si je ne le voulois pas.

Je les en priai en leur faisant des compliments sur leur délicatesse pour mes représentations, en leur promettant de ne pas oublier de parler à l'Académie de leur honneteté. Je les embrassai encore une fois. Ce ne sont plus des chevaux échappés ny des importants, et il y a tout lieu de croire que bien loin de ressembler aux pensionnaires qui les ont précédés, ils partent en donnant l'espérance de donner l'exemple à Rome à ceux qui les suivront. Voilà les fruits d'un mois de conduitte d'un bon directeur, M. Vien.

Pardon, Monsieur, de ce détail. Je crois cependant qu'il vous sera agréable et qu'il motivera la priere que je prends la liberté de vous faire pour prévenir par des reglemens les inconvéniens passés et le désagrément de punir des jeunes-gens à qui on laissoit la bride sur le cou, jeunes-gens qui le sentent depuis qu'ils ont réfléchi. Paris, 28 août 1771 [2].

L'aimable épicurien devenu misanthrope, si méprisant autrefois pour toutes les platitudes dont il était témoin, se contenta sans doute de hausser les épaules. Il s'était désintéressé de tout. Dix ans plus tôt, quelle mordante épigramme aurait portée la marge d'une telle lettre ! Ceux qui connaissent la correspondance de Marigny et les papiers de son administration n'en douteront pas.

Tandis que l'Ecole, si affaiblie qu'elle fût, était encore vivante et narguait aussi intrépidement ses adversaires, le

1. Étrange exigence de l'Académie qui redoutait les appréciations de ces jeunes artistes.
2. Arch. nat., O¹ 1911.

sacrifice impérieusement réclamé par l'Académie et en partie consommé par la réforme de cet établissement scolaire ne pouvait même pas profiter à ses dénonciateurs acharnés. La répartition des fonds, distraits de leur primitive destination par le directeur général, fut beaucoup plus nominale qu'effective. Les académiciens encoururent ainsi l'odieux de cette mesure sans en recueillir le moindre bénéfice immédiat. On ne leur délivra même pas un seul à-compte. L'année suivante, ils en furent réduits à menacer le contrôleur général des finances de cesser leurs fonctions[1].

1. Voici de curieux documents sur cette crise de l'Académie :

Lettre de Pierre à Marigny.

16 juin 1772.

« Monsieur,

« J'ay pris la liberté de vous représenter successivement les positions fâcheuses de l'Académie par la privation absolue des bienfaits du roy qui seuls la soutiennent. Il y a sept ans que les expédiens de tous genres maintiennent l'Ecole. Aujourd'huy ils sont épuisés, quoyque pas un officier soit payé de ses honoraires, et la plupart en ont besoin.

« Si notre compagnie étoit composée de membres aisés comme beaucoup d'autres corps, il est certain que notre zèle pour le service auroit des ressources. Les fortunes d'artistes vous sont connues. Si quelques-uns livrés à des genres faits pour plaire se trouvent un peu plus fortunés, quel est leur nombre ?

« Je n'entreray pas, Monsieur, dans la recherche des différents moyens que votre sagesse peut employer afin de prévenir notre destruction. J ose espérer néanmoins que si M. le contrôleur général étoit particulièrement informé de notre position, nous serions compris dans ses vues de bien général. On doit laisser au public frivole l'erreur d'apprécier notre compagnie : une réunion d'hommes destinés à flatter le luxe et les goûts de la richesse.

« Un ministre regarde l'Académie royale de peinture et sculpture comme la véritable source de cette supériorité que la nation a acquise sur tous ses voisins dans les manufactures, dans les arts et les métiers dont le dessein et le goût font les bases ; sans parler des sommes que produisent les ouvrages qui sortent de son sein.

« Le ministre calcule qu'il a fallu plus de cent années et une succession d'artistes (qui ne sont point sûrement enrichis) pour faire parvenir la France où elle se trouve dans cet e partie de commerce et de célébrité, et que l'Académie n'a coûté au roy que 5,330 livres de pension par an depuis sa création.

« Vous scavés, Monsieur, que tout est dû depuis l'année comprise 1764 jusqu'à présent. Si l'on payoit de l'époque de cette année jusques et compris l'année 1770 nous ne toucherions que la somme de 31,980 livres. Seroit-il

8

Les concessions, même les plus grandes, désarment bien rarement des adversaires politiques. Ceux de Marigny ne trouvèrent pas suffisant le sacrifice qu'il leur avait fait; ils ne se contentèrent pas d'avoir vu mutiler l'œuvre de Lenormant, de Coypel et de Lépicié, ni d'avoir fait répartir à l'Académie une bonne part des dépouilles du séminaire des jeunes artistes. Marigny, abreuvé d'humiliations, rempli de dégoût, se retira au commencement de 1773. L'abbé Terray, contrôleur général, lui succéda aussitôt, cumulant avec son haut emploi la charge de directeur général des bâtiments. Sans rien supprimer formellement, il laissa en fait mourir

possible que l'on pût balancer entre la modicité du secours et la perte des avantages connus : je ne puis l'imaginer. Le dernier examen de nos comptes a consterné l'Académie. Il ne nous est plus possible d'attendre les tems favorables dont on nous flatte depuis si longtems. Que les retards continuent, la chute est infaillible.

« Si le devoir que m'impose ma place me force d'entrer dans des détails et de vous annoncer la cessation du service qui nous a été confié par vos ordres, je vous supplie d'être persuadé, Monsieur, que j'en suis moy-même affligé, au point d'avoir préféré l'honneur de vous en écrire à celuy d'être témoin du premier sentiment que vous feront éprouver votre façon de penser et a justice que vous avés daigné rendre à nos travaux.

« Je suis, etc.

« Paris, 16 juin 1772.   PIERRE. »
(Arch. nat., O¹ 1914.)

Lettre de Marigny à l'abbé Terray.

21 juin 1772.

« M. l'abbé Terray.

« Monsieur, l'Académie de peinture et sculpture, à qui par les malheurs des tems il est dû huit années du secours que le roy lui accorde pour son entretien et ses dépenses, est dans un tel état de détresse que, si je ne suis à portée de lui en faire [servir] au moins une partie, je ne puis plus garantir l'existence d'un établissement aussi utile et aussi honorable à la France. Je ne crois pas pouvoir mieux vous en convaincre que par la lettre que m'écrit M. Pierre, son directeur actuel, et que je joins ici.

« Je n'ai certainement nul besoin, Monsieur, de m'étendre sur l'utilité de l'Académie de peinture. C'est à elle que la nation doit cette supériorité dans les arts qu'elle a depuis longtemps sur tous ses voisins et qui lui mérite de voir ses artistes appellés par presque toutes les puissances étrangeres qui ont quelques monumens à élever. Mais c'est à elle surtout que la France doit ce fond de goût qui se manifeste dans tous ses ouvrages et qui luy donne la préférence sur tous ceux qui se fabriquent ailleurs. Considérée de ce côté elle est l'âme d'un grand commerce et à ce titre elle a droit aux

d'inanition l'Académie et l'École. Car celle-ci, suivant le mot égoïste de Louis XV et comme bien d'autres institutions de son règne, *devait durer autant que lui*. L'avénement de Louis XVI, en mai 1774, renouvela le ministère et amena au pouvoir des hommes bien intentionnés. Le nouveau directeur général des bâtiments croyait à la nécessité de séparer l'enseignement des autres fonctions académiques; mais, circonvenu par le monde du Moulin-Joli, il demanda à Pierre un mémoire sur ce sujet. Voici le réquisitoire qui lui fut envoyé :

OBSERVATIONS SUR L'ÉCOLE DES ÉLEVES PROTÉGÉS A PARIS.

Il est nécessaire de rappeler l'établissement de M. Colbert en faveur de la jeunesse destinée aux arts parce qu'il a fait naître l'idée de l'École des éleves protégés et qu'il a été la base des premiers fonds dont elle a joui.

regards bienfaisans du ministre à qui ce grand objet est confié. Je ne puis douter, apres cela, que si vous voulez bien donner quelque attention à l'état de détresse où se trouve cet établissement, l'un des principaux du regne de Louis XIV et de M. Colbert, vous ne preniez des mesures pour prévenir sa chute en me mettant à portée de le secourir efficacement.

« J'ai l'honneur d'être très-parfaitement, Monsieur, etc. »

(Arch. nat., O¹ 1914.)

Communication de Pierre au bureau des Bâtiments.

(Antérieurement au 20 juillet 1772.)

« M. Chardin commence à être inquiet. M. le marquis de Marigny peut être sûr que l'École ne fermera pas. Mais il est supplié d'accélérer les secours.

« En calculant les ressources extraordinaires, on trouve six chevaux dans l'Académie de peinture à vendre (dont deux poussifs), cinq voitures assés en désordre. Ce qui produira une mince ressource. On convient que l'entretien de ces trois voitures peut faire une somme par an. »

En haut, de l'écriture de Marigny : « Lettre pressante à M. le Cr. général pour les artistes et à M. Leclerc. » (Arch. nat., O¹ 1914.)

Lettre de Marigny à l'abbé Terray.

« Monsieur l'abbé Terray.   20 juillet 1772.

« Monsieur, vous m'avez fait espérer par une premiere lettre que vous desineriez aux Bâtimens un secours qui me mit à portée de soutenir l'Académie de peinture, à qui sont dus sept ans de ses frais d'entretien et honoraires. J'ai l'honneur de vous réitérer mes représentations.

« J'ai l'honneur, etc. »   (Arch. nat., O¹ 1914.)

Dans le nombre des jeunes-gens qui étudiaient aux Gobelins, plusieurs s'attirerent l'attention par les grandes dispositions et par la privation des secours capables de coopérer à la perfection des dons qu'ils avoient reçus de la nature. M. Colbert ne crut pas devoir abandonner des sujets aussi rares que précieux. Dans un renouvellement de projets non encore affermis il fit le fond de plusieurs petittes pensions de 300 livres chacune, affectées aux éleves qui se distinguoient par leurs dispositions et leur assiduité.

Un secours qui avoit un but fixe, que l'obscurité de sa destination et son peu de valeur auroient dû conserver, devint un objet de la cupidité.

A la mort de M. Mignard, les Gobelins furent régis par le commis au contrôle de Paris. Les Bâtimens se chargerent des détails pendant vingt-deux ans que dura la vacance de la place de premier peintre. Cette partie de l'administration étoit entre les mains de gens placés par l'argent ou par la protection. MM. Antoine Coypel et de Boulogne, premiers peintres par la suitte, plus souvent solliciteurs que sollicités, luttoient contre les officiers en charge et se trouvoient fort heureux lorsque leurs soins arrêtoient une partie des abus. Ce désordre continua jusqu'à la nomination de M. Coypel. Ce premier peintre, appuyé par la protection du supérieur, eut la liberté de rechercher et de réunir les parties éparses de son département. L'inconséquence dans la distribution de ces petittes pensions le frappa. Son premier dessein fut de mettre ces bienfaits sous la main et la direction de l'Académie. Ensuite il crut que la réunion des sommes, quoyque dénaturées dans la forme des distributions, pourroit produire des effets plus utiles, qu'il préviendroit les mauvaises applications dont ces grâces seroient toujours susceptibles tant qu'elles seroient accordées par des gens peu éclairés et qu'elles ne seroient pas soumises à une forme fixe. A ce motif fondé il s'en joignit un autre que l'on doit taire parce que les condescendances qui ont leur source dans un principe susceptible d'un côté favorable doivent obtenir grâce.

La probité de M. Coypel est hors d'atteinte. Ainsi admettons la droiture de ses vues qui tendoient éloigner pour toujours des titulaires, *souvent* non artistes et plus souvent encore jouissant avec des barbes grises d'un bienfait destiné à la première jeunesse.

Les artistes les plus expérimentés dans la pratique de l'instruction opposoient cependant des raisons très-fortes contre l'inutilité d'un établissement dispendieux ; M. Hultz, amateur, qui avoit des droits sur M. Coypel, retourna l'affaire dès la premiere ouverture pour faire sa cour au supérieur, séduit par l'idée flatteuse du titre de fondateur. Le pauvre Coypel une fois embarqué ne pouvoit plus reculer.

M Coypel deffendoit avec esprit une cause d'ailleurs protégée par l'amateur rusé, en crédit auprès du supérieur, et qui partageoit la vanité d'être associé à des spéculations brillantes, *fussent-elles frivoles*. Le gros bon sens fortifié par la comparaison des faits doit toujours avoir tort.

Sans s'arrêter aux causes étrangeres, on sçait que la suitte ordinaire des discussions sur une affaire est souvent d'en obscurcir le fond et de se livrer aux accessoires. Et dans ce cas le choc des résistances est le moyen le plus sûr de procurer des ressonrces interminables. Il n'est donc pas étonnant que M. Coypel s'affermit dans la pensée qu'un établissement qui réuniroit les fonds divisés, qui seroit dirigé par un directeur permanent, préviendroit les abus et, par conséquent, répondroit mieux aux vues sages de M. Colbert. Mais aussi la préoccupation pour son plan ne luy permit pas un examen approfondi de tout ce qui étoit à prévoir. C'est aussi à cette préoccupation impatiente que l'on doit attribuer l'inattention à peser exactement le régime de l'École, à calculer les moyens certains de constater son ouvrage et de concevoir des espérances chimériques d'une jeunesse non formée. Il ne sentit pas enfin le travers et le ridicule d'augmenter par des distinctions et des honneurs [1] les effervescences d'un âge qui doit être contenu.

L'École conçue et formée au milieu des contrariétés fut proposée, confirmée en 1748, et s'ouvrit le 1er janvier 1749. Le Roy

---

1. « Les éleves portoient à Versailles, tous les ans, des tableaux de génie, pendant que les plus célebres artistes plaçoient leurs ouvrages sans qu'ils eussent été vus du Roy. » (Note de Pierre.)

accorda sur ses bâtimens le surplus des fonds nécessaire au soutien d'une dépense bien supérieure à celle des petittes pensions.

Cet édifice mal construit, mais séducteur par son brillant, élevé contre le vœu général, mais défendu par l'adresse et l'amour-propre, fut la source de maux dont l'Académie ressent encore les suittes.

L'établissement étoit présenté comme un azile secourable aux jeunes-gens dénués de tout, hors d'état de supporter des frais et les études longues et coûteuses avant d'être admis au concours des grands prix ; il se présentoit même un avantage spécieux et non oublié : l'espoir de doubler avec le tems la classe des éleves d'une certaine force.

Tout-à-coup le manque de sujets détruisit le prestige. Il fallut recourir aux expédiens [1] pour ne pas laisser vacantes les places fondées. Les éleves qui avoient remporté les premiers prix dans l'année se trouverent sous la main. On eut beau chercher des moyens, il ne s'en trouva pas d'autre que de supprimer ledit plan vu l'impossibilité de le suivre et de continuer à prendre les grands prix. Pour motiver ce nouvel ordre l'entêtement trouva des raisons. Il étoit avantageux, disoit-on, de familiariser les éleves, dont la route est incertaine, avec les différentes manieres des maltres, et de prévenir, lors de leur arrivée à Rome, le danger d'un premier engoûment ordinaire à l'âge sans principe sûr. L'exposition des tableaux du Roy au Luxembourg devoit servir de comparaison par les copies que l'on y feroit.

Le malheur des tems mit le désordre dans la rentrée des fonds. Insensiblement la dépense de la table fut le seul objet dont on s'occupa. Elle montoit en 1771, lors de la réforme, à 18,000 livres sans les supplémens toujours demandés, surtout par le dernier directeur, et presque toujours accordés. Ce revenu considérable suffisoit à peine à la nourriture du directeur, de six jeunes-gens nés pour la plupart au-dessous de l'aisance de petits bourgeois. Aucune autre partie n'étoit payée et l'on projettoit d'englout:r

---

1. La malveillance et la mauvaise foi de Pierre sont ici évidentes. Ce réquisitoire hypocrite est odieux. Qu'on se reporte pour le réfuter au récit que nous avons fait de la fondation de l'École.

dans cette table les 2,000 liv. d'honoraires affectés au professeur d'histoire et belles-lettres [1].

Sans rechercher les causes du retard dans les études, il faut convenir du fait. Les éleves qui se présentent depuis plusieurs années sont presque tous des hommes faits. Ils ont déjà l'usage d'aller dans la société, d'y jouer un rôle. Ils sont en liaison d'affaires et, par un surcroît de malheur contraire aux études, ils ont adopté le genre et la forme des délassemens nécessités pour tous les âges. Autrefois la jeunesse déroboit au travail des instans. Aujourd'huy ces grands enfans quant à l'art perdent le tems avec décence et sur le bon ton des oisifs de la bonne compagnie. Et ce sont des hommes d'environ trente ans qui sont forcés de se soumettre à la férule des reglemens. Aussi les transgressent-ils parce qu'ils les apprécient ce qu'ils valent... On les avoit faits pour des enfants depuis treize ans jusqu'à dix-huit [2].

L'École composée par des hommes aussi formés que le directeur établit forcément une égalité incompatible avec les regles de la subordination. L'École ne conservera aucune trace de son institution. C'étoit une association dans un lieu où les secours abondans procuroient une augmentation d'aisance secondée par la continuation des affaires lucratives. Les plaisirs y trouverent des moyens et les dissipations antérieures des ressources. Le public, promptement instruit de la conduitte des pensionnaires, rechercha l'École et en fit une manufacture très-commode pour les goûts gênés et très-propre à satisfaire l'avarice fastueuse. De degrés en degrés les éleves parvinrent jusqu'à disputer l'exécution des grands ouvrages aux membres de l'Académie [3]. Les gains multipliez alimenterent un luxe qui humilioit les artistes de mérite mais peu aisés par la privation des ouvrages presque tous enlevés [4] par une

---

1. « Cette conservation folle avoit des causes dont le détail seroit actuellement déplacé icy. » (Note de Pierre.)
2. C'est là une gratuite hypothèse, je dirai même un impudent mensonge qui fit son chemin. Cette pensée exerça une influence considérable sur l'esprit du nouveau directeur général : on le verra par la suite.
3. *Inde iræ*. Précieux aveu !
4. « On ne peut imaginer la quantité de maisons décorées par ces jeunes-gens. Les propriétaires ne manquent jamais d'attribuer ces ouvrages aux maîtres de ces élèves. » (Note de Pierre.)

jeunesse aussi facile sur les honoraires que peu intéressée à une réputation non établie. De cette superfluité naquit la morgue, le renversement total et risible si l'objet n'eût été que frivole.

Si l'on ajoute les nombreuses compagnies qui venoient journellement, le choix de la société composée de personnes occupées par état de tous les plaisirs : on sent à quoy s'employoient les journées. Mais ce qui devenoit dangereux de jour en jour étoit un éloignement raisonné et absolu de toute espece d'études. L'hôtel retentissoit de sarcasmes sur la platitude des anciennes méthodes. Les grands mots de génie et de nature étoient les seuls admis; et l'on oublioit qu'il y a un tems où les lisieres sont nécessaires. Le ton des pensionnaires pénétra dans l'École publique du modele par le rôle qu'y jouoient ces importants en possession des premieres places. Ils ne regardoient le professeur que comme un mercenaire méprisé, souvent insulté. Nulle punition n'atteignoit ces privilégiés. Le régisseur des Arts, le directeur de l'École, celuy de l'Académie, fléchissoient par différens intérêts. M. le directeur général étoit dans la plus grande sécurité du mieux possible, et personne n'auroit osé lever le voile sans courre le risque d'être désigné comme un pédant fâcheux. De plus cet établissement ayant eu l'improbation générale dès son origine, ne réparant rien par ses fruits, n'intéressoit plus.

Tous ces faits ne sont pas exagérés. On sçait les contradictions, même de la part des personnes en place, qu'il a fallu essuyer avant de parvenir à remettre un peu d'ordre dans l'École et l'Académie.

Le seul et véritable berceau de cette succession d'habiles gens qui ont illustré la nation : l'Académie de France à Rome fut stérile [1] pendant près de seize ans par les mauvaises influences qu'elle reçut. Dans le vray que pouvoit-on attendre d'éleves imbus des mœurs de Paris? Qu'a produit cette dépense énorme? Et que pouvoit-elle produire? Le général des pensionnaires de ces tems revenus d'Italie languissent dans l'obscurité après avoir vexé les artistes, lassé les protecteurs par leurs sollicitations et leurs plaintes injustes.

1. C'est faux; on lui envoyait : Doyen, Fragonard, Deshays, Lagrenée, Guyard, Houdon, Clodion, Julien, Pajou, et tant d'autres.

Lorsqu'enfin les circonstances (la mort du directeur) permirent es recherches, le premier aperçu fit résoudre à la destruction. Le cri général de l'Académie [1] s'y joignit, les impressions les plus désavantageuses se répandirent. M. le directeur général s'affermit dans sa résolution par l'examen des détails qui luy furent présentés et par amour pour le bien. Il triompha de sa délicatesse envers son prédécesseur dont la sagesse des vues avoit été surprise, les plans intervertis et les espérances trompées. M. Lemoine recteur luy écrivit une lettre qui, sans parler des abus, expliquoit clairement le vœu des artistes et des amateurs [2]. On ne doit pas se refuser d'en présenter la copie :

« Monsieur, l'événement qui vient d'arriver et qui a privé l'Académie d'un membre qui lui étoit cher me fait hasarder de mettre sous vos yeux des réflexions que je crois utiles à cette même Académie qui s'honore de vous avoir pour chef.

« Le zele seul pour le progrès des arts par l'encouragement de ceux qui ont fait les premiers pas dans la carriere a donné naissance à l'établissement d'une école particuliere, où les éleves éprouvent d'une maniere plus marquée les effets de la bonté et de la protection du Roy. Aujourd'hui que cette école est sans chef, et que S. M. n'a point encore fait connoître ses intentions, permettez-moi, Monsieur, de soumettre à vos lumieres et à votre décision quelques idées simples. Cet établissement a été depuis son origine sous la direction d'artistes distingués aussi recommandables par leur talent que par d'autres qualités. Cependant, Monsieur, il n'aura pas échappé à votre sagacité et à votre pénétration qu'il n'a pas été d'une utilité capable de répondre aux vues de ses instituteurs, aux talents de ceux qui la dirigeoient, et surtout aux dépenses considérables qu'il a nécessairement entraînées. Quels regrets ces mêmes dépenses n'ont pas occasionnés à l'Académie, qui se voit à la veille d'être détruite faute de secours et de moyens, malgré la bienveillance et la protection décidée que vous lui avez accordées dans tous les tems.

1. On voit que mes appréciations de l'indigne conduite tenue par l'Académie envers l'École ne sont pas trop sévères.
2. C'est la cabale dont j'ai souvent parlé.

« Ne seroit-il pas possible, Monsieur, d'employer une partie des fonds que cet établissement absorbe à la conservation et à l'entretien de l'École publique qui renferme les espérances de la nation, les rejettons qui doivent perpétuer l'Académie elle-même, et, sous la protection de Sa Majesté, en maintenir la splendeur et la célébrité dans toute l'Europe. Cet arrangement ne fourniroit-il pas à votre cœur bienfaisant les moyens précieux de satisfaire votre sensibilité en adoucissant la perte d'une famille[1] qui n'a d'autres titres que votre bonté et les services multipliés de ses ancêtres.

« C'est l'unanimité de mes confreres sur ce sujet, dans tous les tems, qui a vaincu ma répugnance et m'a déterminé à vous soumettre ces réflexions. Quelque soit votre décision, Monsieur, je serai convaincu que votre pénétration ordinaire vous aura fait saisir le party le plus avantageux. »

Cette lettre devoit faire beaucoup d'impression, puisque l'amour du bien, *sans nul intérest personnel*[2], l'avoit dictée. Aussi la destruction désirée d'un établissement *proscrit dès sa naissance*[3] fut disposée; son inutilité reconnue. Les suites dangereuses qu'il occasionnoit réformées calmerent les plaintes des personnes attachées aux arts.

Un simple arrêté du conseil, sans lettres enregistrées, le laissoit sous la main du supérieur, lorsque les petittes objections d'un particulier arrêterent tout court. On eut recours à un moyen plus modéré. On pallia des petits abus, sans détruire le mal dans son principe.

M. le directeur général réduisit les six pensionnaires à deux, fixa le séjour dans l'école à une année. Le fond fut diminué en raison de la dépense modérée, la deffense de travailler pour le public renouvellée, l'ordre de ne s'occuper qu'à des études dirigées

---

1. C'était une insigne perfidie que d'associer à son insu l'honnête famille Vanloo aux cupides dénonciateurs de l'École et de la montrer comme attendant sa part au jour de la curée.
2. Qui le croira? J'ai donné maintes preuves de l'ignoble avidité de l'Académie.
3. On voit bien que je ne me suis pas trompé en montrant la main de l'Académie dans toutes les lâches et sournoises attaques dont l'École fut 'objet depuis sa création.

par le directeur confirmé : apres quoy l'on crut avoir remédié au passé et s'être prémuni contre l'avenir.

Mais tel est le sort des plans inutiles : outre ce germe vicieux dans le principe, les circonstances l'aggravent. Les hommes nez le plus avantageusement se corrompent par la forme à laquelle ils sont soumis et deviennent de la meilleure foy les victimes d'une position qui les perd par la seule raison des disconvenances.

L'état, la façon d'être des éleves sont changés par le retard des études. Ils seront donc toujours les mêmes. Telle est la position des choses, sans que l'on puisse en sçavoir plus mauvais gré aux éleves de l'Académie qu'aux autres classes de la nation.

Ainsi, sans se flatter de rompre des plans de conduitte que l'habitude et l'exemple ont fortifiés, il faut partir du point donné... Les éleves seront dorenavant des hommes depuis vingt-cinq ans jusqu'à trente et au-delà. Ceux qui se présenteront plus jeunes pour concourir aux grands prix seront des exceptions : l'inverse absolu de ce qui étoit autrefois. Ils auront donc des liaisons dans la société, objet de dissipation ; un courant d'affaires, obstacle invincible contre l'étude ; peut-être des engagements blàmables aux yeux de l'austérité, et dignes de l'indulgence des gens raisonnables ou de bonne foy.

A quoy doit-on s'attendre dans cette position, si l'on est véritablement juste : à la continuation des mêmes abus, de la perte du tems et d'une espé[ran]ce d'autant plus déplacée que les établissements fondés sur des principes sûrs languissent.

Les deux années retranchées sur le séjour à Paris ont produit l'avantage de diminuer d'autant la perte de tems que l'on ne peut jamais trop regretter ; et l'année qui est accordée à des hommes tels qu'on les a dépeints ne remplit ny le but de l'ancienne institution, ny l'espoir chimérique de la réforme.

1° Le tems est si court que les pensionnaires ne peuvent former aucun plan d'études. Ou ils ont des ouvrages commencés ou ils sont libres. Dans le premier cas, une année, dont la moitié est perdue par le mauvais tems et ces maudits devoirs ignorés autrefois dans la classe des artistes, suffît à peine pour remplir leurs engagemens. Si ils sont libres, que peuvent-ils copier soit d'après l'antique, soit d'apres les grands maîtres. 2° Le reste de cette activité qui porte au travail, de cet enthousiasme qui surmonte les dégoûts, déjà diminués par l'âge, sont totalement anéantis par le séjour de passage dans l'École et, on le dit, par l'aisance dont on y jouit : aisance sur tous les objets. Le tems passe et l'on arrive à Rome tres-refroidi, parce que, dans la premiere jeunesse, on voit le moment présent et l'on agit, et que, dans l'âge fait, on calcule et l'on raisonne ; rien que de naturel dans cette marche.

A ces vices s'en joignent d'autres qui naissent encore de la position. Tantôt les parties qui deviennent des devoirs indispensables lorsque l'on jouit d'une consistance dans la société ; des engagemens de bienséance qui forcent à telle ou telle complaisance, le dira-t-on des petits riens sur la santé puisés dans la société opulente et malade par ennui ; l'excuse motivée du retard dans le payement des gratifications, le tout enfin confirmé par la facilité forcée de la part du directeur d'obtenir la permission de satisfaire à des engagemens antérieurs et de répondre à des demandes qui exigent peu de tems, sont les sources d'où naissent la déprédation des fonds dont l'employ sert aujourd'huy à dorloter la délicatesse du nouveau monde.

Si encore il n'y avoit qu'une inutilité et perte de tems momentanée, ce ne seroit qu'une affaire manquée ! Mais les suittes ? Que deviendra l'Académie ? Par qui réparera-t-elle ses pertes ?

Si on dit : les quatre pensionnaires qui ont été reçus à l'École depuis la réforme ont été estimables par les mœurs, d'où il est à conclure que successivement cet établissement prendra une forme dont les suittes pourront être avantageuses. On accorde aux quatre pensionnaires une conduitte honeste, des desseins véritables de profiter des grâces du Roy ; mais toujours trouvera-t-on les mêmes obstacles involontaires au plus beau zele.

Les deux pensionnaires de la premiere année ont été livrés au public six mois après leur entrée dans l'École. Les deux suivants ont franchi la barriere. Les ateliers destinés à l'étude ont servi aux travaux publics ; quelques soirées ont présenté le phantôme du véritable but de l'institution réformée.

Il faut prévenir une objection : on accusera le directeur de foiblesse. Que peut faire un supérieur vis-à-vis d'inférieurs assez instruits, assez formés pour donner à leur conduitte des raisons motivées et plausibles. Il faut qu'il cede. Lorsque le respect des devoirs est énervé par des répliques qui ne sont destructibles ny par les reglements insuffisants ou déplacés à cause de l'âge de ceux à qui on les présente, ny par un ton de fermeté de la part du supérieur envers les éleves qui approchent de sa consistance, l'état du directeur, celuy des éleves, sont incertains. Qu'en peut-il résulter sinon une anarchie obligée.

Les personnes les moins attachées à l'ordre seroient bien embarrassées de crier au pédantisme, puisque ces observations regardent moins les pensionnaires que l'établissement dont ils ont été les premieres victimes. Mais celles qui souffrent à la vue du désordre rompent le silence lorsque le remede aux abus est facile, sous la main, et qu'il combleroit les vœux des artistes et des amateurs.

L'expérience prouve le refroidissement dans les études, le danger de l'augmenter en reculant le voyage d'Italie, voyage qui doit être au contraire activé plus que jamais, puisque ceux qui y sont destinés ont déjà perdu par les mœurs nationales une portion considérable du tems qui doit être consacré à faire des hommes sûrs dans leur maniere et capables de remplir le service. Et on prédit avec confiance que, si les éleves continuent dans leur façon d'être, le retard dans les études doit augmenter. Ceux qui reviendront d'Italie seront tous prêts du besoin de lunettes. Le beau service à attendre après avoir gaspillé des sommes en pure perte ! Si après tout ce qui a été dit on n'estime pas un pareil établissement inutile ou à charge aux Bâtimens et nuisible à l'Académie, qu'est-il donc? Si l'on ne convient pas qu'une seule année de séjour dans l'école est nulle, mais encore contraire à l'avancement, que l'on en démontre les avantages.

Vu nos mœurs, l'état des grands écoliers qui concourrent aujourd'huy pour tous les prix et surtout pour les grands prix exige un changement de position des éleves par l'éloignement et la rupture des habitudes capables de les détourner de leur destination. La passion des Arts est vive, on l'avoue, mais l'activité se perd

par la longueur des études. Un des points de vue de la jeunesse
est le voyage d'Italie. Si la satisfaction de ce désir est présentée
dans un éloignement trop grand, les inquiétudes sur le succès
naissent et finissent par le découragement. A la rigueur, il seroit
plus utile au service que les éleves partissent pour l'Italie dans un
état moins fait qu'avec un talent trop formé. Il s'en égareroit beaucoup, on en convient, mais ceux qui auroient pris la bonne route
seroient bons, parfois excellents. Depuis nombre d'années, les
artistes qui sont revenus n'ont presque rien acquis et beaucoup
perdu.

Des personnes à teste exaltée opposeront que la dépense regrettée
ne doit être comptée pour rien, qu'un très-habile homme dédom-
mage de tout ; que l'on ne peut trop l'acheter. Sans combattre
ces idées gigantesques, on répond simplement qu'autrefois sans ce
surplus de fonds le roi avoit des artistes en plus grand nombre et
fort supérieurs. Il faut être de bonne foy. Ce qui brille aujourd'huy
est renfermé dans les petits genres et ceux qui rappellent foible-
ment (si l'on veut) les grands maîtres, dont ils ont étudié les principes, sont à la fin de leur carriere ou y touchent de très-près.
Pourquoy les aspirants sont-ils obligés aujourd'huy d'employer la
ville et la cour pour être admis par grâce à l'Académie. Beaucoup
d'entre eux ont été témoins, vu leur âge, de ces tems heureux où
l'on prévenoit le jeune pensionnaire qui arrivoit d'Italie. Souvent
il refusoit des empressemens dont sa modestie le faisoit douter [1].
Que l'on compare ou que par prudence on ne recherche pas les
changemens humilians pour l'Académie et pour les aspirants
survenus depuis l'interversion totale des anciens principes.

L'Académie de France à Rome est trop liée avec celle de Paris
pour ne pas participer aux avantages et aux désavantages. Cet
établissement formé par M. Colbert a toujours été sous la main
de M. le Directeur général ; en conséquence les officiers des Bâtimens ont été à portée d'éloigner successivement l'Académie royale
des relations et même de la prépondérance qu'elle avoit autrefois

---

1. « Au tems brillant de l'École des éleves protégés il s'étoit introduit un
usage bien singulier : le titre de pensionnaire ouvroit les portes de l'Académie. *Inde labes.* » (Note de Pierre.)

sur celle de Rome. Depuis même cinq ou six années les éleves se sont dispensés, on ne sçait pourquoy, d'envoyer à Paris des preuves de leur application; en sorte qu'excepté une sorte de disposition lors du départ des pensionnaires, de proposition pour des chambres vacantes et une lettre de politesse du directeur au jour de l'an, on ignore à Paris ce qui se passe à Rome.

Le directeur, de son côté, s'est fait un grand *contrôle*, et, depuis 'inamovibilité de sa place, il n'est plus question ny de luy ni des éleves. Autrefois l'état des choses étoit tout différent et la correspondance de ce directeur alors triennal produisoit une suitte d'inspections sur les éleves partis de Paris, dont les avantages sont aisés à sentir. Sous l'administration de M. Colbert, les éleves étoient obligés de faire une copie soit en peinture soit en sculpture, lesquelles les bâtimens faisoient tous les frais. On ne peut nier que des copies telles que celles d'après Raphaël au Vatican consommoient un tems trop considérable. Le directeur étant le maître du choix des originaux pouvoit éviter cet inconvénient et ne s'y soumettre qu'en conséquence des ordres du supérieur. A ces copies ont succédé des tableaux de genre ou des études d'après nature dont l'examen produisoit des réflexions que l'on addressoit au directeur. Ce dernier plan rappeloit sous une autre forme la conduite en usage pendant l'administration des Directeurs généraux [1].

Le plus grand agent de relâchement de cette belle fondation a été la continuation des directorats, et l'origine de ce changement, fondé sur des causes louables dans le temps, a rendu la place à vie. Si par malheur un directeur est occupé de sa fortune, tous les moyens de s'enrichir se présentent. On se gardera bien d'aucun détail. Mais on peut dire en gros que les tracasseries entre le directeur et les éleves sont éternelles, que les portes du palais sont fermées à ceux qui auroient le zele d'y aller étudier, qu'il se passe des procédés indécents et contraires aux vues du ministre, et que, par la multiplicité des petites rapineries d'une part et les humeurs

---

1. « Pendant la guerre malheureuse de la Succession, M. Poërson eut ordre de renvoyer les pensionnaires. Il vendit tout et soutint l'Académie à ses frais jusqu'à des tems plus heureux. » (Note de Pierre.)

qu'elles occasionnent de l'autre, il s'ensuit que le Roy est fort
mal servi. Un directeur au contraire qui sauroit qu'il ne doit régir
que trois ans et que sa récompense l'attend à Paris, seroit bien
plus actif à remplir ses devoirs. Mais, dira-t-on, comment trouver
un artiste qui sacrifie un courant d'affaires à une place de
trois ans. Deux réponses à faire : 1° Ce sera toujours une bonne
affaire pour un artiste raisonnable. 2° On le continuera si sa conduite est bonne, et elle le sera dans la persuasion que la continuation ne peut être motivée que par l'exactitude à remplir ses
devoirs. A quoy l'on pourroit ajouter qu'il se trouvoit autrefois
des artistes qui sollicitoient vivement cette place dans la seule vue
de nouvelles études [1]. Si l'on veut ensuitte calculer l'intérêt pécuniaire, on doit considérer deux choses : les émolumens de la
place et les honoraires du travail. Car il est convenable de donner
des ouvrages pour le service du Roy à un homme qui ne doit pas
décemment courir après la pratique. Ainsi une tenture destinée
aux Gobelins est de 25 à 30,000 livres.

Décompte.

Appointements à 6,000 liv. par an, 3 ans....... 18,000 liv.
Des ouvrages pour le Roy environ.............. 35,000

Total................. 53,000

Quel est l'artiste qui mette à part dans Paris, vu le luxe et la
cherté de tout, à peu près 50,000 liv.? Donc il faudroit reprendre
l'ancien usage et faire revivre les anciens reglemens tant pour le
directeur que pour les éleves.

L'école même de Paris exigeroit la même marche si elle méritoit d'être conservée. Car un vieillard est ou foible ou quinteux.
Dans le premier cas il n'a pas d'activité, ne peut plus prêcher
d'exemple; dans le second cas son radotage le rend méprisable
Mais le mieux sur cette derniere est de dire affirmativement : *Car
thago delenda est* [2].

1. « Ne compte-t-on pour rien la réputation qu'acquiert un artiste après
un second voyage d'Italie à la tête d'une École connue de toute l'Europe ?
(Note de Pierre.)
2. Arch. nat., O¹ 1914. La pièce, datée de 1775, est entièrement de la
main de Pierre.

Cet acte d'accusation en forme produisit immédiatement son effet. L'arrêt sollicité depuis si longtemps fut enfin rendu. Pour le plus grand bien de l'Académie, l'utilité de quelques égoïstes et la vanité de quelques artistes aussi jaloux qu'impuissants, l'institution la plus honorable et la plus libérale qu'ait connue le dix-huitième siècle, la seule école spéciale de l'État [1] qui, sous l'ancien régime, ait été exclusivement animée de l'esprit démocratique, l'école des élèves protégés fut radicalement supprimée.

Le Trésor se décide enfin à payer ce qu'il doit depuis tant d'années [2]. Vien, qu'on dépossède de son titre de direc-

1. L'École de Rome était loin de posséder une organisation aussi libérale. L'accès n'en était pas exclusivement ouvert par le concours. Le directeur des bâtiments avait le droit d'y envoyer par faveur des pensionnaires.

2. « État des recettes et dépenses faites par M. Pierre, premier peintre du roy, sur les fonds destinés à l'entretien de l'École des élèves protégés par le Roy à Paris, à raison de 18,700 livres par an, et ce à compter depuis et y compris le quatrième quartier de 1768, que lesdits fonds ont commencé à passer par ses mains, jusqu'au deuxième quartier de 1771, époque de la réduction de ladite école.

DÉPENSES.

Payé à M. Vanloo ou ses héritiers, suivant cinq quittances et pour solde de tout ce qui lui étoit dû pour raison de ladite École.......................... 16,171 livres.

Payé à M. Dandré-Bardon, professeur d'histoire à ladite École, suivant cinq quittances et pour solde de tous ses honoraires................................. 3,000

Payé à M. Cochin, tant en quittances de lui reçues pour comptant chez le trésorier des Bâtimens qu'en argent, suivant quittance générale, pour solde de ses honoraires et de ses avances........ 8,233

A M. Pierre, premier peintre, pour solde de ses honoraires du détail des Arts, jusqu'au 1er juillet 1771. .. 1,000

Payé à M. Joly, commis au détail des arts, pour solde de tous ses appointemens jusqu'au 1er juillet 1771, suivant cinq quittances. 2,400

Payé aux élèves protégés cy-après nommés pour leur pension à raison de 300 liv. par an chacun pendant trois années, sçavoir :

Au sr Claudion, pour deux ans et trois mois qui lui étoient dus de sa pension........................ 675

Au sr Poussin, pour un an et six mois............. 450

Au sr Julien, pour un an et trois mois............. 375

9

teur de l'Ecole de Paris, est envoyé à Rome pour y conduire l'Académie de France. Il partira le 2 octobre 1775. Quant au premier peintre Pierre, le dénonciateur persistant, l'adversaire implacable de notre École, il s'installe tranquille et triomphant dans l'hôtel des élèves protégés, qu'il a su vider à son profit.

De tout ce passé qui s'efface, il ne reste plus là qu'un vieux témoin. C'est le père de Houdon, le pauvre portier de l'hospitalière maison de la place du Vieux-Louvre, le fidèle serviteur qui depuis vingt-six ans ne l'a pas quittée, quoiqu'on ait cessé de le payer pendant de longues années. Il a soixante-dix ans. Le directeur général des bâtiments lui conserve ses trois cents livres de gages et le met à la retraite [1]. Jean-Antoine Houdon recueille son père et bientôt, dans deux ans, nommé académicien, le sculpteur pourra, en entrant à l'Académie, jeter un orgueilleux regard sur le logis paternel, et mesurer d'un coup d'œil la distance qu'il a parcourue.

Au s^r Monot, pour un an et trois mois...............	375 livres.
Au s^r Houdon, pour deux ans et trois mois..........	675
Au s^r Saint-Quentin, pour ses trois années...........	900
Aux héritiers du s^r Lefevre, pour ses trois années.....	900
Aux s^{rs} Boizot, Alizart, Calais, Boucher, Beauvais, Bardin, Julien, Ménageot, Sénéchal, Pilon, Vincent, Barthélemy, Moitte, Lebouteux, Foucou, pour leurs trois années, à chacun....................................	900
« Objets payés d'après la lettre de M. le comte d'Angiviller du 30 septembre 1775 :	
A M. Pierre, pour remboursement de diverses avances.	251 l. 8 s.
A M. Vien, pour ce qui lui restoit dû...............	14 l. 15 s. 9 d.
Au s^r David, élève, pour gratification................	300
Au s^r Norblin de la Gourdaine, pour gratification......	400
Au s^r Houdon, portier de l'Ecole, pour le parfait payement de ses gages....................................	758 l. 17 s.

(Arch. nat., O¹ 1914.)

1. « Le s^r Houdon, concierge de l'hôtel des élèves protégés, étant fort cassé et avancé en âge, car il a bien près de soixante-dix ans, a témoigné désirer se retirer pour vivre auprès de ses fils, l'un sculpteur, l'autre employé dans les Menus-Plaisirs, et M. le Comte a déjà verbalement témoigné à M. Pierre.

Inaperçue par les contemporains, cette suppression était un fait très-grave. Désormais l'enseignement supérieur du dessin n'existera plus à Paris. La tradition, que depuis vingt-six ans conservait et transmettait l'Ecole royale, est brisée. La plus grande anarchie va régner dans l'éducation artiste des générations nouvelles. Des hommes d'un talent de second ordre (car il faut toujours des maîtres) vont être investis de la confiance de l'administration pour instruire aux frais du roi les premiers venus, recrutés par le hasard. Cette suite dans les idées et dans les doctrines, qui avait pendant longtemps retardé la décadence de l'École française et maintenu si haut son vieux renom[1]; le type sur

qui va prendre possession de l'hôtel, être disposé à lui accorder ses gages de 300 livres en retraite. Il est nécessaire que M. le Comte veuille bien donner sur cela une décision écrite pour que le sort de cet ancien serviteur de l'École soit constaté.

« Ce 13 décembre 1775.   Vu bon, D'ANGIVILLER. »

Au *bon* du directeur se trouve jointe la note suivante :

« Le s^r Jacques Houdon, père de MM. Houdon, dont l'un d'eux est sculpteur du Roy, a été concierge d'un hôtel au Roy, concédé d'abord à M. de la Motte, intendant des Bâtimens, devenu ensuite l'hôtel de l'École des élèves protégés et présentement occupé par le premier peintre. Ses gages, sur le pied de 300 livres, lui furent successivement payés à raison de 75 livres par quartier, jusques et compris le quartier de juillet 1775 qui a été acquitté par M. Vien avant son départ pour Rome. »

Le père de Houdon tenait un bureau de tabac à la porte de l'École des élèves protégés. Ceci résulte du document suivant :

« Monsieur de Mazieres.

« 2 avril 1776. — Le s^r Houdon, Monsieur, qui avoit un débit de tabac à la porte de l'ancienne École des élèves protégés (aujourd'hui la maison du premier peintre du roy) du soin de laquelle il étoit chargé, étant dans la nécessité de se retirer, je me vois obligé de lui donner un successeur. Mais comme ses gages sont très-modiques je désirerois fort que pour y suppléer vous continuassiez à ce nouveau portier le débit dont jouit le s^r Houdon et qui en se retirant l'abandonne. Celui que j'ai le dessein de mettre à ce poste est un homme auquel je m'intéresse et je vous aurai une véritable obligation de lui conserver ce moyen de subsister ainsi que sa famille qui est assez nombreuse. J'ai l'honneur d'être très-parfaitement, etc. »

                                        (Arch. nat., O¹ 1914.)

1. Cette pensée a été, à propos de l'Académie de peinture, développée d'une façon remarquable par M. H. Delaborde, dans ses *Études sur les beaux-arts en France et en Italie*, tome I, p. 51 et suivantes.

lequel se modelaient en province les écoles de dessin chaque jour plus nombreuses ; l'étalon sur lequel se mesuraient de multiples manifestations de l'art, tout cela disparaît. Dès lors on comprend très-bien comment, après le naufrage de l'Académie, David trouvera un terrain parfaitement net, parfaitement déblayé, pour y établir ses théories exclusives. On pressent que le besoin d'un chef et d'une direction quelconque jettera à ses pieds toute l'Ecole française, que rien ne rattache plus au passé et qui, n'étant pas sortie des ateliers des plus illustres maîtres, n'a pas hérité de leurs procédés et s'est faite hostile à leur esprit, uniquement parce qu'elle ne l'a pas connu. Au moment où le mal qui travaillait déjà l'Académie lors de la fondation de l'établissement scolaire exerce de nouveaux et plus terribles ravages ; au moment où le désordre et l'incertitude troublent les intelligences, où, par l'effet de la loi libérale de son recrutement, l'Académie, sans compter l'invasion des amateurs, est ouverte à quelques esprits dangereux ; au moment où il faudrait soustraire l'enseignement supérieur des arts à ce milieu académique beaucoup trop mêlé, à de malsaines et périlleuses influences, c'est alors précisément qu'on abandonne la jeunesse sans guide à travers un dédale d'opinions, de contradictions, d'erreurs hardiment professées. C'est là un des signes du temps. Pour les arts comme pour tout le reste, le pays court aux abîmes, et les remèdes désespérés qu'il cherche à s'appliquer ne font qu'aggraver sa maladie.

IV

Le ministre qui vient de fermer l'École des élèves protégés est le comte d'Angiviller. Voici les titres qu'il prend dans les actes qui émanent de la direction des bâtiments du roi : « Charles-Claude Flahaut de la Billardrie, comte d'Angiviller, conseiller du roi en ses conseils, mestre de camp de cavalerie, chevalier de l'ordre royal et militaire de Saint-Louis, chevalier commandeur des ordres royaux militaires et hospitaliers de Saint-Lazare de Jérusalem et de N.-D. du mont Carmel, intendant du jardin royal des plantes, pensionnaire vétéran de l'Académie royale des sciences, directeur et ordonnateur général des bâtiments du roi, jardins, arts, académies et manufactures royales, grand voyer de la ville de Versailles ! » Cet emphatique personnage n'avait été connu jusque-là que par une collection d'histoire naturelle de troisième ordre [1]. Suivant la manie des hommes de l'époque, il a supprimé l'établissement royal pour faire place nette et pouvoir renouveler de fond en comble cette partie de l'enseignement des arts. Nous allons voir les idées du jour en matière d'instruction et pouvoir apprécier combien, depuis la fondation de l'École, le siècle a marché, c'est-à-dire combien il a continué de courir à la décadence.

Le naturaliste, devenu surintendant des Beaux-Arts, était rempli de bonnes intentions, mais entouré des plus fatales influences. Voici ce qui lui était suggéré par la petite coterie

---

1. Voy. *la Conchyliologie* de Dargenville, édition de 1780, tome Ier, p. 252, 253. La notice consacrée à la collection du comte d'Angiviller, si on la compare aux autres, indique un cabinet peu important.

à la merci de laquelle il est livré, par le groupe d'artistes et d'amateurs, qui prétend avoir la haute main dans l'administration des bâtiments. « Ne protégez, disent les premiers, que des enfants en bas âge, en les mettant chez des membres de l'Académie, qui retireront un profit de cet enseignement sans avoir de longtemps à redouter leur concurrence [1]. Laissez-nous, disent les seconds, découvrir le génie à ses premiers symptômes. C'est là le propre des amateurs : pas de ces concours qui ne font triompher que les médiocrités et couronnent moins les qualités véritables que l'absence de tout défaut. Nous nous chargeons de vous composer une école de Raphaëls au berceau et de Michel-Anges à la mamelle. A la gloire de faire fleurir les arts à un degré beaucoup plus éminent que vos prédécesseurs, vous joindrez l'avantage de disposer de quelques places et d'agréer ainsi aux plus illustres personnages de la cour en favorisant leurs protégés [2]. » Les donneurs de conseils, éconduits par Lenormant et Marigny, commencent enfin à triompher. L'œuvre de Coypel n'est pas seulement détruite; sur ses ruines, ils voient s'élever l'établissement dont ils ont tracé le plan et dont ils ont publié une séduisante esquisse [3].

Le premier besoin du nouveau régime étant une réforme dans les finances, d'Angiviller s'efforce tout d'abord de faire le Mécène à bon marché. Il est sur le point d'adjuger la *protection* des jeunes artistes au rabais à quelque entrepreneur, comme par soumission cachetée. Il s'enquiert au-

1. Ces sentiments étaient certainement dans le cœur de nombreux artistes composant à ce moment la majorité de l'Académie. On les trouve clairement exprimés dans tout ce que j'ai cité de leurs manœuvres contre l'École royale des élèves protégés. On les verra crûment avoués dans un mémoire qui suivra. L'institution créée par d'Angiviller ne fut d'ailleurs que la mise en œuvre des idées et du programme exposés dans la brochure rédigée, en 1749 contre la fondation de l'École des élèves protégés.
2. On verra par la suite que je ne calomnie personne.
3. Voyez la *Réponse à la lettre de M. de* ***, réimprimée ci-dessus, p. 42

près de différents académiciens de ce qu'ils demanderaient pour nourrir les enfants qu'on projette de leur confier. Les offres étaient, paraît-il, dérisoires. Brenet répondit le 11 décembre 1775 : « J'ai consulté mon épouse sur les objets de dépense qui peuvent concerner quatre jeunes gens pour la partie alimentaire. Toute réflexion faite, il ne m'est pas possible de remplir vos vues à moins de la somme de 40 sols par jour pour chaque; ce qui fait la somme de 720 liv. par an [1]. » Dès le mois d'octobre, Durameau avait déjà répondu qu'il trouvait la somme proposée insuffisante [2]; et le 10 décembre de la même année, le sculpteur Lecomte avait exprimé le même sentiment [3]. Refroidi par ce premier insuccès

1. Arch. nat., O¹ 1914.

2. « Monsieur, parmi mes élèves il y en a plusieurs de province dont les parents sont très-bornés quant à la fortune; ces jeunes-gens ne peuvent cependant point se nourrir à Paris à moins de trente sols par jour, sans compter six livres par mois pour un petit cabinet garni et les petites rétributions du domestique qui fait leurs lits et balaye le cabinet. Leur dîner très-succinct ne consiste qu'en une soupe suivie du bouilli; le souper est un peu de rôti et une petite salade. Le tout sans vin, et avec une aussi modique chère, il leur en coûte encore douze sols par repas sans compter les déjeunés et les goutés.

« Cette dépense, telle modique qu'on la suppose ne peut pas être évaluée au dessous de 600 livres par année. Les externes qui fréquentent mon École payent sçavoir, ceux qui ne sont pas en état d'étudier d'après le modele, 15 livres par mois, ce qui fait par an 180 livres. Ceux qui dessinent et peignent d'après le modèle payent 18 livres par mois; c'est-à-dire par année 216 liv. Ainsi il en coûte à ces derniers par an, y compris leur nourriture, 816 liv. Ceux de 15 livres dépensent avec leur nourriture 780 livres par an.

« D'après ce détail et la nécessité d'un domestique de plus, qui augmente encore la dépense d'une somme de 600 livres, le peu de meubles nécessaires, le chauffage, papier, crayon, etc., il est évident que la somme proposée est trop au dessous des déboursés journaliers et indispensables.

« Je suis cependant trop disposé à concourir en tout ce qui dépend de moi aux vues nobles et généreuses de M. le directeur général pour ne pas me réduire au prix le plus modique pour la nourriture de ces élèves. Je laisse à sa prudence le soin d'en fixer le montant.

« Quant à moi, ce n'est pas d'aujourd'hui que Monsieur le comte d'Angiviller sçait à quel point je suis dévoué à lui sacrifier ma personne et mes talens, trop heureux d'avoir été jugé digne de contribuer avec lui à former des sujets recommandables dans la république des arts. Je suis avec respect, etc.

« Ce octobre 1775.   DU RAMEAU. » (Arch. nat., O¹ 1914.)

3. Arch. nat., O¹ 1914.

et effrayé des dépenses qu'entraînait son nouveau système d'enseignement de l'art, le directeur général resta un an et demi à méditer son plan. Il poursuivait d'ailleurs d'autres projets et venait même de les réaliser. C'était le moment où d'Angiviller pouvait se croire un grand homme. On lui décernait ce titre de tous côtés. Il venait de détruire, le 15 mars 1777, la maîtrise des peintres et l'Académie de Saint-Luc. L'art officiel criait sur tous les tons au miracle et annonçait que des prodiges allaient signaler l'ère de liberté assurée désormais aux artistes. Par une étrange interversion d'idées, les contemporains saluaient un libérateur de l'art dans le nouveau directeur des bâtiments, dans le peu clairvoyant novateur qui venait au contraire de lui river des chaînes; et l'Académie, certaine que dès ce jour sa tyrannie serait inébranlable, avait l'impudeur de faire frapper une médaille où on lisait : *Libertas artibus restituta*. Grisé par ce succès, par l'adulation intéressée de tous les artistes courtisans et des nombreux gens de lettres ameutés par l'Académie, d'Angiviller crut ne pouvoir ajourner plus longtemps l'application d'une infaillible recette destinée à former rapidement des artistes supérieurs. Il se décida, en juillet 1777, à la mettre à exécution. Une nouvelle démarche fut sans doute tentée auprès des trois maîtres sur lesquels le choix du directeur continuait à se fixer et qui s'en tinrent à leurs premières déclarations. On en trouve le résultat consigné dans un rapport.

15 juillet 1777. — *Résumé des trois lettres écrites par MM. Brenet, Durameau et Lecomte sur le projet relatif aux élèves protégés par M. le directeur et ordonnateur général* [1].

1° Il paroît que M. Lecomte ne peut pas se charger d'élèves sédentaires d'aujourd'hui à deux ou trois ans. Ce contretemps ne dérange rien au projet de M. le directeur général quant à la sculp-

1. Arch. nat., O¹ 1914.

ture, puisque MM. D'huez, Bridan, Mouchy et même Monot, quoique non marié, peuvent accepter la proposition.

2° Les deux peintres se trouvent embarrassés de la totalité du projet. L'incommodité des logements serrés, le manque de domestiques pour avoir soin des chambres, si elles existent, sont des raisons plausibles.

En même temps, on croit possible de concilier les inconvéniens avec les avantages, en se contentant d'engager les artistes de donner seulement à dîner aux éleves dont on les chargeroit. On estime même que ces éleves, veillés toute la journée par leur maître et rentrés le soir dans le sein de leur famille, seroient mieux conduits que dans la précédente école où plusieurs devoirs d'obligation pour la jeunesse n'étoient point compris dans le règlement.

Par le calcul de M. Brenet, le seul repas du dîner pour quatre éleves à 20 sous monte à 1,460 livres. Il n'est pas question d'honoraires. Par celui de M. Durameau, chaque éleve foible dépense par an 780 livres, honoraires compris, ce qui donne 3,120 pour les quatre. Les éleves assés forts pour travailler d'après nature dépensent par an 816 livres, honoraires compris, ce qui donne pour quatre 3,264.

D'où il résulte que ces deux prix surpassent ceux du plan de M. le directeur général.

Il ne reste donc qu'à trouver un parti moyen qui compense à peu près le déficit des honoraires avec le profit sur la nourriture de quatre enfans, réunis à une même table, qui ne mangeront jamais exactement chacun 20 sous pour un repas.

On accorderoit pour quatre éleves 1,600 livres. Il resteroit pour les honoraires des quatre, en partant de 1,460 livres, nourriture, 140; mais si l'on ne compte chacun des éleves qu'à 15 sous par repas, il restera en profit sur la nourriture et pour les honoraires 365 livres.

$$140 + 365 = 505.$$

Les honoraires de 505 liv., partagés en quatre, donnent à chaque éleve............. .... 126 liv.   5 s.

Par mois................................ 10 liv. 10 s. 5 d.

Certainement ce sont des honoraires modestes.

Depuis la réforme de l'École supprimée, cet établissement coûtoit 7,500 livres. Il étoit alloué pour la nourriture des deux seuls éleves par an... 2,000 livres.

Gratification à ces deux éleves................... 600

Le nouvel arrangement donnera des éleves qui ne coûteront par an que 400 livres chacun.

Les douze dépenseront par an 4,800 livres. Donc, de 7,500 liv. il se trouvera une épargne de 2,700 livres.

Le premier peintre Pierre devait être consulté sur ce projet, et le fut en effet. Il répondit par les observations suivantes :

Le grand obstacle contre le projet est d'exiger des artistes qu'ils reçoivent quatre éleves sur le pied de pensionnaires dans toute l'étendue du terme.

Ceux d'entre eux qui ne sont pas mariés, habitués à sortir les soirs pour se délasser, ne voudront pas se soumettre à la gêne de se claquemurer, ou de traîner après eux quatre enfants qui ne seroient pas reçus dans la société.

Peut-on se flatter d'un choix heureux de douze enfans bien nés ? Quel seroit le sort d'un artiste qui se trouveroit chargé de mauvais sujets ? On les renvoyra. Mais les mauvais sujets seront remplis de dispositions pour les Arts.

Quand on parviendroit au point désirable de proscrire la vile populace qui a inondé les Écoles depuis quelque tems, les soins du maître n'en seroient pas moindres si ils étoient susceptibles de quelque agrément. Les obligations n'en seroient que plus fortes. Un enfant né de parens honestes exige plus de vigilance qu'un malotru.

Quel est l'artiste qui soignera des enfans de dix ans dans tous les petits secours que la faiblesse de l'âge requiert ? Si le maître est garçon, les enfans seront à la longue mangés par la vermine, et tomberont dans des maladies, suittes de la malpropreté. Car enfin quel est l'homme de quarante ans, qui, après avoir été très occupé toute la journée, qui a la teste remplie de ce qu'il fera le lendemain, qui puisse s'embarrasser de quatre enfans ? Si l'artiste st marié, sûrement il a beaucoup d'enfans. C'est le produit des ongues soirées dans les ménages où l'on vit à la provinciale. Une emme soigne dix enfans de sa façon; mais peut-on exiger qu'elle m peigne ou tienne avec soin quatre étrangers? On prendra une onne. Voylà encore des gages et une bouche de plus à nourrir ur les 1,200 livres.

L'espérance d'une pension, l'obtention même de cette pension eut dédommager des soins et des peines, mais où sera le dédommagement de cette dépense de la poche journaliere, qui n'est rien dans le moment, mais qui fera des totaux considérables à la fin le l'éducation de chaque fournée.

Un artiste aisé ne prendra point de pensionnaires couchans. Un artiste gêné éloignera des témoins de sa parcimonie forcée. Les croûtes qu'il mange en secret luy tiennent lieu d'ortolans pourvu que son extérieur soit décent. Il ne prendra donc pas de pensionnaires qu'autant qu'ils viendront à son secours par de fortes pensions.

C'est un grand malheur que les peintres aient été forcés de prendre des honoraires, et que par la suitte cette ressource soit devenue un objet de cupidité. Ils sont les esclaves des éleves; mais les choses sont ainsi établies.

On conviendra qu'il est bien plus commode et bien plus utile de recevoir quatre louis par mois, deux si l'on veut, de quatre éleves qui se fournissent de tout, qui payent le bois, les menues dépenses et jusqu'au balayeur de l'attelier; qui font eux-mêmes des commissions, qui débarrassent le maître à la chûte du jour, que d'avoir quatre marmots nuit et jour, à 25 livres chacun par mois, et être chargé de tout jusqu'à leur conduite.

Les domestiques sont très heureux avec 30 sols par jour. Mais quel est le laquais qui n'a pas une cuisiniere qui le nourrit à 8 sols par repas... Tous les maîtres savent cela, et laissent faire la cuisiniere ou le cuisinier [1].

Elle est risible et odieuse à la fois cette insolence de

---

1. Ce document, qui se trouve aux Archives nationales, O¹ 1914, est daté du 15 juillet 1777 et écrit tout entier de la main de Pierre.

l'aristocrate premier peintre proscrivant *la vile populace qui inonde les Écoles*, c'est-à-dire cette libre et fière jeunesse qui, depuis vingt-cinq ans, sous les intelligentes et libérales administrations précédentes, s'ouvrait par le seul concours et par son seul mérite le chemin des talents et des honneurs. Évidemment ce grotesque apostat de l'art rêvait pour la peinture une école de cadets, où l'on ne serait reçu, comme à l'école militaire, que sur preuves de noblesse. Mais si on met de côté l'éblouissement momentané et l'aveuglement partiel qui troublaient l'esprit du vaniteux artiste depuis qu'il était reçu à la cour et avait rang à Versailles, les critiques présentées par Pierre, — il faut le reconnaître, — étaient judicieuses et ses observations pratiques [1]. La direction modifia son projet dans leur sens. Au lieu de demander aux professeurs de prendre chez eux les enfants, on résolut de mettre ceux-ci dans une pension, où un maître d'école se chargerait de les nourrir, de les loger, de les soigner, de les instruire et de les mener aux ateliers des artistes. Le maître choisi tout d'abord fut un nommé Lamarque [2], demeurant rue Jean-Tyson, remplacé plus tard par un sieur Plongenez.

Bientôt, fatigué des difficultés de tout genre, des obsta-

---

1. Il était notamment absurde de vouloir transformer en pères-nourriciers les artistes choisis pour maîtres. Cette nécessité venait de la jalousie de l'Académie, qui ne permettait de secourir et d'instruire que des enfants en très-bas âge. Le malheureux directeur général avait complétement adopté et pris pour siennes les idées de la cabale.

2. « M. Lamarque, maître de pension, rue Jean Tyson.

« 9 septembre 1777.

« Il y a déjà quelque tems, Monsieur, que M. Pierre vous a parlé du dessein où j'étois de placer chez vous douze jeunes gens destinés aux arts, pour y être logés, nourris et y recevoir, indépendamment des leçons de dessin et autres qu'ils prendront au dehors, les instructions nécessaires pour former des artistes éclairés. Il a dû vous prévenir, il y a peu de tems, que j'étois sur le point de mettre ce projet à exécution, afin que vous fissiez préparer chez vous les lieux nécessaires pour recevoir ces jeunes gens et pour que vous vous attachassiez un homme capable de les inspecter et de les instruire de la ma-

cles imprévus qu'il rencontrait depuis plus d'un an dans
la réalisation de son fameux projet, le novice directeur
général pria Pierre de lui soumettre un plan d'une exécution facile, dans lequel les principes généraux posés par
lui seraient appliqués. Le premier peintre, moins heureux
que pour ses critiques, proposa une combinaison dont
l'ineptie égalait le ridicule. Car, d'un côté, poursuivi par
son idée fixe, proscrire la vile populace, de l'autre, se trouvant dans l'impossibilité de recruter son École parmi la
jeune noblesse, le pauvre homme, sans renoncer à formuler
des exclusions, se vit toutefois réduit à ne pouvoir constituer qu'une aristocratie toute spéciale et d'un genre tout
nouveau dans laquelle seraient dorénavant choisis les nouveaux pensionnaires du roi. Il créa donc à cet effet une
classe privilégiée dont il n'était pas bien difficile de faire
partie, puisqu'il suffisait pour lui appartenir de n'être ni
fils de laquais, ni difforme. Mesquines considérations remplaçant les vues élevées qu'aurait dû avoir un administrateur
des arts! Préoccupations étranges et par trop bizarres pour
qu'elles aient pu naître spontanément même dans la cer-
velle la plus troublée! J'en ai voulu connaître les causes et
voici ce que j'ai trouvé. Un des premiers pensionnaires de
l'établissement fondé par Lenormant de Tournehem, depuis

nière convenue. Informé aujourd'hui que vous êtes en état de le recevoir et
même depuis le commencement du mois dernier, je viens d'arrêter mon
choix sur les douze sujets que je destine à entrer dans votre pension, et je
vous annonce que M. Pierre vous les conduira très incessamment. »
(Arch. nat., O¹ 1914.)
« 29 septembre 1777.
(La date du 29 ne doit pas être exacte ; les élèves étaient entrés le 15.)
« M. le directeur général est supplié de faire écrire une lettre au sr de Lamarque, maître de pension chés lequel seront placés les jeunes élèves dont
la liste est ci-jointe. On estime qu'il sera nécessaire d'en écrire une au premier peintre pour constater le concours respectif des deux agens de ce nouvel établissement. M. de Lamarque est prest depuis le 1er août, tant pour
l'espece de précepteur que pour les meubles ; ce qui exigera une gratification
en dédommagement. »
(Arch. nat., O¹ 1914.)

que le succès dans le concours des grands prix assurait seul
la protection royale, le peintre La Traverse, était affligé de
la difformité qui n'avait pas empêché certains artistes italiens de faire de « *il Gobbo* » un surnom glorieux. L'hostilité
systématique pour les enfants sortis d'une condition très-
humble avait un motif encore plus actuel. Le plan combiné
par Pierre était rédigé en juillet 1777. Or, le 26 du même
mois, Jean-Antoine Houdon, fils du portier de l'ancienne
École des élèves protégés, se faisait, avec éclat, recevoir
académicien. De pareils rapprochements de faits ne valent-
ils pas des preuves ? L'homme au cordon de Saint-Michel
— aussi beau sans doute et aussi élégant de tournure qu'il
était noble — ne voulait pas être continuellement exposé à
s'asseoir à l'Académie entre un fils de portier et un bossu.
Et des sentiments de cet ordre lui inspirèrent la belle
conception qu'on va voir.

PLAN D'UN ÉTABLISSEMENT DE DOUZE JEUNES ÉLEVES DE L'ACADÉMIE
ROYALE DE PEINTURE ET SCULPTURE, AUXQUELS ON FOURNIRA
LES SECOURS NÉCESSAIRES A L'ÉTUDE DES ARTS DE PEINTURE ET
SCULPTURE.

On estime que pour remplir les vues de M. le directeur général
dans l'établissement d'une école particulière de douze jeunes élèves
de l'Académie, il est convenable de porter ses réflexions sur trois
objets principaux :

Le choix des éleves,
La conduite dans les études,
La dépense nécessaire à cet établissement.

1° Les douze éleves doivent être choisis depuis l'âge de dix ans
jusqu'à celui de quinze au plus ; au-dessous du premier âge, les
éleves seroient insensibles à l'émulation qui est un grand agent
dans les Arts. Au-dessus de quinze ans les jeunes gens ont une
façon de penser et sont peu susceptibles de se soumettre aux avis
et encore moins aux corrections.

2° Nul enfant né dans un état servile [1] ne doit être admis. Cette regle peut paroître dure ; mais elle est motivée par l'expérience des inconvéniens. On se dispensera de toute discussion, et l'on dira simplement que si la nature donne quelquefois des dispositions à des hommes d'une classe abjecte, ce sont des phénomenes, que ces jeux de la nature sont trop souvent accompagnés de disparates pour ne pas sacrifier quelques particuliers au bon ordre général. Tous les grands artistes ont eu la tête bien faite, plusieurs ont été vertueux. Tous les bamboches du monde ont déshonoré les Arts malgré leur talent.

(On a mis postérieurement en marge du 2° :

« C'est la premiere chose à quoi l'on a contrevenu. Plusieurs de ces enfans étoient enfans de domestiques. »)

3° Les enfans auront des principes de religion, sauront lire et écrire. On demande des principes de religion comme un frein nécessaire dans un âge où la raison n'est pas formée, en entrant dans une carriere remplie de périls d'autant plus dangereux qu'ils influent sur la santé. Le second article n'exige pas de motifs pour le demander.

4° Il ne sera pas nécessaire que les enfants choisis promettent une belle figure ; mais, à moins de talens extraordinaires, on doit éviter les difformités malheureuses. L'Étude demande de la force. Les conformations vicieuses en ont peu ou point. Il y a mille genres

_____

1. Qu'elle ait été inventée par Pierre ou seulement recueillie par lui dans la société d'amateurs où il vivait, — *virtuoses* pour qui les belles manières étoient prisées bien au-dessus du talent — cette idée fit son chemin. Elle préoccupait encore Watelet quand, vers 1786, il écrivait l'article *artiste*, de son *Dictionnaire des arts de peinture, sculpture et gravure.* « Plaignons, y dit-il, nos arts qui, par l'effet d'opinions fausses, n'ont de ressources pour recruter leur jeune milice que les classes où généralement le besoin et l'ignorance se font le plus apercevoir... » Et plus loin : « C'est ainsi que je le rapprocherois (le sujet qu'il prend pour type) des artistes célèbres de la Grèce, qui n'étoient admis à exercer la peinture et la sculpture qu'autant qu'ils étoient *libres*, instruits, exempts de toute impression servile et de tout esprit mercantile. Si mes souhaits, à cet égard, ne peuvent être entièrement réalisés que mon adepte se fasse au moins l'illusion de se croire destiné à consacrer principalement et aussi librement qu'il lui sera possible ses travaux aux héros et à la patrie. » Au grand regret de cet estimable amateur tous les artistes n'étaient pas fermiers généraux et ne pouvaient pas travailler, comme Watelet, pour la gloire ! Ne devons-nous pas nous en féliciter ?

(*sic*, pour gênes) même dans les Arts pour ceux qui ont le malheur d'éprouver de pareilles disgrâces [1].

5° Les enfans des artistes seront à préférer parce qu'il est certain que les dispositions qu'ils peuvent avoir reçues sont plus développées par l'habitude de voir opérer dès la plus tendre jeunesse, et que leurs premieres productions sont bien moins équivoques que tous les charbonnages des autres enfans.

6° Les enfans qui auront des commencemens d'études auront ensuite la préférence, parce qu'il est à présumer que les premiers développemens d'idées faciliteront l'étude des Arts.

Plan d'études.

Les douze éleves seront placés dans une pension déjà établie; ils y seront logés, nourris, blanchis, chauffés et éclairés.

On mettra dans la pension un homme préposé exprès pour veiller sur les éleves, et on exigera que cet homme ait une teinture de belles-lettres.

Il y aura des heures soit dans la journée, soit le soir, destinées à des instructions sur différentes connoissances nécessaires aux Arts, comme l'histoire sacrée ou profane, l'histoire moderne, la fable, la mythologie, la géographie, le costume, autant que le dernier ouvrage fait par M. Dandré-Bardon peut l'indiquer.

Les éleves seront partagés en deux classes qui se distingueront par le talent desdits éleves et non par l'âge.

Ceux d'entre les éleves qui seront les plus avancés iront exactement aux leçons de perspective de l'Académie de peinture et de sculpture, et au cours d'anatomie qui se fait tous les ans.

Pour bien juger de l'état des éleves, l'on se fixera sur ceux qui seront capables de dessiner d'après nature.

1. Voyez comment Watelet traduisit et justifia plus tard cette profonde pensée de son ami Pierre. « La vue prompte et juste, dit-il, la main adroite et flexible sont incontestablement des qualités nécessaires à l'artiste. J'oserai y ajouter, non comme essentielle, mais comme favorable, une conformation heureuse et même distinguée. Les proportions et les formes qui nous appartiennent s'offrant continuellement à nous, il est impossible que nous n'en ayons pas une conscience habituelle, et que l'artiste ne mêle pas machinalement les siennes à celles qu'il dessine et qu'il peint, etc., etc. » (*Dict. des arts de peinture, sculpture et gravure*, v° *Artiste*.)

Les douze éleves seront placés chez des peintres et des sculpteurs pour recevoir les premiers élémens du dessein. Les maîtres auront l'attention d'examiner le premier penchant de chacun des éleves, soit pour la peinture, soit pour la sculpture.

Lorsque chaque éleve aura été une année révolue sous les yeux du maître chez lequel on l'aura placé, il passera dans une école d'un autre genre que celui par lequel il aura commencé.

Les éleves resteront deux ans chez ces nouveaux professeurs, et pres ces trois années d'épreuves on les laissera se livrer totalement au penchant que la nature les forcera de choisir.

Si dans le commencement de l'établissement il se trouve quelque éleve avancé on le fera modeler plusieurs mois chez un sculpteur, s'il est peintre, ou peindre s'il est sculpteur.

La personne préposée pour veiller sur les éleves les conduira le matin chez tous les maîtres, et les ramenera à l'heure du dîner; ainsi l'après-midi, jusqu'à ce qu'ils soient arrivés à un âge capable d'inspirer de la confiance soit contre les accidens, soit contre les écarts naturels à la jeunesse.

Les éleves avancés seront conduits à l'École de l'Académie d'architecture, lorsqu'ils le seront assez pour aspirer au concours du grand prix. Cette étude fortifiera celle qu'ils auront commencée en suivant les cours de perspective à l'Académie royale de peinture.

Aucun éleve ne pourra concourir au grand prix sans le consentement par écrit de son maître.

Dépense de l'établissement.

Pension de douze éleves, à 400 livres chacun....	4,800 l.
La personne préposée, nourriture et gages.......	600
Pour les douze lits, par an......................	288
Pour linge, couverts, blanchissage, etc..........	288
Pour les maîtres, à raison de 12 livres par mois par chaque éleve.............................	1,728
Menus frais, comme étrennes, etc.............	296
Total [1].............	8,000

1. Le *bon* de d'Angiviller sur la copie officielle de ce règlement ne fut apposé que le 20 septembre 1777. (Arch. nat., O¹ 1914.)

A peine remis, le plan composé par Pierre fut immédiatement adopté et d'Angiviller ordonna le 15 juillet au premier peintre de recruter les élèves [1]. Dès le lendemain, 16, le projet fut approuvé par le roi, et le directeur général, après ce laborieux enfantement, eut le plaisir d'exposer son système dans la lettre suivante, adressée beaucoup moins à Pierre (qui savait parfaitement à quoi s'en tenir) qu'à l'Académie, au public et à la postérité.

Monsieur Pierre.

A Versailles, le 16 août 1777.

Vous sçavez, Monsieur, qu'en supprimant entierement l'École des Éleves protégés, déjà extrêmement réduite par M. le marquis de Marigny, mon dessein n'a point été de retrancher les secours que la munificence du Roy a accordés de tout temps à de jeunes artistes qui annoncent des dispositions singulieres, mais seulement à les appliquer d'une maniere différente à cet objet. Après bien des réflexions, je me suis arrêté à un moyen de distribuer et employer ces secours qui m'a paru le plus propre à les rendre profitables aux arts en formant des artistes distingués. Il consiste à faire choix de douze jeunes gens de naissance honnête, âgés au moins de 10 ans et au plus de 15, qui annoncent des dispositions peu ordinaires, et à les placer aux frais du Roy dans une pension où ils soient défrayés de tout frais de nourriture et d'instruction.

1. « M. Pierre.

« 15 juillet 1777. — Je présume, Monsieur, que c'est la mort de M. Coustou que j'ai apprise avec bien de la sensibilité qui vous a empêché de venir à Versailles dimanche. Je me proposois de vous dire que je suis entierement arrêté au plan dont nous avons parlé pour aider un certain nombre de jeunes gens dans leurs études de peinture et sculpture. Toutes réflexions faites, le plan que je vous ai proposé et que vous avez développé est, au défaut de ce que j'avois d'abord projetté, ce qu'il y a de mieux. Il ne s'agit donc plus que de le mettre à exécution et dans cette vue, j'ai chargé M. Montucla de voir le sr Lamarc, le maitre de pension dont vous vous êtes assuré afin qu'il se prépare à recevoir dans peu quelques-uns des éleves. Vous me ferez plaisir de me donner l'état de ceux que vous connoissez déjà comme dignes de secours, sauf à remplir le nombre projetté à mesure qu'il s'en présentera. Le reglement, au surplus, dont vous m'avez envoyé le projet pour la manutension et les études de ces jeunes-gens me paroit fort bien, et je l'approuve entierement. J'ai l'honneur d'être, etc. » (Arch. nat., O¹ 1911.)

Mon intention est que dans le cours de cette instruction ils parcourent tout le cercle des connoissances nécessaires pour former un grand artiste ; qu'ils soient successivement appliqués à la peinture et à la sculpture pour qu'on puisse mieux juger du talent auquel ils seront destinés par la nature. Il entre aussi dans mes vues qu'ils suivent, lorsqu'ils seront suffisamment avancés, les instructions d'architecture données à l'Académie royale d'architecture, afin qu'il n'y ait aucun des trois arts dépendants du dessin qu'ils n'aient étudié et qu'ils ne puissent traiter suivant l'occasion, ou s'en aider dans leurs compositions, quelle que soit la cariere où les portera l'impulsion de la nature. Je ne dis rien de l'anatomie ni de la perspective parceque ces instructions entrent nécessairement dans le nombre de celles qu'on reçoit en suivant les professeurs de l'Académie royale de peinture.

Tel est, Monsieur, le plan d'instruction que j'ai conçu pour les jeunes gens qui seront admis dans cet établissement qui sera sous l'inspection générale du premier peintre de Sa Majesté, lequel aura soin d'avoir l'œil le plus attentif à leurs travaux pour en rendre un compte fréquent au Directeur général des bâtimens de Sa Majesté.

M'étant arrêté à ce plan sur lequel j'ai conféré avec vous plus d'une fois, je n'ai différé son exécution qu'autant qu'il étoit nécessaire pour le mettre sous les yeux du Roy et obtenir son approbation. C'est ce que je viens de faire et je vous annonce aujourd'huy que Sa Majesté l'a approuvé. Son intention est que les secours qu'elle m'autorise à appliquer à cet établissement soyent versés sur des jeunes gens au nombre de douze au plus, de l'âge de 10 à 15 ans, et dans lesquels on aperçoit des dispositions dignes d'être cultivées et encouragées ; qu'ils soyent de préférence pris dans la classe des artistes de son Académie ou dans celle des autres citoyens honnêtes dépourvus de fortune pour donner à leurs enfans les moyens de développer leurs talens. Le surplus des détails de cet établissement fera l'objet d'un reglement particulier qui sera approuvé par Sa Majesté.

Il est donc à propos que vous ne tardiez point à me donner la liste des jeunes gens qui sont dans le cas de mériter cet encoura

gement avec les détails convenables sur leur naissance, leur âge,
leurs dispositions, afin que je sois à portée de faire un choix, et
que d'après l'état que je vous enverrai vous puissiez les installer
chez le maître de pension qui doit en avoir soin et que je sçais en
état de les recevoir. Je désire fort ne pas tarder de voir cette institution mise sur pied, parce que j'en espere des effets fort avantageux pour les Arts. Je ne doute pas que l'Académie royale de
peinture n'y voye les mêmes avantages que moi et surtout qu'elle
n'y reconnoisse une nouvelle preuve de l'attention que Sa Majesté
veut bien donner à faire prospérer les Arts dans son royaume,
ainsi qu'à verser des grâces sur ses artistes en leur procurant le
moyen de donner à leurs enfans, s'ils annoncent des talens dignes
d'eux, une éducation toute dirigée à former des artistes de la premiere distinction. J'ai l'honneur, Monsieur, etc. [1].

Le directeur des bâtiments ayant laissé au premier peintre
le soin de choisir les douze premiers élèves, Pierre lui re-
mit la liste suivante :

« NOMS DES ÉLÈVES PROPOSÉS POUR ENTRER DANS LA
NOUVELLE PENSION CHEZ LE S^r LA MARQUE.

Sculpteurs.

Jean-Edme Dumont, fils d'académicien;
François-Augustin Fortin;
Antoine-Nicolas Lebègue, fils d'un tourneur-ébéniste.

Peintres.

François Watteau, fils de peintre;
Pierre-Adrien Renou, fils du sieur Renou, premier
commis au bureau de l'enregistrement des rentes;
Jean-Louis-Joseph Hoyer, fils d'orfévre;
Ferdinand-Nicolas Godefroy, fils de peintre;
Jean-Jacques Oger, fils d'un libraire-imprimeur;
Jean-Charles Tardieu, fils d'académicien;
Pierre-François-Nicolas Duflos, fils d'un employé;

1. Arch. nat., O¹ 1914.

Jean-Charles Protain, fils d'un peintre de décorations;
Jean-Pierre Thiboust, fils d'éventailliste [1]. »

Le comte d'Angiviller approuva cette liste le 9 septembre 1777 et en même temps il exprima à Pierre, dans une lettre, l'impatience qu'il éprouvait de connaître les premiers résultats de la nouvelle institution [2]. Les douze sujets furent installés le 15 septembre 1777, rue Jean-Tyson, chez le maître de pension Lamarque [3]. Ils avaient été auparavant présentés dans les ateliers de leurs professeurs respectifs. Ces maîtres furent d'abord, comme peintres, Brenet et Durameau. Quand ce dernier fut appelé à Versailles par son service de garde des tableaux, on lui substitua Vincent à partir de 1784 [4]. David,

1. Arch. nat., O¹ 1914.
2. « Monsieur Pierre.   9 septembre 1777.
« J'ai reçu, Monsieur, dernierement les noms des douze jeunes-gens que vous me proposez pour commencer à mettre à exécution l'établissement que j'ai projetté pour élever aux frais du Roy et d'une manière entièrement dirigée vers les arts ce nombre de sujets choisis dans l'honnête bourgeoisie et parmi ceux qui annoncent le plus de dispositions à se distinguer dans cette carriere. Je viens d'écrire au sᵣ Lamarque qui est le maître de pension avec lequel vous êtes convenu de tous les détails de la manière dont ils seront inspectés et instruits dans l'intérieur de la maison. Ainsi, en approuvant la liste que vous m'avez donnée et dont je vous envoye ici copie signée de moi je vous autorise à les remettre au sᵣ Lamarque...
« Je pense que vous avez vu les artistes chez lesquels ces jeunes gens travaillent, que vous avez fait prix avec eux et que vous les avez prévenus que désormais leurs mois seroient payés par le Roy.
« J'attens avec impatience que vous me donniez nouvelle de l'entrée de ces jeunes-gens dans la pension du sᵣ Lamarque, ainsi que de la marche de ce nouvel établissement auquel il est inutile que je vous recommande d'avoir l'œil. Vous sçavez l'intérêt que j'y prens et les espérances que j'en ai conçues.
« P. S. (de la main de M. le directeur général.) Il faut distribuer les éleves chés M. Durameau et chés M. Brenet. Quant au sculpteur il faudra que vous me l'indiquiés. Je vous prie d'avoir la plus grande attention à ce que ces jeunes-gens connoissent les deux Arts. Il faut que cet établissement rende en France d'habiles gens. » (Arch. nat., O¹ 1914.)
3. Lettre de Pierre du 12 septembre 1777. « Les douze éleves seront installés lundi prochain. » (Arch. nat., O¹ 1912.) Le 12 septembre tombait en 1777 un vendredi et le lundi suivant était le 15.
4. Voici quelles avaient été les propositions de Pierre pour le remplacement de Durameau. « M. Ménageot remplaceroit bien M. Durameau, dont l'atelier devenant vide passeroit au premier qui est en rang pour aspirer à

en 1787, reçut, contrairement au règlement, deux élèves, Huint et Gérard; l'éducation du premier lui était même payée par le roi[1]. Le sculpteur choisi à l'origine avait été Lecomte. Comme il n'était pas libre, ou ne voulut pas accepter, on prit Mouchy[2]. Mais cet artiste laborieux et peu communicatif ne se prêtant pas beaucoup à l'éducation de la jeunesse, on le remplaça par Pajou qui, concurremment désigné avec lui pour cet office, resta seul à enseigner la sculpture aux protégés du roi[3]. Le naïf directeur général s'était cru, dans son premier enthousiasme, appelé à renouveler les plus beaux temps du xvie siècle. Il voulait que les élèves pratiquassent tous les arts à la fois. Ils devaient, en conséquence, travailler alternativement chez un peintre et chez

un atelier. Ce seroit une des clauses qui motiveroit la grâce qui le charge de l'instruction de quatre élèves. M. David seroit bien bon aussi, mais il n'a pas d'atelier dans le Louvre et peut-être seroit-ce un sujet de jalousie s'il l'emportoit sur son ancien et adjoint... Son tableau de réception fait déjà du bruit. » (Arch. nat., O¹ 1914.)

1. « ... M. Huint, chez M. David (il y était avant d'entrer à la pension et par grâce on l'y a laissé, et les honoraires de M. David, année 1787, sont portés dans son mémoire aux bureaux), est entré en janvier 1787, âgé de quatorze ans; caractere assés doux, mais mol; travaille médiocrement à la pension. » (Rapport fait au directeur des Bâtiments en mai 1788.)

(Arch. nat., O¹ 1915.)

2. « Le choix du sculpteur capable de former deux élèves n'est pas difficile, d'autant plus que pour assurer mon jugement j'avois pris le parti de demander à plusieurs artistes : Où mettriez-vous votre fils, si vous ne pouviés pas le former dans la sculpture chez vous ? Les voix se sont réunies en faveur de M. Mouchy, parce qu'il n'a pas de maniere et qu'il consulte la nature. Les artistes peintres pensent de même. Mais ce vœu général fait naitre une difficulté. Des quatre élèves sculpteurs, deux sont chez M. Pajou, un chez M. Berruer et le quatrième, nommé Fortin, est chez M. Lecomte, son oncle. » (Lettre de Pierre du 12 septembre 1777. — Arch. nat., O¹ 1912.)

3. « ... MM. Durameau et Brenet, peintres, MM. Pajou et Mouchy, sculpteurs, ont été désignés professeurs particuliers de l'École. M. Mouchy, homme laborieux et renfermé, ne se prête pas beaucoup à la jeunesse. » (Lettre de Pierre à d'Angiviller du 17 juillet 1783. Arch. nat., O¹ 1926.) — Dans une lettre de 1783 Pierre avait proposé de remplacer Mouchy par Gois : « Son talent, dit-il, est connu. Il est fort sédentaire. » (Arch. nat., O¹ 1914.) Voir aussi une lettre de d'Angiviller à Pierre du 25 juillet 1783. (Arch. nat., O¹ 1926.)

un sculpteur, pour connaître tous les procédés, avant de se consacrer plus spécialement à une des branches des arts du dessin. Ce beau projet de philosophe ne put jamais se réaliser et contribua à augmenter le désarroi de la pauvre institution [1].

Au commencement tout, en apparence, n'alla pas trop mal. Les premiers élèves pouvaient offrir quelques chances de succès. Ils étaient pour la plupart enfants d'artistes, et comme l'ouverture de l'école n'avait pas été publiée longtemps d'avance, les solliciteurs et les intrigants, qui en ignoraient l'existence, n'avaient pas encore pu l'envahir. Presque tous ces artistes, dont les parents avaient été admis, les firent profiter de la pension du sieur Lamarque, mais leur enseignèrent à travailler dans leur propre atelier. C'était absolument contraire au programme de la fondation. On ferma les

1.   « Monsieur Pierre.   A Versailles, le 26 juin 1780.
« Vous vous rappelez, Monsieur, que lors de l'établissement des élèves pour les Arts dont le Roi paye la pension et les frais d'instruction, il fut arrêté pour rompre la disposition trop commune à contracter une manière exclusive que chacun d'eux, après avoir travaillé pendant quelque tems sous un maître, passeront sous un autre. Je remarque avec quelque surprise que cela n'a point encore été exécuté, quoiqu'il y ait déjà quelques années d'écoulées depuis cet établissement. Je suis néanmoins entièrement décidé à maintenir ce règlement qui me paroît, après y avoir de nouveau réfléchi, très utile et très important. Vous voudrez donc bien sans différer lui donner exécution de la manière que vous jugerez la plus avantageuse pour le bien de ces jeunes artistes. Je ne présume pas que vous y trouviez des difficultés et des oppositions. Mais quelles qu'elles soyent, je suis fermement résolu à passer par-essus. La révolution du semestre où nous allons entrer me paroît très propre à cette opération, et je compte que vous serez incessamment à même de m'instruire de son exécution. J'ai l'honneur d'être, etc. »
« Il y a eu à cette lettre *post scriptum* de la main de M. le directeur général, correctif pour raison et lénitif pour motifs, comme inutiles à laisser à la postérité. » (Arch. nat., O¹ 1914.)
« J'estimerois, Monsieur le comte (dit Pierre dans une lettre du 17 juillet 1783 dressée au directeur général), qu'il est temps de faire changer les élèves peintres qui ont été placés chez des sculpteurs, et *vice versa*. Cette marche n'a pas eu un véritable succès, et je n'en puis trouver les raisons. En les renant à leurs premières études l'on peut espérer un renouvellement d'émulation. » (Arch. nat., O¹ 1926.)
Voir une autre lettre de d'Angiviller à Pierre, du 25 juillet 1783. (*Ibid.*)

yeux. Le jeune Tardieu resta complétement chez Cochin, son cousin, en jouissant de l'avantage pécuniaire de la pension [1]. Fortin, de même, ne quitta pas son oncle le sculpteur Lecomte, et, grâce à une solide éducation de famille, obtint, en 1781, le grand prix de sculpture. Vignali et Taraval, après avoir été, quelque temps et pour la forme, recueillis dans la maison du roi, remportèrent aussi le grand prix. Ce furent les seuls succès que connut cette école, et qu'elle n'obtint qu'au mépris complet des lois de son organisation.

1. Lettre de Cochin au directeur des Bâtiments, du 12 janvier 1783. — Voici cette lettre, assez platement obséquieuse, que je ne puis croire sincère de la part d'un homme aussi clairvoyant que Cochin, de la part d'un esprit aussi pratique, de la part de l'un des anciens fondateurs de l'École des élèves protégés.

« Monsieur, entre tous les bienfaits que vous avés répandus sur les Arts et sur les artistes, l'un des plus essentiels est certainement l'établissement de la pension dans laquelle vous faittes élever de jeunes artistes. Vous en avez déjà vu les fruits d'une maniere bien satisfaisante. Le jeune Vignali, Taraval, plus jeune encore, ont gagné de grands prix à l'âge où auparavant à peine méritoit-on les petittes médailles. Quelques autres encore annoncent des dispositions qui promettent des succès semblables. Combien n'est-il pas à espérer que plusieurs deviendront des artistes de la plus grande célébrité !

« Parmi ces jeunes-gens, il en est un auquel je m'intéresse sensiblement, comme parent et comme le fils d'un artiste respectable par ses talens et par ses mœurs. C'est le fils de M. Tardieu, mon cousin, graveur et académicien. Son pere, quoique avec des talents distingués, mais dont il ne tire presque aucun avantage par l'extrême lenteur qu'une malheureuse habitude prise de jeunesse lui fait apporter à son travail; ce pere n'étoit point à portée d'élever trois enfans. Je me suis chargé du plus jeune et je veille à son entretien et surtout à ce qu'il ne lui manque aucun des secours nécessaires à l'étude de son art. C'est un soulagement considérable pour moy que la grâce que vous lui avez faitte en l'admettant à cette pension. Il a des dispositions tres marquées et M. Durameau, son maitre, en espere beaucoup. Malheureusement sa santé est tres délicate... Je vous supplie donc, Monsieur, de vouloir bien permettre que je le retire chez moy pendant quelques mois jusqu'à ce que je le puisse croire rétabli, etc.

« C'est la grâce que je prends la liberté de vous demander et j'ose espérer que dans cet intervalle, ce jeune homme se montrera digne des camarades qui l'ont précédé.

« J'ai l'honneur d'être, avec un profond respect, votre tres-humble et tres-obéissant serviteur.

« 12 janvier 1783.

COCHIN. »
(Arch. nat., O¹ 1914.)

La génération exceptionnelle du début, la première promotion, si je puis parler ainsi, une fois sortie, il fallut absolument désespérer de l'établissement royal.

Dans l'École des élèves protégés, que cette *petite pension* prétendait remplacer, l'entrée était ouverte au seul mérite personnel. Une place de peintre ou de sculpteur y était-elle vacante, un des derniers grands prix la recevait à l'ancienneté, ou, en l'absence de tout candidat, un concours spécial était organisé pour la remplir. Ici, tout se donnait exclusivement à la faveur, avec le cynisme le plus effronté. Cependant l'administration des bâtiments conserva, au commencement, quelques scrupules. Certaines consciences, encore susceptibles de délicatesse, cherchèrent à mettre la petite pension des arts à l'abri des manœuvres et des intrigues. Un inconnu, certainement employé dans les bureaux de la direction, car il était au courant de toutes les affaires, présenta au ministre le mémoire suivant :

Le sieur Courtois est un chirurgien qui fit en effet solliciter Monsieur le comte en 1778 pour obtenir en faveur d'un enfant, son beau-fils resté à sa charge, une des places de la nouvelle pension pour les jeunes artistes, et Monsieur le comte lui fit espérer qu'il disposeroit un jour d'une des places vacantes en lui ajoutant qu'il falloit qu'il préparât ce jeune homme à mériter cette faveur en le mettant chés un artiste de l'Académie, ce qu'il paroît avoir fait en le plaçant chés M. Renou dont il invoque le témoignage ainsi que de M. Pierre sur ses dispositions. Monsieur le comte avoit au reste déjà promis la première place vacante à M. Bellicart pour son fils. Au moyen de cette sollicitation de M. le comte de Launoy, de celle de M. Dupont, des sujets présentés par M. Pierre, sans compter la promesse faite à madame Le Rebours, voilà déjà bien du monde pour la première place vacante.

Il est doux en effet pour des parents de pouvoir placer un enfant en lieu où il ne coûtera pendant 5, 6 ou 7 ans ni nourriture, ni instruction, et il n'y a nul doute que plusieurs tâcheront d'y placer les leurs, fussent-ils certains que ce seroit en pure perte pour eux et pour le Roy.

Il me semble donc qu'il faudroit : 1° en rendre l'entrée plus difficile en n'y admettant que des jeunes gens déjà instruits dans le dessin et doués de dispositions réelles; 2° de fixer un tems ou une épreuve d'après laquelle on sortiroit de cette pension. Car des jeunes gens entrés dans cette école à l'âge de 12 ou 15 ans y resteront-ils jusqu'à ce qu'ils ayent gagné un grand prix pour être envoyés à Rome, c'est-à-dire peut-être jusqu'à vingt-cinq ou vingt-six ans ou au-delà 1 ?

Le directeur général reconnut la justesse de ces observations, provoqua et accepta un projet de règlement qui lui fut présenté. On crut avoir ainsi opposé une digue infranchissable aux envahissements du favoritisme.

REGLEMENT POUR L'ÉCOLE DES ÉLEVES ENTRETENUS PAR SA MAJESTÉ POUR LES ARTS DE PEINTURE ET DE SCULPTURE 2.

14 janvier 1782. — L'intention de S. M. n'étant pas de multiplier le nombre des artistes médiocres, mais de fournir à de jeunes artistes dont les moyens sont extrèmement bornés les secours nécessaires pour cultiyer d'heureuses dispositions, Elle a jugé à propos d'arrêter le reglement ci-après pour la pension des éleves qu'elle entretient à Paris pour les Arts de peinture et de sculpture.

ARTICLE PREMIER.

Le nombre des éleves entretenus dans cette pension n'excedera jamais, pour quelque raison que ce soit, celui de douze.

ART. II.

On ne pourra y être reçu qu'autant qu'on sera déjà assez avancé

1. Cette pièce porte en haut la mention suivante : « Répondu le 11 décembre 1780. » (Arch. nat., O¹ 1914.)
2. Voici la lettre d'envoi adressée par d'Angiviller à Pierre avec ce règlement : « A Monsieur Pierre. — Vous trouverez ci-joint, Monsieur, le reglement relatif aux éleves pour les Arts, entretenus par le Roi à Paris, lequel doit servir dorénavant de regle pour cet établissement. Vous voudrez bien en communiquer au maitre de pension ce qui doit le concerner afin qu'il s'y conforme. J'ai l'honneur, etc. A Versailles, 14 janvier 1782. »

(Arch. nat., O¹ 1934.)

dans le dessin pour que l'on puisse juger des dispositions du sujet et de son goût pour les Arts.

ART. III.

On ne sera pas reçu à la pension susdite passé l'âge de treize ans accomplis, si l'on ne sçait que dessiner [1].

ART. IV.

Si cependant, passé cet âge et ayant quinze ans au plus, un sujet étoit déjà assez avancé dans la peinture ou dans la sculpture pour donner de grandes espérances, il pourroit être admis.

ART. V.

Passé dix-neuf ans accomplis, on sortira de l'École, soit qu'on ait remporté un prix ou qu'on n'en ait point remporté.

ART. VI.

Tous les ans il sera présenté par le premier peintre à M. le Directeur général des bâtimens de S. M. un état des sujets entretenus par le Roy, avec des notes relatives à leur conduite, leurs mœurs et leur avancement dans l'un des deux Arts.

ART. VII.

S'il arrivoit qu'un jeune homme qui auroit annoncé des dispositions se négligeât tellement que les espérances qu'il avoit données fussent évanouies ou à peu près, il sera renvoyé de la pension.

ART. VIII.

Il en sera de même si un sujet tenoit une conduite décidément mauvaise, refusoit de se soumettre à la regle établie dans l'École, ou avoit des mœurs propres à corrompre ses camarades.

ART. IX.

Les jeunes gens entretenus dans la pension susdite passeront alternativement pour la continuation de leurs études du dessin de chez un peintre chez un sculpteur.

ART. X.

Les jeunes gens suivront le cours de perspective à l'Académie le plus exactement possible; lorsqu'ils auront atteint l'âge de

1. On lit en marge : « M. le comte a agréé l'âge de treize ans et l'a écrit de sa main sur l'expédition de M. Pierre. »

quinze ou seize ans au plus tard, leur instituteur rendra compte de leur exactitude ou des raisons qui pourroient la suspendre.

ART. XI.

Parmy ces éleves, ceux qui sont assez forts pour travailler d'après le modele seront tenus de faire voir tous les jours leurs figures ou leurs modeles aux professeurs [1].

ART. XII.

Lesdits éleves doivent ne manquer aucuns jours à l'Académie sans une cause légitime, et leur instituteur sera tenu d'en rendre compte au premier peintre dans le cas où les causes d'absence paroîtroient devoir se prolonger.

ART. XIII.

Le maître de la pension rendra tous les trois mois au premier peintre un compte de la conduite des éleves, afin qu'en cas de besoin, il puisse en instruire M. le Directeur général et prendre ses ordres.

ART. XIV.

L'objet de l'instruction littéraire des éleves étant de leur procurer les connoissances nécessaires pour former des artistes éclairés, le maître de pension aura soin de donner aux plus jeunes les principes de lecture, d'écriture et d'orthographe qui sont les bases de toute éducation, et, à l'égard des plus âgés et de ceux qui seront suffisamment instruits, il s'attachera à leur enseigner l'histoire, la géographie et à leur donner une teinture des belles-lettres en leur faisant lire les poëtes principaux, tels que Homere, Virgile, à cause des peintures sublimes qu'ils présentent, Ovide, à cause de la mythologie, dont la connoissance est essentielle à un artiste, enfin les autres poëtes les plus célebres en choisissant de préférence ceux qui présentent des tableaux à l'imagination.

Malheureusement le pli était pris. Le règlement ne put rien empêcher ni rien réformer et tout, dans l'École, continua à marcher comme auparavant. On n'y était reçu que par

---

1. On lit en marge : « D'aucuns pourroient prendre le ton des éleves de l'ancienne École. »

e plus ou moins de crédit des personnes qui vous appuyaient
et sollicitaient pour vous. Sans examiner à peine le candidat proposé, on s'occupait exclusivement de son patron. On
arriva même, dans les bureaux des bâtiments, à ne désigner
es élèves que par les noms de leurs protecteurs. On les
appelait *officiellement* le Protégé de M. de Choiseul, le Protégé de M. de Würmser, le Protégé de M. de Chérisy,
e Protégé de la duchesse de Liancourt, etc. Voici, à titre
d'exemple, comment étaient choisis les pensionnaires et à
quelles formalités ils étaient astreints ; quelles garanties
étaient exigées d'eux.

Vous m'avés fait espérer, mon cher Directeur, une place pour le
ils de mon maître d'hôtel [1] qui annonce du talent et surtout de
l'amour pour l'art de la peinture et de l'aplication au travail. Il y
en a trois de vacantes. Seriés vous assés bon pour vouloir bien
vous ressouvenir de luy et luy en donner une ? Je l'espere de votre
amitié.

Ma reconnoissance égalera les sentimens d'amitié et de respect
que je vous ai voués.

Ce 6 novembre 1782.   LE BAILLI DE BRETEUIL.
Mille respects à Madame d'Angivillié.

Le 13 novembre 1782 d'Angiviller lui répondit :

Vous me rappelez, Monsieur, une promesse à laquelle je me fais
un vrai plaisir de donner exécution. Je viens de charger M. Pierre
de placer le jeune homme auquel vous vous intéressez dans
l'École des jeunes artistes élevés aux frais du Roy. Si vous voulez
bien le lui faire amener par son pere, il le remettra aussitôt au
maître de pension. Je profite avec empressement de cette occasion
de vous renouveller l'assurance de l'inviolable attachement avec
lequel j'ai l'honneur d'être, Monsieur, etc. [2].

1. Par hasard l'enfant n'était pas indigne d'être recommandé. C'était
François Gérard. C'est, dans cette École, le seul exemple qu'on puisse citer
d'une protection, sinon clairvoyante, au moins heureuse dans son choix.
2. Arch. nat., O¹ 1925.

« Le 19 mars 1784, M. Pierre, » dit le secrétaire des bâtiments dans un rapport au directeur général, « propose de
faire entrer dans l'école un sieur Louis-Nicolas-Auguste
Osmont, *qui est sans doute le protégé de M. le marquis de
Choiseul* [1]. » Et d'Angiviller s'empresse de lui répondre
le 28 mars : « Vous me proposez de remplir une des places
vacantes en l'accordant à un jeune élève nommé Louis-Nicolas-Auguste Osmont, auquel s'intéresse M. le marquis de
Choiseul, qui vous a écrit à ce sujet. Je suis très-disposé à
faire sentir à un protégé de M. le marquis de Choiseul l'effet de l'intérêt qu'il prend à lui, etc. [2]. » Admis sans examen, cet enfant se fit bientôt chasser de l'école. Les places
d'élèves étaient bonnes apparemment, car elles ne furent
pas dédaignées pour leurs enfants par MM. les employés des
bâtiments du roi, quand les liens de la camaraderie leur
permettait de contrebalancer les plus hautes influences de
la cour. Un certain Collet, qui appartenait à cette administration, fit admettre son fils le 4 avril 1784 [3]. Ce malheureux était tellement inintelligent qu'on fut obligé de le renvoyer. Voulant ajouter en apostille un argument irrésistible
à une lettre de sollicitation pour une place d'élève, le premier commis fit à d'Angiviller le rapport suivant : « 20 octobre 86. Demande très-instante de M. de Mars d'une place
de pensionnaire-élève pour les arts, en faveur du sieur
Huin, fils d'un peintre de ce nom, *qu'on assure* avoir eu du
mérite. M. DE WURMSER S'Y INTÉRESSE BEAUCOUP [4]. » L'enfant
n'avait pas l'âge réglementaire exigé pour entrer, mais le
considérant si habilement introduit par M. de Montucla [5]
fit évanouir toutes les difficultés. Voici enfin, à la date du

1. Arch. nat., O¹ 1926.
2. Arch. nat., O¹ 1926.
3. Arch. nat., O¹ 1914.
4. Arch. nat., O¹ 1924.
5. C'était le nom du premier commis de la direction des Bâtiments.

2 décembre 1786, le curieux résumé d'un rapport du premier peintre, qui s'y plaignait de la détestable conduite et de la nullité des étudiants. Trois renvois sont déclarés nécessaires. Mais la direction est peu touchée du déplorable résultat de l'enseignement qu'elle paye ; elle ne voit qu'une chose : c'est que trois places vacantes sont à donner; et, avec un plaisir nullement dissimulé, le secrétaire du directeur ajoute : « De tout ce rapport il résulte *au moins* qu'il y a trois élèves à renvoyer de la pension, ce qui mettra M. le directeur général à portée de remplir les trois demandes qui lui ont été faites : 1° par madame la duchesse de Liancourt, en faveur du sieur Million, promesse faite pour la première place vacante dès l'année dernière; 2° par M. de Vienne, l'inspecteur, pour son fils : M. le comte lui a donné des espérances ; 3° par M. de Mars pour le sieur Huin : M. le comte lui a témoigné les plus favorables dispositions pour le cas où il y aurait une place vacante [1]. » Ces vacances si avidement guettées étaient trop lentes à se produire au gré de l'impatient directeur. Il s'efforçait de les hâter, et écrivait des lettres comme celle-ci :

Monsieur Pierre.

Ce 26 novembre 1787.

Vous m'avez envoyé, Monsieur, il y a quelque temps, un état de la pension des jeunes artistes protégés qui me donne lieu de vous demander quelques éclaircissements. J'y vois un sieur Girard que vous me marquez avoir dix-huit ans, c'est-à-dire être dans sa dix-neuvième année. N'est-il pas en conséquence dans le cas de quitter l'École en ce moment ? Car dans ce cas j'aurois un sujet à y placer, s'il a d'ailleurs les qualités requises. Mais avant que de répondre à la personne qui s'y intéresse, j'attendrai votre réponse [2].

Quelques enfants pauvres, comme deux fils de Paillet,

1. Arch. nat., O¹ 1914.
2. Arch. nat., O¹ 1914.

l'huissier-priseur, furent, à la vérité, admis sans qu'intervinssent des ministres ou des ambassadeurs [1]. C'était une rare exception, car le plus scandaleux népotisme ne cessa de régner dans la distribution de ces places. Pendant tout le temps que dura la petite école, on ne rencontrerait qu'un seul refus catégorique opposé aux sollicitations d'une personne de la cour. Et encore le solliciteur, tout méritant qu'il pût être, fut-il maladroit. Un certain Thierry, qui était premier valet de chambre du roi, avait cru nécessaire de s'assurer tout d'abord le concours de Pierre pour faire entrer dans la pension royale un de ses jeunes parents, placé déjà chez un artiste et n'offrant pour toute garantie qu'une « physionomie heureuse ». Mais quelle autre garantie pouvaient fournir des bambins de douze ans! Pierre, prévenu, écrivit à d'Angiviller le 17 juillet 1783 : « Le sieur Protain, peintre des bâtiments du roi, a dessein de retirer son fils de la petite pension. Par l'événement qui se présente il pourroit se faire un arrangement. On m'a dit que vous aviez reçu un placet en faveur d'un parent de M. Thierry, premier valet de chambre. Ce matin on m'a amené le jeune homme. Il est âgé de treize à quatorze ans. Son maître actuel est M. Gillet. M. Poussin s'en est occupé. Vous décidères, Monsieur le comte, si vous jugés à propos de le faire remplacer M. Protain le fils. J'ajouterai que, plus on pourra remplir l'école d'enfants bien nés, plus les fonds destinés à leur éducation seront bien employés [2]. » Le sieur Thierry n'était pas sans doute

---

1. La recommandation d'un certain M. Dupont, ami de d'Angiviller, suffit. Il s'agit bien ici des enfants de Paillet, l'huissier-priseur, et non de ceux de Paillet, marchand de tableaux, propriétaire de l'hôtel de Bullion, où se faisaient presque toutes les ventes de cette époque. Il est expressément dit dans la supplique rédigée en faveur de ces enfants que leur mère est *veuve du sieur Paillet, huissier-priseur*. Le marchand de tableaux ne mourut qu'en 1814. Cf. *le Catalogue d'Aumont*, édition du baron Davillier, p. 9 et 10.

2. Arch. nat., O¹ 1926.

un personnage très-important ni d'un crédit considérable, ou plutôt le directeur des bâtiments n'entendait pas que Pierre, très-mal vu d'ailleurs dans ses bureaux [1], se donnât l'apparence de disposer des petites places. Alors que les règlements étaient journellement foulés aux pieds et violés par tout le monde, il répondit par une fin de non-recevoir tirée de ces mêmes règlements : le candidat est trop âgé [2]. Au fond, la place était promise à quelque enfant protégé de plus haut et qui se trouvait au-dessus des règlements.

Avec un pareil moyen de recrutement, on devine aisément ce que pouvaient être les études. L'examen des faits ne dément pas les conclusions suggérées *a priori* par la raison. Toutes les notes des professeurs sont conservées dans les papiers des bâtiments du roi. Je ne puis fatiguer le lecteur de cette longue suite de plaintes, de demandes d'expulsion, de ces continuelles constatations de la nullité et de l'inefficacité de l'enseignement. Pour justifier ma sévérité, je citerai seulement quelques exemples.

Lettre de Pierre à d'Angiviller.

9 septembre 1785.

Monsieur..... J'ay profité de la circonstance pour approfondir les jugemens que portent MM. Brenet et Vincent sur les éleves qui leur ont été confiés. M. Brenet trouve que les éleves actuellement chez luy sont presque tous trop jeunes pour permettre de rien prononcer de positif.

Cependant : le sieur Gudin, entré en 1781, continue à travailler avec amour, va à l'Académie, mais son génie ne se développe point.

Le sieur Rebours (Favorin), de 1782, annonce quelques premieres dispositions. Sa jeunesse l'empêche d'avancer.

1. Je ne sais pas pourquoi, mais le fait est certain. Voy. aux Archives nationales, O¹ 1910.
2. Lettres du 25 juillet 1783 à Pierre et à M. Thierry. (Arch. nat., O¹ 1926.)

11

Le sieur Beauvillain, en 1783, a eu bien de la peine en commençant. Il faut attendre.

Gérard, de 1784, est né avec des dispositions, promet du génie, travaille et est fort doux ; écoute son professeur.

Wailly, entré en 1785, n'est encore rien.

Paillet, rien, en 1785, est à peine initié.

M. Vincent s'est expliqué plus clairement dans une lettre qu'il m'a écrite comme un résumé de ce qui s'étoit dit.

...Le sieur Houpa, constant dans le travail, fait quelques progrès.

Le sieur Paillet, auquel on ne fait pas de reproches, n'est pas né, mais c'est un enfant.

Le sieur Colet est celuy qui démontre le plus qu'il ne parviendra jamais à rien.

Le sieur Osmont est à peine entré. Il est de cette année. M. Vincent prétend qu'il se reprocheroit de garder les deux foibles et que, même en supposant quelques tentatives envers Paillet, il ne peut se prêter à aucune espérance pour le jeune Colet. Il dit avoir pour élève un excellent sujet qui a tout en sa faveur, excepté les ressources qui lui manquent absolument, et je sçais que cet élève est celuy que protege M. le marquis de Cherisy. Voilà une occasion de faire deux bons arrangements d'une seule opération.

Maintenant, Monsieur le comte, voicy le maitre de pension:

Gudin est toujours le plus doux, le plus honnete et celui qui annonce la meilleure éducation.

Rebours, doux, écrit et compte, commence à entendre l'histoire et la géographie.

Beauvillain, sujet foible, tardif, qui acquerra.

Gérard, bon sujet à tous égards.

Wailly, bonnasse, mais lâche, mais paresseux.

Paillet (*major*), doux, mais paresseux.

Houpa, très-bon sujet.

Collet, pas trop. Son père veut le retirer à ce que l'on croit.

Paillet (*minor*) est un enfant.

D'Osmont est à la bavette.

Dupré, sculpteur, grand coureur.

Jacomin est dans le courant.

De ces observations il résulte que l'élève Colet ne restera pas et eut être remplacé.

PIERRE [1].

9 septembre 1785.

Rapport de M. Pajou, l'un des professeurs choisis, sculpteur [2].

Dupré, polisson, grossier, menteur, très-inappliqué, nulle disposition ; dix-neuf ans.

Jacomin, *idem, très-idem.*

PAJOU.

Décembre 1786.

Précis du rapport de M. Pierre sur les jeunes artistes élèves aux frais du Roy ou plutôt de celui de leurs maîtres [3].

2 décembre 1786.

Suivant ce rapport il y a trois ou quatre de ces élèves qui sont dans le cas d'être renvoyés ou de sortir de la pension.

1° Le sieur Houpa, dix-neuf ans, et suivant M. Vincent absent depuis trois mois, non de la pension, mais de chez lui, sous prétexte de chercher de l'ouvrage. On ne dit pas du reste s'il a du talent, mais il sent lui-même que son temps est fini.

2° Le sieur Dupré, dix-neuf ans, qualifié fort mal par son maître, M. Pajou, et surtout comme n'ayant aucune disposition. Le sieur Plongenez dit de lui : ne faisant rien, volontaire et coureur.

3° Le sieur Jacomin *idem*, suivant M. Pajou et le sr Plongenez.

4° Le sieur Gudin, environ dix-neuf ans, et suivant M. Brenet annonçant très-peu de dispositions, point de talent pour aucun genre.

Paillet l'aîné, M. Brenet a apostillé son nom d'un *rien* ; etc., etc.

Après le passage de la première génération des protégés, le Roi, on peut l'affirmer, n'entretint plus dans la pension du sieur Plongenez que de petits polissons. C'est le terme dont les maîtres se servaient pour apprécier leurs élèves. Trois d'entre eux montrèrent, par exception, un peu de

1. Arch. nat., O⁴ 1915.
2. Arch. nat., O⁴ 1914.
3. Arch. nat., O¹ 1914.

bonne volonté et firent concevoir des espérances. Ce furent
les jeunes Chantriaux [1], de Vienne [2] et Metoyen, entrés : le
premier en 1786, le second en 1784, le troisième en 1788.
Mais de tous les enfants qui sont passés par cette école, un
seul a depuis laissé un nom ; c'est François Gérard : ce fils
du maître d'hôtel de M. de Breteuil, l'élève reçu au mépris
de l'aristocratique règlement du premier peintre qui ex-
cluait sans examen les fils de domestiques [3]. Je ne sais si
cette heureuse irrégularité a été utile à l'auteur de *Psyché*
et de *Corinne*, mais il est certain que Pierre ne fut pas
consulté à cet égard, et que celui qui interdisait l'étude
des arts sous la protection du Roi aux enfants privés de
certains quartiers de noblesse ou de bourgeoisie, aurait im-
pitoyablement fermé la porte au futur baron Gérard, au

1. Élève de Pajou avant d'être entretenu par le roi, Chantriaux travailla
successivement sous Vincent et sous Bervic. Tous ses maîtres en firent grand
cas : *Lettre adressée au directeur général.*

« Monsieur,
« Les changemens qui vont se faire dans la petite École m'ont fait penser
qu'il étoit nécessaire de vous présenter des détails plus circonstanciés sur les
élèves. J'ai donc l'honneur de vous adresser les avis signés des professeurs
et du maître de pension en observant à ces Messieurs que chacun s'expliquât
dans sa partie. Le jeune élève Chantriaux, le protégé de M. le marquis de
Cherizi, avoit marqué un penchant invincible pour la gravure. Je dis alors à
M. Vincent de l'essayer chez M. Berwick, que je n'aurois pas l'honneur de
vous en parler avant que d'avoir quelque certitude du choix. En conséquence
le jeune élève a continué de travailler trois jours chez M. Vincent et trois
jours chez M. Berwick. Aujourd'huy, Monsieur le comte, la vocation est déclarée. M. Berwick est enchanté de son élève. M. Vincent a signé son avis,
en sorte que j'estimerois qu'en laissant le jeune élève pendant le tems de sa
pension chez M. Vincent, on ne le livreroit à la gravure qu'à sa sortie. Et
enfin l'on auroit un graveur qui sçauroit dessiner, qui connoîtroit la couleur,
puisqu'il en auroit pris des leçons. M. de Cherizi, M. Vincent, et M. de Berwick concourent au sort de cet estimable jeune homme. 7 novembre 1786.
« PIERRE. » (Arch. nat., O¹ 1914)

2. « Le nommé de Vienne annonce de tres grandes dispositions. Il aime
à s'instruire ; il travaille beaucoup. » (Rapport de Brenet au directeur général
du 15 mai 1788. Arch. nat., O¹ 1914.)

3. Voir ci-dessus, page 143, Article II. — Voyez aussi la note qui accompagne cet article. Elle fut ajoutée postérieurement et très-probablement par
Pierre.

futur premier peintre de la Restauration, à son futur successeur. Les comptes que les maîtres de la petite école rendirent du travail du jeune Gérard sont les plus anciens documents que nous connaissions sur les débuts du célèbre artiste, et méritent à ce titre d'être tirés de l'oubli.

Voici ces appréciations :

En 1785 : « Gérard, de 1784, est né avec des dispositions, promet du génie, travaille et est fort doux, écoute son professeur[1]. — Gérard, bon sujet à tous égards[2]. »

En 1786 : « Girard (*sic*), tres-honnete, jeunesse, non en mauvaise part, dix-sept ans[3]. — Girard (*sic*), a dix-sept ans environ, né pour faire quelque chose, mais donnant dans la mode David et n'écoutant pas son maitre ; ayant la souplesse d'un jeune homme né à Rome et d'une mere italienne. Du reste, honnete, quoique têtu et tenant à ses préjugés ; — laborieux[4]. »

En 1787 : « Girard (*sic*), dix-huit ans, poli, honnete, travaille, mais sort trop[5]. »

L'entretien de Gérard à la petite pension ne devait cesser qu'au mois de novembre 1788. La mauvaise tenue de cette malheureuse école le dégoûta sans doute, et il ne profita pas de ses avantages jusqu'au bout. D'Angiviller écrivit à Pierre le 9 mai 88 : « J'ai appris par votre derniere lettre l'espece de désertion du sieur Gérard de la pension du sieur Plongenez, ce qui laisse à ma disposition une place de jeune éleve dans cette pension[6]. » Brenet, son maitre,

1. Lettre de Pierre au directeur général, du 9 septembre 1785, résumant le rapport de Brenet. (Arch. nat., O¹ 1914.)
2. *Id.*, *ibid.* Ce jugement est répété dans le *Bref état des éleves*, remis au directeur général par le premier commis des Bâtiments. *Ibid.*
3. Rapport du maitre de pension Plongenez, du 2 décembre 1786. (Arch. nat., O¹ 1914.)
4. Rapport de Brenet du 2 décembre 1786. (Arch. nat., O⁴ 1914.)
5. Rapport du maitre de pension. (Arch. nat., O¹ 1918.)
6. Arch. nat., O¹ 1914. La vacance qu'il souhaitait, comme on a pu le voir, p. 159, le consolait surabondamment de la désertion et du dédain méprisant qu'elle témoignait.

fit, le 15 mai 1788, un rapport au directeur des bâtiments dans ces termes : « Je ne vous dit (*sic*) rien du nommé Gérard. Vous savé (*sic*) qu'il m'a quitté à la fin de mars[1]. » Il était entré chez David.

Le concert universel des plaintes provoquées par la *petite Pension des Arts* — car tel était un des noms officiels de cette école — finit par importuner le directeur général au point de l'obliger à demander au premier peintre une sévère enquête sur l'établissement royal. Pierre répondit le 25 mai 1788 :

Monsieur, pour avoir l'honneur de répondre à vos vues, j'avois rassemblé les obstacles impossibles à parer qui se sont opposés à la réussite de la petite école. J'avois aussi développé les sentimens des personnes capables de proposer des observations. J'ay fini par tout supprimer parceque, dans le vray, cet établissement a suivi la marche ordinaire de tous ceux dont la protection s'empare et en intervertit le régime.

Les pauvres sujets qui en sont sortis et qui en général en sortiront ne feront que propager la médiocrité des talens. La misere, le peu de lumieres des classes d'où sortent ces enfans, n'offrent que des automates, l'avarice des protecteurs qui ne connoissent souvent leurs protégés que par des propos d'antichambre a remplacé les examens précédents sur les dispositions et est devenue le titre qui a transformé en hôpital une école des arts. L'on pourroit prouver que des enfans mieux nés, lors des premiers choix, s'y sont dégradés. Les parents qui espéroient un mieux se sont trouvés si mécontents qu'ils n'ont pas daigné marquer la moindre gratitude et plusieurs éleves ont disparu sans prévenir. Feu M. Belicart a tenu une conduitte indécente. Le compte que l'on rendoit de ces procédés ne faisoit nulle sensation.

L'éloignement des artistes trop honnetes pour ne pas partager un morceau de pain avec leurs enfans auroit dû faire calculer l'estime et la considération de l'Ecole. Trois artistes s'empresserent,

1. Arch. nat., O¹ 1914.

à son ouverture, d'y placer leurs parens. L'un, vrayement sur-
chargé par sa famille, y fut forcé ; les deux autres, par une parcimonie connue ; mais tous les trois firent leur marché et portèrent
atteinte aux reglements en retenant leurs neveux chez eux. A leur
exemple chaque marmot se crut en droit de les enfreindre. Les
professeurs choisis étoient dédaignés, et ils recevoient souvent des
honoraires pour des soins qu'ils ne prenoient pas. Rien n'a conservé sa forme. L'excellente idée de varier les genres d'études est
devenue impraticable, malgré les tentatives réitérées de la personne
chargée d'y veiller. Les parens, les amis, les maîtres mêmes se
mettoient à la traverse, les cours de perspective et d'architecture
n'étoient proposés que pour être rejettés. Il est vray que la paresse
ou l'ineptie en éloignoient les éleves.

L'atelier du professeur sculpteur est devenu désert. Car quel
éleve y reste-t-il aujourd'hui et depuis longtemps? Onze peintres
contre un sculpteur! Aucun des éleves n'a percé sous la férule de
l'Ecole et ce qui est classé actuellement ne promet rien, excepté
les sieurs Chantriaux et de Vienne. L'éleve Vignali étoit formé
avant que d'entrer et a resté à peine un an. Taraval n'a jamais
quitté l'école de son oncle. Le jeune Fortin est dans le même cas,
et ne fait pas encore sensation depuis son retour d'Italie.

L'École n'a donc rien produit ; mais comme elle n'a été proposée que comme un essay, rien ne contrariera les partis que l'on
pourroit prendre. Des artistes ont pensé que les secours étoient
prématurés, et que huit pensions de 500 liv., réparties à des éleves
assés avancés pour faire juger de ce que l'on en pourroit espérer,
seroient suffisantes pour le nombre des bons sujets ; qu'on ne
devroit les accorder au plus tôt qu'à ceux qui auroient gagné une
seconde médaille au moins ; et que, pour éviter *les désordres passés,
les brigues et les intrigues nouvelles*, ces pensions ne seroient
accordées qu'après un concours jugé par l'Académie. Il est certain que c'est lors de la seconde à la première médaille que
les secours peuvent être bien appliqués, puisqu'alors les études
sont dispendieuses. Le grand prix remporté seroit le terme du
bienfait.

Les circonstances concourent à une suppression. Si l'on s'y déterminoit, les raisons d'économie feroient taire les propos, cesser les vexations des protections. Encore une observation : les éleves peintres qui se sont présentés pour le concours des grands prix ont étonné par leur talent; pas un de la petite École!

J'ay l'honneur de vous adresser, Monsieur le comte, les nouveaux avis des maltres et en originaux, et je n'y ajoute pas le mien parce que, préoccupé du principe que l'on ne fait pas des artistes et que la nature les forme, l'on me suspecteroit de tenir à mon opinion. Mais Boucher, né dans la misere, comptera toujours parmi les habiles gens, malgré tous ses écars. Pierre, né avec tous les avantages, s'est arrêté dans le tems de sa force. Il a eu tort ou raison. Mais voilà deux artistes, dans deux positions très-éloignées, et qui seront cités, sauf les commentaires... Ni l'un ni l'autre n'ont rien dû aux secours... La nature les avoit destinés à être de grands peintres... Les suites ne comptent point.

Je dois justice aux professeurs qui m'ont dit qu'ils rougissoient de recevoir des honoraires en pure perte. Les nommés de Vienne et Chantriaux promettent. Le premier est encore bien neuf, le second ne vient pas au concours des médailles. Le pourquoy est ignoré... encore se trouve-t-il des moyens de les aider.

Je suis, etc.   PIERRE [1].

Voilà ce que, d'une main défaillante et beaucoup moins ferme que sa pensée, écrivait le vieux Pierre au directeur général, le 25 mai 1788. Cette lettre fut comme le testament du premier peintre; car un an après, presque jour pour jour, le 15 mai 1789 [2], il allait rejoindre, à Saint-Nicolas-du-Chardonneret, dans la tombe de la chapelle Saint-Charles, ce Charles Lebrun, qui avait ouvert cette dynastie des premiers peintres du roi de France que lui, Pierre, allait clore pour longtemps [3]. On ne pouvait formuler de plus vives accusations contre l'École des protégés,

1. Arch. nat., O¹ 1914.
2. Piot, *État civil de quelques artistes français*. Paris, 1873, in-4°.
3. Vien, son successeur immédiat, eut à peine le temps d'entrer en charge avant la Révolution.

i requérir avec plus de franchise et d'indépendance. Le ieillard qui se sent en présence de la postérité, ne se donne lus la peine de paraître modeste. Il avoue tout haut le bien u'il pense de lui-même. Il a le courage de reconnaître qu'il 'est trompé. Nous serions injuste de ne pas lui tenir compte le cette tardive conversion. Pierre, illuminé en quelque orte par les approches de la mort, a parfaitement com- ris ce qui a fait déchoir l'École. Il indique un moyen le la relever en lui rendant la dignité par le concours qui uvre la carrière aux plus habiles, tandis que la faveur ne econde que d'indignes sujets ou dégrade le talent capable le l'accepter. Son projet, c'est tout simplement le retour u vieux programme de 1748, aux idées de Coypel, de Lé- icié et de Lenormant de Tournehem. C'est la reconstitu- ion, à bien peu de choses près, de la vieille maison de la lace du Louvre, par laquelle est passée, pendant vingt- inq ans, une génération d'hommes d'un talent, sinon tou- ours supérieur, au moins toujours honorable.

Mais le directeur général n'entendait pas de cette oreille. 'était un des ressorts de sa puissance que ces douze places u'il distribuait sans contrôle, au mieux de ses propres inté- êts, pour complaire aux gens haut placés. Il était lié d'ail- eurs pour longtemps encore. Il avait promis à trop de grandes lames d'ouvrir une sorte de crèche aux enfants qu'elles laigneraient protéger. Pierre, l'ardent adversaire des écoles le peinture, bien qu'ayant raison cette fois, n'eut malheu- eusement pas gain de cause. La pension continuera encore leux ans à être, suivant son énergique expression, *un ôpital* entretenu par le roi, sans bénéfice pour l'art. D'An- iviller répondit au premier peintre :

Versailles, 2 juillet 1788.

J'ai reçu, Monsieur, les réflexions que vous m'avez adressées oncernant la petite École. Je ne puis disconvenir que ses succès n'ont pas répondu jusqu'à ce moment à ce que j'avois lieu d'en espérer. Mais je ne suis pas de votre avis sur les causes de ce peu de succès et je pense qu'il ne tient qu'à des circonstances particulieres. Je suis persuadé même qu'une main séverement tenue à l'exécution de tous les règlements faits pour la manutention de cette école l'auroit rendue plus utile. Ces raisons me déterminent à attendre encore quelque temps pour prendre un parti sur cet objet.

Vous m'avez appris au surplus que, par la sortie du s^r Gérard, anticipée de quelques mois, il se trouve une place vacante et vous n'ignorez pas que j'ai promis à Madame la comtesse de Choiseul-Gouffier la premiere place vacante en faveur du fils du s^r Firmin, qui vous a été déjà présenté il y a environ un an. Vous verrez aussi sous lequel des peintres de l'Académie il vous conviendra le placer [1].

Ce pauvre Pierre, qui se complaisait à détruire les établissements mêmes qu'il avait concouru à fonder, n'eut donc pas, avant de mourir, la joie de voir supprimer la petite école. Mais son successeur, J. M. Vien, nommé premier peintre en 1789, hérita de ses justes préventions et continua à protester contre le scandale. A peine arrivé au pouvoir, il exprima franchement son opinion dans un rapport au directeur général :

NOTE SUR LA PETITE PENSION D'ÉLÈVES ARTISTES.

Il va y avoir tout à l'heure un éleve dans le cas de sortir de l'École, sçavoir le s^r Le Rebours qui a 18 ans, mais avant que de statuer sur son remplacement, il est à propos de sçavoir si Monsieur le comte continuera cet établissement qui, à dire vrai, n'a rien produit d'avantageux, sinon pour leurs familles qu'il a soulagé de leur subsistance et instruction telle quelle ; car il n'y a pas eu encore un seul de ces éleves qui ait remporté un prix, et le résultat de tous les comptes-rendus de ces jeunes gens a été que c'étoient ou de petits polissons ou des enfans qui n'annonçoient que des dispositions médiocres. Or ce n'est pas pour multiplier les artistes médiocres que cette école a été instituée.

1. Arch. nat., O¹ 1914.

La circonstance actuelle est extrêmement favorable pour revenir en arriere à ce sujet. Monsieur le comte aura sûrement beaucoup de dépenses à élaguer par une suite de la fixation de ses fonds, car sûrement ils rétrograderont.

S'il y a quelques jeunes éleves comme le jeune Metoyen et le jeune Leroy qui annoncent vrayment des talens à venir, il n'est pas impossible de les aider d'une autre maniere bien moins coûteuse [1].

Ce n'était pas encore assez pour faire revenir d'Angiviller sur le compte de sa fondation ! M. de Montucla, son chef de cabinet, mit en haut de cette note : « Répondu le 21 mars 1790, » et en marge : « M. le comte a jugé à propos de différer encore un peu à prendre un parti sur cet objet.» Il ne faudra rien moins qu'un des plus grands événements de notre histoire pour débarrasser les arts de cette ridicule, malsaine et tenace institution.

Nous sommes au mois de juin 1790. L'ancien régime s'écroule. Necker est rentré aux finances. Les prodigalités ne sont plus de saison. L'art, d'ailleurs, est bien oublié au milieu des agitations politiques. Les protecteurs commencent à émigrer. La liste civile n'est plus en état de faire des largesses en leur lieu et place. Le directeur général des bâtiments, qui n'a plus personne à ménager, se décide enfin à supprimer la pension des élèves-artistes. Il écrit la lettre suivante, dont le brouillon, chargé de notes révélatrices, subsiste pour prouver que personne n'était de bonne foi dans la défense de cette misérable école, que personne n'avait gardé d'illusions dans cette honteuse parodie de l'enseignement et de la protection des arts.

Monsieur Vien.

8 juin 1790.

Vous vous êtes, Monsieur, sûrement attendu que les circonstances actuelles nécessiteroient des économies dans toutes les bran-

1. Arch. nat., O¹ 1926.

ches de l'administration des bâtimens de S. M. Il en est une qu'a-
près avoir pris les ordres du Roi je ne dois pas tarder davantage
de mettre à exécution. C'est celle de la suppression de la pension
des éleves entretenus pour les Arts. Les réductions que S. M. est
dans l'intention de faire sur les fonds de ses bâtimens ne permet-
tent plus cet encouragement qu'elle avoit bien voulu accorder à
de jeunes gens qui annonçoient des dispositions pour former un
jour des artistes estimables. Il est donc à propos d'abord que vous
annonciez au sieur Plongenez qu'à datter du premier juillet prochain les jeunes gens commis à ses soins seront retirés de chez
lui et que, conséquemment, toutes les dépenses relatives à cette
institution en ce qui le concerne cesseront; en second lieu, de prévenir les parens des jeunes gens qu'ils ayent à les retirer de
l'École à la datte susdite.

C'est sans doute avec regret que je me vois obligé de retirer
aux Arts cet encouragement, *mais je ne puis d'ailleurs me dissi-*
muler qu'il n'a nullement répondu à mes vues et à ce que j'en
attendois. J'ai l'honneur d'être, Monsieur, etc.

Le dernier membre de phrase souligné fut effacé après
qu'une autre main eut mis en marge : « Cela est trop vrai.
mais c'est un aveu qu'il ne faut pas faire. » On y substitua
ceci : « C'est sans doute avec peine que je me vois obligé de
retirer aux arts cet encouragement; mais les circonstances
me commandent impérieusement cette réforme [1]. »

Ainsi finit cette école, piteuse conception du monde politique, moins clairvoyant que bien intentionné, qui entoura
l'avénement de Louis XVI. Il avait suffi d'une cabale d'amateurs prétentieux, des critiques de quelques artistes jaloux
et affamés pour faire disparaître la belle et utile institution
établie par Coypel, sous la direction de Lenormant de Tournehem. Au contraire, la vicieuse création de d'Angiviller,
grotesquement organisée par Pierre, se trouva si bien pro-

1. Arch. nat., O¹ 1914.

tégée par l'esprit de routine, si bien défendue par les mauvais instincts de l'administration française, si bien appréciée à la fois par les intrigants et par leurs protecteurs intéressés, qu'elle ne put être déracinée que par le vent impétueux qui ébranlait alors la monarchie. Et encore nous aurions tort de faire à la Révolution trop d'honneur de cet acte de moralité. Ce bienfait fut indirect et involontaire. Vivace le 21 mars 1790, la petite école ne mourut que le 8 juin, parce qu'on lui coupa les vivres. Sans cet accident, elle aurait pu se croire immortelle comme les tristes sentiments de la nature humaine qu'elle satisfaisait, et qui savent s'accommoder de tous les régimes.

V

LISTE

PENSIONNAIRES DE L'ÉCOLE ROYALE DES ÉLÈVES PROTÉGÉS

Alizart (Jean-Baptiste), de Compiègne, P., élève de Deshays, entré à l'école après avoir obtenu, en 1764, à l'âge de vingt-huit ans, le premier prix de peinture réservé de 1763. Sorti en 1768; parti pour Rome en août 1770.

Amand (Jacques-François), de Paris, P., élève de Pierre, né en 1730, entré à l'école le 20 octobre 1756, à l'âge de vingt-cinq ans, après avoir obtenu, en 1756, le premier prix de peinture réservé de 1755; sorti le 5 septembre 1758; agréé par l'Académie en 1765; académicien le 26 septembre 1767; mort le 6 mars 1769. Voy. Mariette, *Abecedario;* Prosper de Baudicour, *le Peintre Graveur français continué,* tome I, p. 138; E. Bellier de la Chavignerie, *Dictionn. des artistes de l'École française.*

Bardin (Jean), de Montbard, P., élève de Lagrenée et de Pierre, né le 21 octobre 1732, entré à l'école après avoir obtenu le premier prix de peinture de 1765; agréé par l'Académie le 27 mars 1779; n'est pas devenu académicien; membre correspondant de l'Institut; directeur de l'école des Beaux-Arts d'Orléans;

mort le 6 octobre 1809. Voy. Bellier de la Chavignerie, *Dictionn. des artistes de l'École française.*

Beauvais (Jacques-Philippe), S., entré à l'école en 1764, après avoir obtenu le premier prix de sculpture de cette année; sorti en 1767.

Berruer (Pierre-François), de Paris, né en 1734, S., élève de Michel-Ange Slodtz, entré à l'école à vingt-trois ans, le 20 octobre 1756, après avoir remporté le premier prix de sculpture réservé de 1755; sorti le 5 septembre 1758; agréé à l'Académie le 7 avril 1765; académicien le 23 février 1770; mort le 4 avril 1797. Voir *E. B. de L.* — Piot, *État civil d'artistes français.* — Herluison, *Actes d'état civil d'artistes français,* 1re partie, 1873. Nous citons une fois pour toutes ces deux ouvrages, auxquels nous avons emprunté quelques dates.

Barthelemy (Jean-Simon), de Laon, né le 5 mars 1743, P., élève de N. Hallé, entré à l'école après avoir remporté le premier prix de peinture de 1767; agréé le 26 juillet 1777; académicien le 18 août 1781. Voir *E. B. de L.*

Boizot (Louis-Simon), de Paris, né aux Gobelins, le 9 octobre 1743, S., élève de Michel-Ange Slodtz, entré à l'école à vingt-deux ans, après avoir obtenu le premier prix de peinture de 1762; sorti en 1765; agréé par l'Académie en 1773; académicien le 28 novembre 1778; mort le 10 mars 1809. Voir *E. B. de L.* et Jal, *Dict. de biog. et d'hist.*

Boucher (Yves-Eloy), de Paris, S., élève de Vassé, entré à l'école après avoir obtenu le premier prix de sculpture de 1763, à l'âge de vingt-huit ans. Voir *E. B. de L.*

Brenet (André), de Paris, S., élève de Michel-Ange Slodtz, frère de Nicolas-Guy Brenet; entré à l'école le 22 septembre 1754, après avoir obtenu le premier prix de sculpture de 1752; sorti le 20 octobre 1756

Brenet (Nicolas-Guy), de Paris, né le 30 juin 1728, P., élève de Coypel et de F. Boucher, frère du sculpteur qui précède; entré à l'école le 31 décembre 1753, après avoir remporté le prix extraordinaire du 29 décembre 1753; sorti le 20 octobre 1756; agréé par l'Académie le 27 novembre 1763; académicien le 25 février 1769; mort le 21 février 1792. Voir *E. B. de L.* — Jal, *Diction. de biog. et d'histoire.* — Prosper de Baudicour, *le Peintre graveur français continué*, tome II, p. 179. — Mariette, *Abecedario*, tome I.

Briard (Gabriel), de Paris, né en 1725, S., élève de Natoire; entré à l'école en 1750, après avoir remporté le premier prix de peinture du 31 août 1749; sorti le 20 mai 1753; agréé par l'Académie le 24 juillet 1761; académicien le 30 avril 1768; mort le 18 novembre 1777. Voir *E. B. de L.*

Bridan (Charles-Antoine), de Ravières, près Tonnerre, né le 31 juillet 1730, S., élève de Vinache, entré à vingt-cinq ans à l'école, le 20 octobre 1756, après avoir obtenu le premier prix de sculpture du 31 août 1754; sorti le 20 octobre 1757; agréé à l'Académie le 30 juin 1764; académicien le 25 janvier 1772 mort le 20 avril 1805. Voir *E. B. de L.*

Callet (François-Antoine), de Paris, né en 1741, P., entré à l'école après avoir remporté le premier prix de peinture de 1764; sorti de l'école en 1767; agréé par l'Académie le 23 août 1777; académicien le 25 novembre 1780; mort en 1823. Voir *E. B. de L.*

Chardin (Pierre-Jean-Baptiste), de Paris, né le 18 novembre 1731, P., élève de son père, Jean-Baptiste-Siméon; entré à l'école le 22 septembre 1754, à l'âge de vingt-deux ans, après avoir remporté le premier prix du 31 août de cette année; sorti le 20 octobre 1757; mort noyé à Venise. Cf. *E. B. de L.* — Jal, — les *Mémoires inédits sur les membres de l'ancienne Académie*, tome II, p. 435, — et *Gazette des Beaux-Arts*, 2ᵉ période, tome V, p. 179.

Clodion (Michel), de Nancy, né le 20 décembre 1738, S., élève de Sigisbert Adam et de Pigalle (?); entré à l'école en 1759, après avoir obtenu le premier prix de 1759; sorti en 1762, agréé par l'Académie en 1773; mort le 28 mars 1814. Voir Dingé (Antoine), *Notice nécrologique sur C. M. Clodion*, Paris, 1814, in-4; — Notes sur Clodion, statuaire, dans la *Revue unic. des Arts*, tome XV, p. 289-308.

David (Jacques-Louis), de Paris, né le 30 août 1748, P., élève de Vien, premier prix de 1774; fut le dernier grand prix de peinture qui passa par l'École des élèves protégés, avant la suppression définitive de cette école en 1775. Je ne sais combien de temps il y demeura, mais je suis certain qu'il toucha, en 1775, la gratification de 300 livres, qui appartenait à tous les pensionnaires. Il partit pour Rome au mois d'octobre 1775, avec Vien, qui venait d'être nommé directeur de l'Académie de France; agréé le 24 août 1781; académicien le 23 août 1783; mort le 29 décembre 1825. Voir *E. B. de L.*, Jal, et Delécluze, etc.

Delaistre (François-Nicolas), de Paris, né le 9 mars 1746, S., élève de Vassé, entré à l'école après avoir remporté, à vingt-sept ans, le premier prix de sculpture

12

de 1772; agréé à l'Académie le 30 juillet 1785; mort le 24 avril 1832. Voir une bonne notice sur lui dans Jal.

Deshays de Colleville (Jean - Baptiste - Henri), de Rouen, né en décembre 1729, P., élève de Boucher; entré à l'école le 17 octobre 1751, à vingt et un ans, après avoir remporté le premier prix du 28 août 1751, y resta jusqu'au 22 septembre 1754; agréé le 26 mai 1759; mort le 10 février 1765, à l'âge de trente-cinq ans deux mois. Voir Mariette, *Abecedaria*.

Dhuez (Jean–Baptiste–Cyprien), d'Arras, S., élève de Lemoine; entré à l'école à vingt-quatre ans, le 22 septembre 1754, après avoir remporté le premier prix de sculpture de 1753; sorti le 20 octobre 1756; agréé à l'Académie le 28 juillet 1761; reçu académicien le 30 juillet 1763; mort le 27 octobre 1793. Voir *E. B. de L.*

Doyen (Gabriel-François), de Paris, né le 20 mai 1726, P., élève de Carle Vanloo. Deuxième prix de peinture, concours ordinaire d'août 1748; fit partie de la première promotion de l'école; parti pour Rome en novembre 1750; agréé par l'Académie en 1758; académicien en 1759; mort à Saint-Pétersbourg, le 5 juin 1806.

Dumont (Edme), de Paris, S., élève de Bouchardon. Second prix de sculpture du concours ordinaire de 1748; fit partie de la première promotion de l'école; en sortit le 31 mars 1752; Dumont n'alla pas à Rome. L'Académie l'agréa le 24 mars 1752; académicien en 1768; mort le 10 novembre 1775, à l'âge de cinquante-six ans.

Durameau (Louis), de Paris, né en 1733, P., élève de
Pierre, entré à l'école, âgé de vingt-quatre ans, le
20 octobre 1757, après avoir obtenu le premier prix
de peinture du mois d'août de la même année; sorti
en mai 1760; académicien le 27 août 1774,; garde
des tableux de Versailles; mort le 4 septembre 1796.

Foucou (Charles-Joseph-Louis), S., entré à l'école après
avoir remporté le premier prix de sculpture de 1760;
académicien le 30 juillet 1785; mort en 1815.

Fragonard (Jean-Baptiste-Honoré), de Grasse, P., élève
de Boucher, entré à l'école le 20 mai 1753, âgé de
vingt ans, après avoir obtenu le premier prix du
26 août 1752; sorti le 20 octobre 1756; agréé par
l'Académie en 1765; mort le 22 août 1806. Voir *l'art
du* XVIII* *siècle, Fragonard*, par Edmond et Jules de
Goncourt. Paris, 1865, in-4°. — Mariette, *Abecedario*.

Gois (Étienne), de Paris. S., élève de Michel-Ange Slodtz,
entré à l'école le 20 octobre 1757, âgé de vingt-cinq
ans, après avoir obtenu le premier prix de peinture
de cette année; sorti en mai 1760; académicien le
23 février 1770; mort le 3 février 1823. Voir Prosper
de Baudicour, *le Peintre Graveur continué*, tome I,
p. 142.

Guyard (Laurent), de Chaumont, né en 1723, S., élève de
Bouchardon, entré à l'école le 17 octobre 1751, après
avoir obtenu le premier prix de 1749; parti pour
Rome le 22 septembre 1754. Voir un bon article de
la *Biographie universelle ;* — une notice historique
extraite des *Mémoires de la Société d'agriculture,
sciences et arts de la Haute-Marne*, et lue en séance
publique en 1804. Chaumont, 1860. In-8°; — et Mariette, *Abecedario*.

Houdon (Jean-Antoine), de Versailles, né le 20 mai 1741, S., élève de Michel-Ange Slodtz, entré à l'école en 1761, après avoir remporté le premier prix de sculpture de cette année ; parti pour Rome en 1764 ; académicien le 26 juillet 1777 ; mort le 15 juillet 1828. Voir une excellente notice sur cet artiste dans la *Revue universelle des arts*, tome Ier.

Hutin (Jean-Baptiste), de Paris, P., élève de Boucher, entré, avec la première promotion, à l'école en 1749, après avoir remporté le premier prix de peinture du concours spécial de 1748, n'y resta que peu de temps et fut envoyé à Rome le 19 mars de la même année. Il faut le distinguer de Charles-François Hutin, né le 4 juillet 1715, mort à Dresde le 29 juillet 1776, premier peintre de la cour de Saxe ; de Pierre Hutin, graveur et sculpteur, mort en 1763 à Muskau en Lusace, après avoir travaillé également en Allemagne ; et de François Hutin, signalé par Jal.

Jombert (Pierre-Charles), de Paris, P., élève de Durameau, entré à l'école après avoir obtenu le premier prix de peinture de 1772, à l'âge de vingt-quatre ans.

Julien (Pierre), de Saint-Paulien, près du Puy, né en 1731, S., élève de Coustou, entré à l'école après avoir remporté le premier prix de sculpture de 1765. Agréé à l'Académie en 1778 ; académicien en 1779 ; mort à Paris le 26 frimaire 1804. Julien, dont la famille était pauvre, gardait encore les troupeaux à l'âge de quatorze ans. Il fit d'abord son apprentissage au Puy, chez un sculpteur nommé Samuel, et reçut des leçons de Perrache, directeur de l'Académie de Lyon, qui l'amena à Paris et l'introduisit chez Guillaume Coustou. Voir les *Tablettes historiques du Velay*, 1871, p. 208, et le *Catalogue du Musée* du Puy.

ulien (Simon), de Toulon, né le 28 octobre 1735, P., élève de Dandré-Bardon, entré à l'école en mai 1760, après avoir obtenu le premier prix de peinture de cette année, parti pour Rome en 1763, à vingt-sept ans; agréé à l'Académie le 29 mars 1783; mort à Paris le 5 nivôse de l'an VIII. Voir un *Mémoire sur Simon Julien, peintre d'histoire*, par A. Bronze. Toulon, 1862. In-8°. — Prosper de Baudicour, *le Peintre graveur français continué*, tome I, p. 185-193.

Lagrenée (Louis-Jean-François), de Paris, P., élève de Carlo Vanloo, admis à l'école à la suite d'un concours, le 29 mars 1749, pour remplacer Hulin, parti à Rome; sorti lui-même en novembre 1750; agréé le 31 mai 1755; académicien la même année; mort le 19 juin 1805. Voir *Notice chronologique sur Lagrenée l'aîné*, par N. Renou, *s. l. n. d.* (Paris, 1815). In-8°.

Larue (Louis-Félix de), de Paris, S., élève d'Adam l'aîné, entré à l'école à vingt et un ans, le 1er avril 1752, après avoir obtenu le premier prix du 29 août 1750; sorti le 22 septembre 1754.

Larue (Philbert-Benoît de), de Paris, P., élève de Parrocel, entré à l'école en 1749, après avoir obtenu le second prix du concours spécial de 1748, sorti le 31 décembre 1753. De Larue fut agréé par l'Académie dès le 23 août 1753, avant d'avoir quitté l'école. « Il est, dit une note contemporaine (Archives nat., O¹ 1914), chargé de peindre les conquêtes du roi, de 1743, 1744, 1745, ce qui le dispense du voyage de Rome. Il commence par le tableau de la Bataille de

Lawfeld, qu'il quitte pour faire le voyage de Rome.
Il tombe dans une maladie nommée *vapeurs*, ce qui
interrompt sa suite de dix tableaux. » Il avait fait
partie de la première promotion de l'école.

La Traverse (Charles-François-Pierre de), de Paris,
P., élève de Boucher; fit partie de la première promotion de l'école, après avoir obtenu le second prix
de peinture du concours spécial de 1748; sorti le
17 octobre 1751.

Lavallée dit **Poussin** (Étienne), de Rouen, P., élève de
Pierre, entré à l'école en 1759, après avoir remporté
le premier prix de peinture de 1759; sorti en 1762;
académicien le 28 août 1789.

Lebouteux (Pierre), P., entré à l'école après avoir obtenu le premier prix de peinture de 1769.

Lebrun (André-Jean), de Paris, S., élève de Pigalle, entré à l'école le 20 octobre 1756, à l'âge de dix-neuf
ans, après avoir obtenu le premier prix de sculpture
de cette année; sorti en 1759, à l'âge de vingt-trois
ans.

Lecomte (Félix), de Paris, né le 16 janvier 1737, S., élève
de Vassé, entré à l'école âgé de vingt et un ans, le
5 septembre 1758, après avoir remporté le premier
prix de sculpture du 2 septembre 1758; académicien
le 27 juillet 1771, mort le 11 février 1817. Voir *Discours de M. Quatremère de Quincy, prononcé aux
funérailles de M. Lecomte, statuaire, le 13 février
1817. Paris, 1817. In-8°. — Notice sur Lecomte, statuaire, membre de l'Institut.* Paris, s. d. In-8°.

Lefevre (Dominique), d'Ottanges, P., élève de Vien, entré
à l'école en 1761, après avoir remporté le premier

prix de peinture d'août 1761; sorti en 1764; mort à l'Académie de France, à Rome.

Lemonnier (Anisset-Charles-Gabriel), de Rouen, né le 6 juin 1743, P., entré à l'école en 1773, après avoir obtenu, en 1772, le premier prix de peinture réservé de 1770; sorti en 1774; académicien le 26 septembre 1789; directeur des Gobelins de 1810 à 1816; mort le 17 août 1824. Voir *Notice historique sur la vie et les ouvrages de A. C. G. Lemonnier*. Paris, septembre 1824. In-8°.

Melling (Joseph), de Saint-Avold en Lorraine, P., élève de Boucher, entré à l'école en 1750, après avoir obtenu le premier prix de peinture de cette année; sorti le 21 juillet 1753, pour aller recueillir une succession en Allemagne et s'y établir. Il perdit, en devenant Allemand, ses avantages de pensionnaire du roi.

Ménageot (François), né à Londres, de parents français, en 1744, P., élève de Deshays et de Boucher, entré à l'école après avoir remporté le premier prix de peinture de 1766; agréé en 1777; académicien le 30 décembre 1780; directeur de l'Académie de France, à Rome au moment de la Révolution; mort le 4 octobre 1816. Voir la notice de la *Biogr. univ.* et le *Catalogue de la vente de ses tableaux*.

Millot (René), de Paris, S., élève de Lemoine, entré à l'école en 1771, après avoir remporté, à vingt-huit ans, le prix de sculpture réservé de 1770; sorti en juillet 1772; agréé par l'Académie en 1784.

Moitte (Jean-Guillaume), S., élève de Pigalle, entré à l'école après avoir obtenu le premier prix de sculpture de 1768. C'est l'élève fameux dans les fastes de l'école par l'injustice qui lui fit attribuer le prix de

1768. Agréé par l'Académie en 1783; mort le 2 mai 1810. Voir Institut de France. *Funérailles de M. Moitte*, le 3 mai 1810. Paris, 1810. In-4°. (Discours de Quatremère de Quincy.)

Monnet (Charles), de Paris, P., élève de Restout, entré à l'école le 1er septembre 1753, à l'âge de vingt-deux ans, après avoir remporté le premier prix de peinture du 31 août de cette année; sorti le 20 octobre 1756; agréé par l'Académie en 1765.

Monot (Claude-Martin), S., élève de Vassé, entré à l'école en mai 1760, après avoir remporté le prix de sculpture de cette année; sorti en 1763; académicien le 28 août 1779.

Norblin de la Gourdaine (Jean-Pierre), de Misy-Faut-Yonne, né le 1er juillet 1745, P., élève de Casanova, entré à l'école en 1770, contrairement aux règlements, sans avoir obtenu de grand prix. Il quitta l'école au mois d'août 1771, lors de la réduction de cet établissement à deux élèves; mort le 23 février 1830. Voir la notice qui précède le *Catalogue des estampes qui composent l'œuvre de J.-P. Norblin*, par F[rédéric] H[illemacher]. Paris, 1848. In-8°.

Pajou (Augustin), de Paris, né le 19 septembre 1730, S., élève de Lemoine, fit partie de la première promotion de l'école, après avoir remporté, à dix-huit ans, le premier prix de concours spécial du 7 décembre 1748; sorti le 17 octobre 1754; agréé par l'Académie en 1759; académicien en 1760; mort le 8 mai 1809. Voir Chaussard (extrait du *Pausanias français*). *Notice inédite et historique sur la vie et les ouvrages d'Augustin Pajou, statuaire*. Paris, 1806, in-8, port. — *Le célèbre artiste ou vie d'Augustin Pajou, le sculpteur,*

par madame A. Grandsand. Limoges et Paris (1864),
in-8. — *Catalogue des tableaux, bronzes, ivoires, médailles, marbres vendus après décès de M. Pajou,
peintre, fils du célèbre sculpteur.* Vente à Paris, le
12 janvier 1829, in-8. *Notice historique sur la vie et
les ouvrages de M. Pajou,* lue dans la séance publique du 6 octobre 1810, par Joachim Lebreton. Paris,
in-4. — Jal. *Dict. de biogr. et d'histoire.*

Peyron (Jean-François-Pierre), d'Aix en Provence, né le
15 décembre 1744, P., entré à l'école après avoir
remporté le premier prix de peinture de 1773; académicien le 30 juin 1787. Inspecteur de la manufacture des Gobelins depuis cette époque jusqu'à la Révolution; mort le 20 janvier 1820. Voir Prosper de
Baudicour, *le Peintre graveur français continué,*
tome I, p. 287-296; — Gault de Saint-Germain, *Notice
sur la vie de M. Peyron.* Paris, 1814, in-8. (Extrait
du *Magasin encyclopédique*). — Villot, *Notice des
tableaux du Louvre.*

Pillon (Louis-Jacques), S., entré à l'école en 1767; chassé
pour mauvaise conduite en 1770.

Restout fils (Jean-Bernard), de Paris, né le 22 février 1732,
P., élève de son père, entré à l'école le 6 septembre 1758, âgé de vingt-six ans, après avoir remporté
le premier prix de peinture du 2 septembre de la
même année; sorti en mai 1760; agréé le 28 septembre 1765; académicien le 25 novembre 1769;
mort le 18 juillet 1796. — Voir Prosper de Baudicour le *Peintre graveur français continué,* tome I,
p. 152. — Mariette, *Abecedario.* — Renouvier, *Hist.
de l'Art pendant la Révolution.*

Saint-Quentin (Jacques-Philippe-Joseph), P., élève de

Boucher, entré à l'école en 1762, après avoir remporté le premier prix de peinture de cette année; sorti en 1765, à l'âge de vingt-sept ans.

Ségla (André), S., entré en 1773, après avoir remporté le premier prix de sculpture de cette année.

Sénéchal (Nicolas), S., entré à l'école après avoir remporté le premier prix de sculpture de 1766.

Suvée (Joseph-Benoît), d'Armentières, né en 1743, P., élève de Bachelier, entré à l'école en 1771, après avoir remporté, à vingt-six ans, le premier prix de peinture de cette année; sorti en 1772; agréé en 1779; académicien le 29 janvier 1780; nommé directeur de l'Académie de France à Rome en 1792; il ne put entrer en fonctions qu'en 1801, après son emprisonnement pendant la Révolution; mort à Rome en 1807. Voir *Eloge historique de Suvée*, par Joachim Lebreton Paris, 1807, in-8. (Extr. du *Magasin encyclopédique*.) Et le *Catalogue des tableaux, esquisses, miniatures, estampes, terres cuites, après le décès de M. J. B. Suvée*. Vente à Paris le 4 novembre 1807, in-8.

Taraval (Hugues), de Paris, né le 27 février 1729, P., élève de Pierre; entré à l'école le 20 octobre 1756, à l'âge de vingt-cinq ans, après avoir remporté le premier prix du mois d'août de cette année; sorti en septembre 1759; agréé à l'Académie en 1765; académicien le 29 juillet 1769; mort le 27 octobre 1785 (le 19 d'après Piot, *État civil d'artistes français*). Voir Jal, *Dict. de biogr. et d'histoire.* — *Notice de tableaux, dessins, estampes, mannequins, etc., après le décès de M. de Taraval, professeur de l'Académie royale et surinspecteur de la manufacture des Gobelins.* Vente à Paris le 20 mars 1786, in-12. — Mariette, *Abecedario.*

Vincent (François-André), de Paris, P., élève de Vien,
né en 1748 (?), entré à l'école après avoir remporté
le premier prix de peinture de 1768; agréé par l'Académie le 31 mai 1777; académicien le 27 avril 1782;
mort le 3 août 1816. Voir : Institut de France; Académie des Beaux-Arts; *Funérailles de M. Vincent*;
discours prononcé par Quatremère de Quincy, le
5 août 1816, Paris, in-4. — Jal, *Dict. de biogr. et
d'histoire.* — Prosper de Baudicour, *le Peintre graveur français continué*, tome I, p. 297-299. — Fr.
Villot, *Notice des tableaux exposés au Louvre; École
française.* Les substantiels articles de cet ouvrage
sont à consulter pour la plupart des artistes sortis
de l'École Royale des Élèves protégés. On fera bien
de consulter aussi *Le Pausanias français*, de Chaussard, et Renouvier, *Histoire de l'Art pendant la Révolution.*

VI

LISTE

DES

PENSIONNAIRES DE LA PETITE ÉCOLE DES ÉLÈVES-ARTISTE

Beauvillain P., entré le 10 décembre 1782, renvoyé le 23 décembre 1788. Il était fils d'un inspecteur de Sainte-Geneviève.

Bellicart fils, commença à être entretenu par le roi en 1780, mais était entré à la pension, aux frais de son père, antérieurement à cette époque. Ayant vu ce qu'était devenue, un peu plus tard, cette pauvre institution, il la quitta sans rien dire. C'était le fils de l'architecte Bellicart.

Boizot fils, sculpteur, entré en en janvier 1787, était chez Pajou en 1788. C'était le fils du sculpteur académicien Simon Louis Boizot.

Bonot, à l'école en 1787.

Chantriaux, P. S. et G., élève de Pajou, de Vincent et de Bervic, entré en 1786. Il devint professeur de l'école communale et gratuite de dessin d'Amiens. Cf. *Peintres provinciaux de la France*, tome II, p. 55

Collet, entré en 1784, renvoyé le 23 octobre 1788.

De Vienne, P., entré en 1786. Il était fils d'un inspecteur des bâtiments.

a Wailly, P., entré en 1785, neveu de l'architecte.

uflos (Pierre-François-Nicolas), P., entré en 1777, avait quitté l'école pour s'engager au 1er décembre 1778; fils d'un employé. Il devint raccoleur. (Arch. nat., O¹ 1914.)

umont (Jean-Edme), S., prix de sculpture en 1788, entré en 1777, fils de l'académicien sculpteur Edme Dumont.

Dupré, S., entré en 1785.

Firmin, entré le 1er août 1788.

Fortin (Jean-François), S., entré en 1777. Il obtint le grand prix de sculpture en 1783. Dans la liste des grands prix publiée par les *Archives de l'art français*, tome V, p. 305, il est désigné sous le prénom d'Auguste. C'est bien un seul et même personnage. Voir p. 167.

Gérard (le baron François), P., né à Rome le 12 mars 1770; entré en 1784; abandonna volontairement la pension en 1788; premier peintre du roi en 1817; mort à Paris le 11 janvier 1837. Voir : Institut royal de France, *Funérailles de M. le baron Gérard*, discours de M. Lebas, prononcé le 13 janvier 1837, in-4. — *Catalogue des tableaux, esquisses, dessins de M. le baron Gérard, peintre d'histoire*. Vente à Paris le 27 avril 1837, in-8. *François Gérard, peintre d'histoire*, essai de bibliographie et de critique par Ch. Lenormant, 2e édition. Paris, 1847, in-12. — *Œuvres du baron Gérard*. Paris, 1852-1857, 3 vol. in-f°. fig.

Godefroy (Ferdinand-Nicolas), P., entré en 1777. C'est un des membres de cette nombreuse famille d'artistes pauvres où la bienveillance royale tenait lieu de talent; dynastie de restaurateurs de tableaux. Cf. *Gazette des Beaux-Arts*, 2ᵉ période, tome Iᵉʳ, p. 43. — *Le Livre-Journal de Duvaux*, tome I, Introduction, ch. II,

Gudin, P., entré en 1784.

Houpa, P., sorti à dix-neuf ans, en 1786.

Hoyer (Jean-Louis), P., entré en 1777, fils d'un orfévre.

Huint, P., entré en 1787, fils d'un peintre de Strasbourg, établi et mort à Paris, un peu avant 1786.

Jacomin, S., était chez Pajou en 1786.

Lebegue (Antoine-Nicolas), S., entré en 1777, fils d'un tourneur ébéniste,

Lerebourg (Favorin), P., entré en 1782.

Leroy était à l'école en 1790. Voir les *Salons* de la Révolution.

Metoyen, entré le 6 novembre 1788.

Million, entré en 1786; était fils d'un peintre de l'Académie de Saint-Luc.

Oger (Jean-Jacques), P., entré en 1777.

Osmont (Louis-Nicolas-Auguste), P., entré en 1784.

Paillet aîné, P., entré en juin 1784, était, comme son frère, nommé ci-dessus, fils de Pierre Paillet, huissier-priseur, et parent, neveu peut-être du marchand de tableaux qui possédait l'hôtel de Bullion.

Paillet jeune (François-Auguste), P., entré en juillet 1785, renvoyé en 1788.

Protain (Jean-Charles), P., entré en 1777, retiré par son père avant 1782; était fils d'un peintre décorateur.

Renou (Pierre-Adrien), entré en 1777, parent du peintre Antoine Renou, secrétaire perpétuel de l'Académie après Cochin, fils d'un premier commis au bureau de l'enregistrement des ventes.

Taraval (Jean-Gustave), né le 11 novembre 1765, P., entré en 1778, en remplacement de Duflos, qui s'était engagé, neveu et élève de l'académicien Hugues Taraval; obtint, en 1782, le grand prix de peinture réservé depuis 1777; mort à Rome en 1784. Cf. Baudicour, *le Peintre graveur français continué*, tome II, p. 317, et Jal, *Dict. de biogr. et d'hist.*

Tardieu (Jean-Charles), de Paris, né le 3 septembre 1865, P., entré en 1777, fils du graveur académicien Jacques-Nicolas Tardieu, cousin de Cochin; mort à Paris le 3 avril 1830. Voir la *Notice sur les Tardieu, les Cochin et les Belle* dans les *Archives de l'art français*, Tome IV, p. 67 et 68.

Thiboust (Jean-Pierre), P., entré en 1777, fils d'un éventailliste.

Tremel, entré le 6 novembre 1788.

Vignali (Jean-Baptiste), P., fut quelque temps à l'école, remporta ensuite le grand prix de peinture en 1782, mais, comme il était de Monaco, ne fut pas envoyé à Rome.

Watteau le fils (François-Louis-Joseph), P., né à Valenciennes en 1758 (?), entré en 1777. Voir pour ces artistes le *Pausanias français*, de Chaussard, et Renouvier, *Histoire de l'Art pendant la Révolution*.

APPENDICE

_____

DOCUMENTS SUR L'ÉCOLE ROYALE
GRATUITE DE DESSIN

J'avais laborieusement composé, à l'aide de témoignages précis mais insuffisants, un exposé sommaire de la fondation et des principales vicissitudes de l'École publique gratuite de Dessin, fondée par Bachelier en 1766, quand mon ami, M. J.-J. Guiffrey, m'a signalé l'existence de deux pièces imprimées du xviii° siècle, qui rendaient mon travail inutile et le remplaçaient fort avantageusement. La première de ces pièces est intitulée : *Mémoire concernant l'École Royale gratuite de Dessin, où l'on montre l'utilité de cet établissement, les avantages qui en résultent, les détails de l'administration et de la direction, et généralement tout ce qui peut y avoir rapport.* Paris, 1774. Ce mémoire, conservé peut-être à l'état d'exemplaire unique dans la collection Rondonneau, aux Archives nationales (AD ᵛⁱⁱⁱ 1 ᵉ 4), émane incontestablement de Bachelier. Il fut, en effet, réimprimé deux fois, avec quelques variantes et quelques suppressions sans importance, en 1789 et en 1792, sous ce titre : *Discours sur l'utilité des Écoles élémentaires en faveur des Arts mécaniques, prononcé par B. à l'ouverture de l'École gratuite de Dessin, le 10 septembre 1766*; à Paris, de l'Imprimerie Nationale. Bien que ce discours ne figure pas dans la *Collection des Discours de M. Bachelier* (Paris, 1790, in-8°), et bien qu'on puisse élever des doutes sur la question de savoir s'il a été réellement prononcé, il n'en est pas moins certain que Bachelier, en 1789 et en 1792, dans un intérêt de propagande et probablement pour défendre son École menacée, s'en est reconnu publiquement l'auteur. Cette double réimpression du mémoire de 1774, qui donne à cette publication une attribution d'auteur précieuse et désormais certaine, n'a pas d'ailleurs rendu l'écrit de Bachelier moins rare pour nous [1]. La seconde pièce, qui m'était obligeamment communiquée, porte ce titre : « Détails sur l'origine et l'administration de l'École Royale gratuite de Dessin, sur l'instruction, les prix d'émulation, la police des classes et les sujets qui les fréquentent. » Elle fait partie des documents imprimés à la suite des *Calendriers à l'usage des élèves qui fréquentent l'École Royale gratuite de Dessin* [2], où l'on trouve les noms des membres du Conseil d'administration, la *liste des fondateurs de l'École*, le *Catalogue des dessins de différents genres gravés pour l'instruction élémentaire des élèves*, les *noms des élèves de l'École qui ont remporté les grands prix, apprentissages et maîtrises dans les concours, depuis son origine*, et *un état des élèves qui suivent les cours* [3]. Ces Calendriers se vendaient au siége de l'École et chez son directeur. Ils ont été rédigés, sous la surveillance de Bachelier, très-vraisemblablement par lui-même, et, à quelque nombreux exemplaires qu'ils aient été tirés, ils n'en sont pas moins aujourd'hui assez rares.

On comprend maintenant la valeur de ces deux pièces qui nous présentent un historique complet de l'École gratuite de Dessin, composé par le fondateur même de cette École. M'eût-on pardonné d'y substituer un froid récit dans lequel, sans pouvoir être ni plus concis ni plus complet, j'aurais fondu, c'est-à-dire défiguré, les deux mémoires originaux ? Je ne l'ai pas pensé ; et je fais précéder les documents authentiques qui concernent l'École Royale gratuite de Dessin par la réimpression des deux mémoires écrits par Bachelier, dans lesquels cette belle et libérale institution revit tout entière sous une plume contemporaine.

L. C.

1. La Bibliothèque nationale ne possède pas la réimpression de 1789.
2. J'en connais pour les années 1783, 1788, 1789, 1790.
3. Les différentes parties dont se composaient ces Calendriers ont chacune une pagination spéciale ; elles se vendaient séparément au besoin. Tout cet ensemble de documents sur l'École gratuite de dessin a paru quelquefois précédé de ce titre : « Mémoire par l'Administration et la Manutention de l'École Royale gratuite de Dessin. »

I

Mémoire concernant l'École Royale gratuite de Dessin, *où l'on montre l'utilité de cet établissement, les avantages qui en résultent, les détails de l'administration et de la direction, et généralement tout ce qui peut y avoir rapport* [1].

École Royale gratuite de dessin.

Le dessin ne doit pas être considéré comme un art de simple agrément : les avantages que l'on peut en retirer par une étude suivie, pour les arts mécaniques, sont infiniment précieux à l'État.

Il est l'âme de plusieurs branches de commerce; c'est lui qui fait donner la préférence à l'industrie d'une nation; il centuple la valeur des matières premières, et souvent il en fait sortir du néant; lui seul peut verser dans le commerce des richesses immenses; les étoffes, l'orfévrerie, les bijoux, la porcelaine, les tapisseries et tous les métiers relatifs aux arts ne doivent opérer que par ses principes; son goût varie leurs productions à l'infini; de la certitude dans le travail naît la promptitude de l'exécution; une exécution rapide facilite les débouchés par le prix modéré qu'une nation met à son industrie, en faisant payer à ses voisins une contribution volontaire que lui assure sa supériorité dans les arts; c'est à cette supériorité que toutes les nations sont forcées de rendre hommage quand elles érigent des monumens à la gloire des héros.

1. A Paris, de l'imprimerie royale, 1774, in-4.

Les académies protégées par le roi ont fait naître des hommes illustres qui nous ont acquis, dans les arts, une célébrité dont toute l'Europe reste d'accord : MM. Michel Vanloo, en Espagne; Falconet et Lagrenée, en Russie; Salis et Jardin, en Danemarck; Amédée Vanloo, à Berlin; Larchevêque, en Suède; Detrois, Natoire, Petitot, La Datte et Baldrighi, en Italie, et nombre d'autres, ont porté la gloire de nos écoles au plus haut degré. Voilà nos richesses; mais ne nous dissimulons pas l'ineptie d'une multitude d'ouvriers, gens sans goût, sans principes, sans précision, livrés à une routine d'opérations qui dégrade les projets les mieux conçus.

Combien les Balin, Boule, Germain père, Dumiez, Roitiez, Lempereur et autres artistes distingués ont-ils eu de peine à déraciner le goût barbare des siècles d'ignorance! Ils ont enfanté des chefs-d'œuvre; mais que d'obstacles n'ont-ils pas rencontrés dans l'exécution de leurs idées! Combien de fois n'ont-ils pas été au moment de se rebuter, faute d'avoir à conduire des hommes déjà préparés et en état de lire leurs pensées, de suivre l'intelligence de leurs modèles et d'entendre le langage des arts! Il n'en est pas un de ces hommes fameux, ni de ceux qui ont couru la même carrière, qui n'ait eu de fréquentes occasions de se plaindre que la routine étoit la seule boussole des ouvriers. Des plaintes aussi générales et aussi bien fondées amènent nécessairement le désir de voir la main de l'ouvrier guidée par des principes, et conséquemment la nécessité de l'établissement d'une école publique où tout ouvrier quelconque puisse être instruit gratuitement des élémens du dessin.

C'est sur cette base qu'est fondée l'École Royale gratuite de dessin; le projet en fut conçu en 1766, mais ce n'est qu'en 1767 que Sa Majesté, sur le compte qu'elle se fit rendre de l'utilité de cet établissement et de l'avantage qu'en retireroit une partie de ses sujets, lui accorda par ses lettres patentes du mois d'octobre le titre d'*École Royale gratuite de dessin*. Un corps d'administration fut formé par arrêt du conseil pour la régir, et elle a pris enfin un degré de consistance qui, depuis cette époque, n'a cessé d'augmenter et de se raffermir.

L'esprit détracteur du bien forma, dans le commencement de cet établissement, nombre d'objections capables de le déprimer.

Le public ne se laissa pas séduire par des raisonnemens captieux ; il connut ses propres besoins et se hâta de profiter de l'occasion qui lui étoit offerte d'y être pourvu ; des milliers de citoyens accoururent pour recevoir les instructions relatives à leur état. Non contens d'y présenter leurs fils et leurs apprentis, les maitres se firent inscrire ; le même empressement a subsisté et subsiste encore, le nombre des élèves instruits ayant toujours excédé celui que l'École peut contenir. Ce ne sont point ici de simples spéculations, ce sont des faits dont tout le monde peut se convaincre, qui portent la démonstration jusqu'à l'évidence, et forment la preuve la plus complète de l'utilité de l'établissement.

Pour donner une idée plus détaillée de son étendue et de ses avantages, il est à propos d'exposer le plan de sa manutention.

L'École se tient à l'ancien collége d'Autun, rue Saint-André-des-Arts, où elle étoit dejà ouverte avant l'obtention des lettres patentes. Quinze cents élèves seulement sont admis aux exercices, jusqu'à ce que la construction d'un chef-lieu permette d'en recevoir un plus grand nombre.

On y admet indistinctement les ouvriers, les apprentis et même les enfans qui ne sont pas encore engagés dans aucune profession. Ces derniers y sont reçus, pourvu qu'ils aient atteint l'âge de huit ans accomplis; ils doivent tous, à cet effet, se faire inscrire chez M. Bachelier, peintre du Roi, directeur de l'École; et, d'après le bulletin qu'il leur délivre, ils sont enclassés dans le genre d'étude qu'il leur indique.

Les études sont divisées en trois genres :

La géométrie et l'architecture;

La figure et les animaux;

Les fleurs et l'ornement.

Cette division comprend tous les rapports des différens arts mécaniques.

L'impossibilité de soumettre une multitude de citoyens réunis à une subordination que le bon ordre exige et la difficulté de se procurer un espace assez vaste pour être salubre, ont fait donner la préférence à la division des quatre leçons successives qui remplissent la journée.

Cinq cents apprentis sont instruits les lundis et jeudis, que l'on a consacrés à l'architecture et à la géométrie.

Cinq cents autres le sont les mardis et vendredis, employés à l'étude de la figure et des animaux.

Cinq cents autres s'occupent, les mercredis et samedis, des principes des fleurs et de l'ornement.

L'École est divisée, comme on vient de le voir, en quatre exercices, à chacun desquels cent vingt-cinq élèves sont admis à des heures différentes indiquées pour les entrées et pour les sorties. Chaque exercice se repète deux fois par semaine, au moyen de quoi cinq cents élèves sont enseignés dans la journée, et les quinze cents sont exercés deux fois la semaine par des professeurs et adjoints choisis dans un concours parmi les élèves de l'Académie de peinture et de sculpture qui ont obtenu au moins la première médaille.

On a de même divisé toutes les espèces de professions connues en trois classes, afin de pouvoir adapter à chacune d'elles le genre d'étude qui lui est le plus analogue, de sorte qu'un élève qui se présente à l'École, indiquant le genre de profession à laquelle il se destine, est admis au genre d'étude qui y est affecté plus spécialement : par exemple, un élève qui se destine à être maçon, est admis dans le genre de la géométrie et de l'architecture, et ainsi des autres.

L'instruction dans tous les genres commence par la géométrie : elle seule peut arrêter les écarts de l'imagination, la contenir dans les bornes de la raison, et faire circuler, s'il est permis de s'exprimer ainsi, les idées dans des canaux réguliers. Lorsqu'on s'est éloigné de ses principes, que sont devenus les ornemens qu'on répandoit sans goût dans tous les genres d'ouvrages, sous prétexte de les rendre pittoresques !

Quelques artistes se sont élevés contre ce genre baroque, mais la multitude ignorante a conservé ses préjugés et suivi le torrent ; leurs productions, que le bon sens désavoue, révoltent les lumières de la raison par la monstrueuse disproportion des objets qu'ils ont réunis : nos appartemens sont encore chargés de ces décorations informes enfantées sans génie ; des formes irrégulières en ont banni le quarré, le rond et l'ovale comme des pauvretés gothiques. A ces belles corniches, qui décoroient si richement nos plafonds, ont été substitués les dentelles, la broderie, les rosettes en filigrane, les cartels de travers et autres ornemens aussi frivoles, bien plus faciles à exécuter en ce qu'ils n'astreignent à aucune dimension raisonnée : la noble symétrie, puisée dans la nature, paroissoit froide à des cerveaux brûlés ; les formes tourmentées avoient la préférence sur cette heureuse simplicité consacrée par l'approbation et l'admiration de tant de siècles.

C'est donc rendre un grand service aux arts que d'élever la jeunesse dans les principes de la géométrie : non-seulement cette science développe l'intelligence, elle rend encore la précision familière par la connoissance exacte des dimensions de tous les corps considérés sous différens aspects. Quelle immense quantité de rapports utiles et ignorés et qu'on n'eût aperçus que peu à peu, par hasard et successivement, qui se manifestent pour ainsi dire en un clin d'œil, par le secours de la géométrie! Sans cette connoissance, l'artiste incertain n'opère qu'en aveugle et, conduit par l'ignorance, il entraîne d'erreurs en erreurs la jeunesse que la confiance lui a livrée. C'est ainsi que par degrés les siècles d'ignorance et de barbarie ont succédé, en Egypte et en Grèce, à des siècles éclairés qui font encore la gloire de l'esprit humain.

Quoique la partie de l'instruction paroisse devoir être l'objet le plus essentiel de l'École Royale gratuite, cependant un établissement de cette nature, fréquenté journellement par cinq cents élèves, exigeoit d'apporter l'attention la plus scrupuleuse pour y faire observer l'ordre et la discipline convenables; prévenir les troubles qu'une jeunesse rassemblée pouvoit causer, en entrant ou en sortant, aux passans ou aux voisins; la contenir, pendant les heures d'instruction, dans la décence et le respect dus à l'étude et à ceux qui y président; et enfin prendre les moyens nécessaires pour que les parens et les maîtres fussent journellement instruits de l'assiduité de leurs enfans ou de leurs apprentis : c'est à quoi il a été pourvu par un règlement émané du bureau de l'administration, dans lequel sont relatés les devoirs à remplir par les élèves.

Et afin que les élèves ne puissent en imposer à leurs parens, il leur est remis, à la sortie de l'École, un jeton portant le nom du jour, et ce jeton leur sert de billet d'entrée pour le jour suivant. Mais pour en éviter la perte, on a cru devoir prendre la précaution de faire consigner, à chaque élève, douze sous qui lui sont rendus en quittant l'École et remettant le jeton avec la reconnoissance qui en est expédiée. C'est la seule dépense que l'on exige des parens, encore n'est-ce qu'une simple consignation.

Indépendamment de la preuve non équivoque que les parens, même les plus négligens, ou les personnes qui s'intéressent aux élèves, peuvent se procurer de leur assiduité journalière à l'École, au moyen du jeton dont on vient de parler, les pères et mères, ou ceux qui sont chargés des élèves, reçoivent gratuitement tous les trois mois, par la voie de la petite poste, un certificat contenant la date de chaque jour du quartier, et si l'élève a manqué de venir à l'École quelqu'un des jours du quartier ou qu'il y ait eu contre lui des sujets de mécontentement, on en fait note sur le certificat en barrant le jour du mois d'une marque qui désigne l'absence ou le mécontentement.

Les fautes contre les règlemens sont punies, suivant l'exigence du cas, soit par des réprimandes, soit par le rapport que l'on en fait à M. le Lieutenant général de Police, soit enfin par l'exclusion de l'École; mais si, d'un côté, il a paru nécessaire d'infliger des punitions aux élèves qui s'écartent du bon ordre et de la discipline, de l'autre, ç'auroit été manquer le vœu de l'établissement que de le borner à une simple instruction, sans donner à ceux qui se distinguent par leur assiduité et par leurs progrès des sujets d'émulation, en leur accordant des récompenses.

L'assiduité, l'application, le travail fait hors de l'École et constaté par les officiers, les progrès dans le dessin, procurent aux élèves l'avantage de voir exposer leurs ouvrages dans le sallon où se fait la distribution annuelle des prix dont on parlera dans la suite.

Tous les mois il y a, dans toutes les classes et dans tous les genres, un concours qui se juge, à la fin du quartier, entre les élèves qui ont mérité l'exposition de leurs ouvrages.

Dans ce concours, le directeur adjuge des premiers, des seconds prix et des *accessit* aux élèves méritans. Les premiers prix sont au nombre de quatre-vingt-seize, de même que les seconds ; mais il n'y a que les élèves qui ont remporté les premiers qui puissent être admis au concours annuel qui se tient au mois d'octobre.

Tous les mois, le bureau d'administration, présidé par le magistrat, examine les progrès des élèves et les encourage à faire de nouveaux efforts pour mériter de nouvelles récompenses.

C'est dans le concours annuel que s'adjugent les six grands prix, consistans en maîtrises dont l'administration fait les frais et dont on remet le brevet aux élèves qui les ont remportés ; mais il faut qu'ils soient en état de subir l'examen des jurés de la communauté, sous les yeux desquels ils doivent exécuter le chef-d'œuvre qui leur est donné, et que les jurés en certifient la réception dans le rapport qu'ils font au magistrat de la capacité du sujet.

Si l'élève qui a remporté un des six grands prix n'est point apprenti, on le fait recevoir dans tel art mécanique qu'il lui plaît de choisir, et il peut toujours concourir par la suite pour obtenir la maîtrise.

Les six grands *accessit*, de même que les autres grands prix de quartier, consistent dans des livres et des estampes dont le choix est relatif au genre de profession à laquelle se destine l'élève qui les a mérités.

La distribution des six grands prix, des six grands *accessit* et des grands prix de quartier se fait avec l'appareil le plus pompeux dans une assemblée publique qui se tient le lendemain de Noël, dans une salle des Tuileries où se rend M. le lieutenant de police à la tête du bureau de l'administration dout il est le chef.

La décoration de la salle, tapissée de dessins de tous les

lèves qui ont mérité d'y faire exposer leurs ouvrages; le
coup d'œil de quinze cents enfans environnés de leurs pa-
ens; la multitude des personnes de tous états qui se
trouve à cette assemblée, forment un spectacle capable
seul d'intéresser tout homme né citoyen et sensible; mais
lorsque, après un discours relatif à l'objet de la séance,
le directeur appelle à haute voix les élèves qui ont mérité
d'être couronnés, ces élèves, au bruit des fanfares et des
acclamations de la reconnoissance, s'approchent du Magistrat qui, en les embrassant, leur distribue les prix avec
la bonté d'un père qui jouit de la satisfaction de voir les
progrès de ses enfans; il n'est personne qui ne soit ému
jusqu'aux larmes : mais il n'y a que les élèves qui ont remporté les six grands prix qui jouissent de l'honneur d'être
embrassés par le Magistrat.

D'après les détails dans lesquels on vient d'entrer, il est facile
de concevoir que l'École ne sauroit subsister sans des revenus
proportionnés aux objets de dépense dont elle est suscep-
ible. Sa Majesté a bien voulu l'honorer de ses bienfaits lors
de son établissement, en se réservant de lui en accorder de
plus considérables par la suite et de pourvoir à la construc-
ion d'un chef-lieu dont Elle a déjà donné l'emplacement,
et, par ses lettres patentes, Elle a permis aux six corps de
marchands, aux autres corps et communautés et particu-
iers de Paris et du royaume de fonder, à perpétuité ou à vie,
des places d'élèves dont ils désirent avoir la nomination;
voulant que les mêmes dispositions aient lieu pour les fon-
lations des prix à distribuer aux élèves et pour celles des
apprentissages et maîtrises qui seront accordées dans les
concours, autorisant à cet effet la passation de tels actes
qui seront nécessaires pour ces différens objets.

Le zèle des citoyens a répondu aux intentions de Sa Majesté; tous les ordres de l'État, différens corps et commu-

nautés et nombre de particuliers se sont empressés de se faire inscrire au rang des bienfaiteurs, les uns en accordant des sommes annuelles, la plupart des communautés en s'imposant volontairement sur elles-mêmes un droit par réception de maîtrises et d'apprentissages, et enfin les particuliers en faisant des fondations à perpétuité ou à vie, conformément aux dispositions des lettres-patentes.

On a inséré dans le corps de cet ouvrage la liste de tous les fondateurs et bienfaiteurs, à la tête desquels les princes et princesses du sang royal ont permis de placer leurs noms. On ne cherche point à s'excuser vis-à-vis des bienfaiteurs qui auroient peut-être désiré que leurs noms ne fussent pas publiés, la reconnoissance a prévalu sur la crainte de les désobliger.

Les dotations que l'École peut recevoir n'ont d'autres bornes que le zèle des fondateurs ; mais il a paru juste que ceux à qui une fortune moins considérable ne permet pas de donner à leurs bienfaits l'étendue que leur inspire leur amour pour le bien public, ne fussent pas privés de l'avantage d'y contribuer; c'est le motif pour lequel on a fixé à un prix modique les fondations de chaque place d'élèves. Suivant le tarif qui en a été arrêté par le bureau d'administration, tout particulier peut, moyennant 30 livres de rente perpétuelle ou viagère, fonder une place d'élève pour être instruit dans un goût.

L'élève nommé en conséquence est admis dans l'École aussitôt sa nomination et est fourni gratuitement de papier, crayons, instrumens nécessaires pour travailler dans les classes et d'originaux pour étudier chez lui.

Comme le temps des études est fixé à six années, les fondateurs ou leurs successeurs nominateurs jouissent, à l'expiration desdites six années, si la fondation est perpétuelle, de la faculté de nommer un autre élève, comme aussi de le remplacer, dans le cas où il auroit mérité par le concours un apprentissage ou une maîtrise dans un des corps d'arts et métiers.

Si la fondation est viagère, le droit de nomination s'éteint avec la vie du fondateur ou celle de telle autre personne à qui il est stipulé que la nomination doit appartenir ; si l'élève décède dans le cours des six années ou que, pour quelque raison que ce puisse être, il soit forcé de quitter l'École, les fondateurs peuvent nommer un autre sujet pour le remplacer. Trois fondations composent une bourse ; l'élève qui en est pourvu est admis aux trois genres, c'est-à-dire toute la semaine, moyennant 90 livres de rente perpétuelle ou viagère.

Les élèves qui ne sont point fondés, reçoivent l'instruction gratuite, mais l'École ne leur fournit que des originaux pour travailler pendant les heures de l'étude.

On ne sauroit s'empêcher de faire ici une réflexion bien capable de démontrer l'avantage que les fondateurs et les élèves retirent du taux modique auquel ont été fixées les fondations. Combien de personnes désireroient procurer de l'avancement à des enfans qui les intéressent et les mettre à même de gagner leur vie, qui en sont empêchées par le manque d'occasion ou faute d'être en état de profiter de celles qui se présentent !

On fait un effort pour faire apprendre un métier à un enfant, on épuise sa famille, on a recours à ses connoissances, on emploie ses protecteurs pour subvenir aux frais d'un apprentissage pour lequel il n'a souvent aucune disposition ; mais si l'enfant répond aux soins que l'on prend de son instruction, et qu'après avoir fini son temps il se trouve en état d'être maître, il n'arrive que trop souvent que la bonne volonté du bienfaiteur cède à l'impuissance des moyens pour l'exécuter.

L'École Royale gratuite du dessin ouvre une vaste carrière à la bienfaisance.

Une somme modique que, dans une aisance même très-bornée, on peut regarder comme un excédant de superflu, suffit pour procurer à un enfant les moyens de s'exercer continuellement dans la pratique des principes qu'on lui démontre dans l'École, et de tirer tout le fruit possible de l'instruction qu'il y reçoit.

Dès qu'il est admis à l'École, son sort est entre ses mains; qu'il se rende capable, son succès est certain, et indépendamment de l'avantage d'avoir été par son simple travail l'instrument de sa fortune, il est sûr d'obtenir toujours la préférence sur les autres ouvriers. Les connoissances qu'il aura acquises dans l'École et la pratique du dessin le mettront en état de suppléer aux défauts d'ouvriers d'un autre genre que le sien, et s'il ne peut exécuter par lui-même ce qui dépend d'une autre profession, du moins il sera d'une grande utilité à celui qui l'emploiera, en donnant les dessins des ouvrages qui ne seront point de son genre, et dirigeant leur exécution.

Après avoir exposé la manutention de l'École, après avoir considéré les avantages généraux sur le commerce et l'industrie nationale, dont la plus grande partie n'a pour base que la main-d'œuvre, il convient d'en ajouter un autre, peut-être encore plus important : celui de procurer aux enfans les moyens de faire connoître les dispositions naturelles qui se trouvent en eux pour une profession plutôt que pour une autre, de sorte qu'en y faisant l'attention convenable, aucun ne se trouve déplacé; c'est par là qu'on peut être assuré d'avoir d'habiles ouvriers en tous genres, et c'est le but unique de cette institution ; mais si, malgré les dispositions que la sagesse a dictées pour tenir l'ouvrier dans son état, il se trouvoit quelques-uns de ces génies privilégiés à qui

il ne faut qu'indiquer la route pour arriver au but, ces enfans heureusement nés trouveront dans les académies des
hommes bienfaisans qui développeront avec zèle les germes
que cet établissement aura fait éclore.

Quels moyens plus efficaces eût-on pu choisir pour arra-
cher des citoyens du sein de la paresse que ceux que l'on
vient de détailler? Qu'on ne se fasse point illusion; il est
impossible de se dissimuler que l'amour du travail est presque éteint parmi nous; qu'on visite les ateliers des grands
artistes en tous genres, on y trouvera dix étrangers contre
un national. Si l'oisiveté est la mère de tous les vices, quelle
influence ne doit donc pas avoir sur les mœurs un établissement où sont instruits des milliers de citoyens capables
de faire honneur et de rendre service à la patrie! Il est con-
stamment prouvé que cet établissement étoit indispensable
pour perfectionner l'industrie nationale, augmenter le débit et mériter la préférence sur les autres nations, tant par
des prix modérés que par un goût exquis. Il reste à exposer
l'impossibilité où sont beaucoup de citoyens de procurer à
leurs enfans ces principes qui sont la base de tout art mécanique.

Il n'y a point eu jusqu'à présent d'écoles publiques où
l'on ait enseigné les élémens du dessin dans tous les genres.
Toutes les anciennes institutions supposent toujours, dans
les sujets qu'elles se proposent d'instruire, des connoissances préliminaires que le défaut de facultés ou de commodités rend souvent impossibles.

L'étude de la nature vivante, étude à laquelle nous de-
vons les grands hommes qui ont illustré leurs noms dans
les arts, n'est propre que pour ceux qui sont déjà avancés
dans le dessin par un exercice de plusieurs années, sous les
yeux d'un habile maître; mais qui peut se procurer un pareil avantage?

14

Dans les Écoles, on paye cent quarante-quatre livres par an ; en ne comptant que six années d'études, terme ordinaire des brevets, la somme se trouve de huit cent soixante-quatre livres ; qu'on ajoute à cela le prix de l'apprentissage qui monte jusqu'à mille livres, ces deux sommes réunies excèdent les moyens de presque tout citoyen qui a besoin d'un métier. Qu'arrive-t-il donc alors ? Des parens hors d'état de faire cette dépense, mettent leurs enfans en apprentissage pour n'être toute leur vie que des compagnons qui opèrent sans savoir pourquoi ; tels sont presque tous nos ouvriers, obligés de recommencer plusieurs fois la même chose pour arriver à un point apparent de perfection ; ils portent la main-d'œuvre à des prix excessifs, et le défaut de principes enfouit des talens que la culture eût fait germer et fructifier.

Quelles dépenses nos rois et nos ministres n'ont-ils pas faites pour exciter et favoriser l'étude des lettres ? Ils ont établi à grands frais des universités dans la plupart de nos provinces, des colléges nombreux dans les capitales ; à leurs exemples, plusieurs familles puissantes du royaume se sont empressées de fonder des classes et des bourses pour les étudians ; ces fondations se sont tellement multipliées dans Paris qu'il n'y avoit pas assez de sujets pour remplir les Écoles ; les classes étoient désertes dans la plupart des colléges, et les professeurs n'étoient plus que des pensionnaires inutiles avant leur réunion.

Pendant une assez longue suite de siècles, depuis Charlemagne jusqu'à Louis XIII, ces fondations n'ont eu pour objet que l'étude du latin et du grec, de la grammaire, de la rhétorique, de la philosophie et du droit ; études nécessaires sans doute pour fournir des sujets tant à l'Église qu'à la magistrature ; mais dangereuses pour ceux qui ne trouvent point à se placer dans ces deux classes, parce qu'il eur est difficile de refluer dans d'autres professions. On peut sans injustice les regarder pour la plupart comme des sujets perdus pour l'État et destinés à mener une vie très-inutile ; on ne doit en excepter que le petit nombre de ceux qui sont nés avec assez de génie pour éclairer leur siècle, ou qui, sortant des classes, suivent les différentes professions relatives à la médecine. Le surplus se trouve réduit à la profession d'homme de lettres : profession glorieuse à la vérité pour les grands hommes, mais déshonorante pour quiconque ne fait qu'y ramper ; de là cette foule de mauvais auteurs en tous genres qui auroient pu être de bons serruriers, des tourneurs adroits, d'habiles menuisiers, si leurs parens avoient eu autant de facilité à les former aux arts qu'ils en ont trouvé pour les lettres.

Le meilleur des Rois a daigné jeter les yeux sur une classe de citoyens que ses prédécesseurs avoient laissée en quelque sorte dans l'oubli. Quelle ressource pour faire fleurir notre commerce et attirer chez nous l'argent des étrangers ! L'industrie est préférable pour nous aux mines du Potose. Le commerce a tant d'influence sur les États, qu'il est devenu la base de la politique de l'Europe : en effet, depuis que l'or est la mesure de tout, depuis que la grandeur des États se calcule, les moyens d'acquérir de l'or et les canaux qui le portent, sont devenus le premier objet de l'administration. C'est dans les comptoirs des marchands qu'on se dispute l'empire des mers et les champs de bataille.

Applaudissons à la sagesse du Ministère, qui s'occupe des intérêts de la nation et de la gloire du Monarque. Le progrès de l'industrie nationale est une époque mémorable dans les fastes de son règne ; c'est dans des vues aussi justes que grandes qu'il fait cultiver la jeunesse de ceux qui sont nés pour les Arts ; leurs mains cesseront d'être asservies à la routine, et leur esprit sera éclairé par les études élémentaires qui conviennent à leurs différentes professions. Les Arts marchent aujourd'hui à grands pas vers la perfection ils cessent d'être abandonnés à des pratiques aveugles ; les étrangers, forcés de nous céder la palme, ne donneront plus d'atteinte à notre commerce ; nous ne serons plus obligés d'envoyer si souvent chez eux, et presque toujours en vain des observateurs à la découverte des différens genres d'industrie, qui fournissent des branches de commerce dont nous sommes totalement privés. Si nos écoles sont florissantes, nous verrons au contraire leurs enfans venir chez nous, pour y être instruits avec les nôtres. C'est un moyen assuré de détruire les préjugés nationaux qui nous sont contraires et d'enrichir nos villes par l'affluence des étrangers.

Généreux citoyens, dont les bienfaits contribuent journellement au soutien de l'École, vos noms, chers à la postérité, seront pour jamais gravés dans le temple de Mémoire ; et on ne pourra les y lire sans être ému jusqu'au fond de l'âme, sans répandre des larmes de tendresse et d'admiration, et sans se sentir entraîné par un désir ardent d'imiter le zèle patriotique dont vous êtes animés [1].

---

1. On lit au verso du titre : « Se trouve chez M. Bachelier, peintre du Roi Directeur de l'École, aux Tuileries, cour Royale, sous le vestibule, n° 1er, et aux Écoles de dessin, collège d'Autun, rue et vis-à-vis Saint-André-des-Arts. »

II

DÉTAILS SUR L'ORIGINE ET L'ADMINISTRATION DE L'ÉCOLE ROYALE GRATUITE DE DESSIN, *sur l'instruction, les prix d'émulation, la police des classes et les sujets qui les fréquentent.*

L'École Royale gratuite de dessin doit son origine et ses progrès aux soins d'un artiste [1] qui, renonçant à l'exercice de ses talens, s'est entièrement livré à la suite de cet établissement.

Le but de l'institution est d'enseigner gratuitement, à des ouvriers ou des enfans sans fortune, les principes élémentaires de la géométrie pratique, de l'architecture et des différentes parties du dessin relatives aux arts mécaniques, pour leur procurer la faculté d'exercer eux-mêmes, et sans secours étrangers, les différens ouvrages que leur génie particulier peut leur faire imaginer.

L'origine de l'École remonte à 1766. Elle fut ouverte en vertu d'une simple permission du gouvernement, mais ce ne fut qu'au mois d'octobre 1767 qu'intervinrent les lettres patentes qui en ordonnèrent l'établissement.

Les exercices se sont tenus à l'ancien collége d'Autun jusqu'en 1776 que l'École a été transférée à l'ancien amphithéâtre de Saint-Côme, dont le Roi lui a fait donation, pour y fixer irrévocablement le chef-lieu qui y est actuellement établi.

Toute la manutention de l'École peut se diviser en deux parties : l'administration et l'instruction.

---

1. M. Bachelier, professeur de l'Académie royale de peinture. (Note de Bachelier.)

Administration.

Suivant les lettres patentes du 20 octobre 1767, l'École est instituée sous le titre d'*École Royale gratuite*, et doit être régie et administrée sous l'inspection de M. le lieutenant général de police.

Le bureau d'administration, auquel préside le magistrat de police, doit être composé d'un directeur et de six administrateurs choisis parmi les notables, ayant tous voix délibérative, et, pour le service du bureau, d'un secrétaire et d'un caissier.

Par l'article 3, le Roi s'est réservé de nommer pour la première fois le directeur et les administrateurs, auxquels il a laissé la nomination du secrétaire et du caissier.

Les administrateurs doivent être changés à l'expiration de trois années d'exercice, de façon qu'il en entre chaque année deux nouveaux pour remplacer les anciens. Ils peuvent être continués une fois seulement, et sont à la nomination du bureau.

Par arrêt du 13 avril 1776 confirmatif desdites lettres patentes, Sa Majesté a ordonné qu'au bureau qui seroit indiqué pour l'élection des nouveaux administrateurs il seroit accordé entrée et voix délibérative à douze fondateurs qui y seront invités par le bureau d'administration.

La place de secrétaire, à laquelle le bureau avoit nommé dans l'origine, ayant été reconnue très-onéreuse à l'École, le bureau en a supprimé les émolumens; et, pour en remplir les fonctions et se conformer aux dispositions des lettres patentes, le bureau a invité un des administrateurs anciens à en accepter la nomination à titre gratuit et honorable, avec la qualité de secrétaire perpétuel, en lui conservant le titre, entrée, voix délibérative et toutes les fonctions et prérogatives attribuées aux autres administrateurs, et a arrêté en outre que, dans le cas où la place viendroit à vaquer, elle ne pourroit être remplie que par un ancien administrateur ou par un fondateur, et toujours au même titre.

Le bureau doit s'assembler tous les mois, et si, dans le cours de l'année, les affaires exigent la tenue d'un bureau extraordinaire, il est convoqué par le magistrat de police.

Le travail de l'administration est partagé en deux comités : l'un pour l'instruction, l'autre pour la comptabilité.

Ces comités se tiennent toutes les fois que les affaires le requièrent, et il s'en tient un général tous les samedis, où se traitent et se décident les affaires, sauf le renvoi au bureau de celles que le comité croit devoir soumettre à sa décision.

Les objets mis en délibération, tant au comité qu'au bureau, sont délibérés à la pluralité des suffrages et proposés par le directeur ou l'un des administrateurs.

Instruction.

L'instruction comprend tout ce qui a rapport aux élèves et aux différentes personnes chargées de les instruire.

ÉLÈVES.

L'École est ouverte en faveur de quinze cents jeunes gens, auquel nombre on s'est restreint par l'étendue du local.

Tout ouvrier, apprenti et même les enfans, qui ne sont engagés dans aucune profession, sont admis à l'École, pourvu qu'ils aient atteint l'âge de huit ans accomplis.

Pour se procurer cette admission, l'élève doit se présenter au directeur, qui lui délivre un billet adressé aux officiers. Son nom, son âge, le lieu de sa naissance, sa demeure et la date de son entrée sont inscrits sur un registre tenu à cet effet ; il n'a d'autres frais à payer qu'une somme de douze sous par forme de consignation de la valeur d'un jeton, dont l'usage sera indiqué ci-après, et on lui remet en échange une carte portant reconnoissance du payement de cette somme, qui lui est due en représentant la carte lorsque son instruction est finie ou qu'il quitte l'École avant le temps fixé pour l'instruction. Le terme est de six années, que l'on a jugé suffisantes pour enseigner à un élève, qui n'a même que des dispositions communes, les élémens du dessin nécessaires pour exercer avec distinction un art mécanique quelconque.

Muni du billet du directeur, l'élève admis à l'instruction est enclassé dans le genre d'étude qu'il a choisi, suivant la profession qu'il exerce ou à laquelle ses parens le destinent.

Les études sont divisées en trois genres :

La Géométrie et l'Architecture,
La Figure et les Animaux,
Les Fleurs et l'Ornement.

Cette division comprend les élémens de tous les genres de dessins, tous les rapports et les secours relatifs aux différens arts mécaniques sur lesquels ils ont la plus grande influence.

Les élémens de la géométrie sont indispensables aux

Charpentiers,	Maçons,
Charrons,	Opticiens,
Chaudronniers,	Potiers d'étain,
Gainiers,	Tabletiers,
Lapidaires,	Tourneurs.

La géométrie, les fleurs et l'ornement guident les opéra-
ions des

Arquebusiers,
Artificiers,
Blondiers,
Bourliers (*sic*),
Brodeurs,
Couteliers,
Ébénistes,
Émailleurs,
Fabricants d'étoffes,
Fabricants de galons,

Fabricants de rubans,
Gaziers,
Horlogers,
Luthiers,
Menuisiers,
Metteurs en œuvre,
Selliers,
Serruriers,
Treillageurs.

La géométrie, l'architecture en général sont de toute né-
essité aux

Argenteurs,
Ciseleurs,
Doreurs,
Éventaillistes,

Fondeurs,
Fourbisseurs,
Graveurs sur métaux,
Orfevres.

De la division des études en trois genres s'ensuit néces-
airement celle des classes.

Chaque jour est destiné à l'instruction d'un seul genre
ui s'enseigne alternativement tous les trois jours, de sorte
ue, dans le cours de la semaine, les trois genres sont en-
eignés deux fois ; les heures des classes et le nombre des
lèves qui doivent les fréquenter sont distribués de façon
u'en admettant le nombre de quinze cents complet, cinq
ents peuvent être enseignés dans le cours de la journée, et
onséquemment chaque élève profite deux fois la semaine
e l'instruction dans le genre auquel il a été admis.

L'École est ouverte toute la journée, depuis sept heures

en été jusqu'à cinq et demie, et depuis neuf heures en hiver jusqu'à la fin du jour.

Elle est divisée en quatre exercices, suivant le tableau ci-après :

TABLEAU DE LA JOURNÉE.

125 élèves entrans à sept heures, sortent à neuf heures et demie.

125 élèves entrans à neuf heures trois quarts, sortent à onze heures.

125 élèves entrans à midi, sortent à deux heures.

125 élèves entrans à trois heures, sortent à cinq heures et demie.

Il y a, entre la fin d'une classe et l'ouverture de la suivante, un temps suffisant pour la sortie et l'entrée des élèves, sans qu'il en résulte de confusion.

TABLEAU DE LA SEMAINE.

500 élèves sont instruits le lundi et le jeudi dans l'architecture et ses relatifs.

500 sont exercés le mardi et le vendredi dans la figure et les animaux.

500 apprennent les mercredi et samedi les fleurs et l'ornement.

La salle d'instruction est garnie de tables entourées de bancs, sur lesquels on a adapté des formes qui marquent la place des élèves à une distance proportionnée.

Chaque élève a sa place déterminée, de façon qu'il a la liberté de dessiner avec aisance, sans pouvoir s'en écarter ni incommoder son voisin.

Sur ces tables, et en face de chaque place, sont posés, en

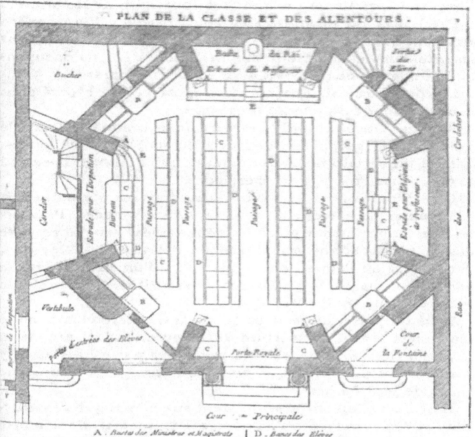

L'École Royale gratuite de Dessin, telle qu'elle était installée à l'amphithéâtre de Saint-Côme, à partir de 1776.

plan incliné, des porte-dessins fermant à clef, pour conserver sous verre les épreuves que l'on donne à copier aux élèves, afin qu'ils ne puissent les soustraire ni les altérer.

Ces boîtes ou porte-dessins sont marqués d'un numéro apparent qui correspond à celui sous lequel les élèves sont inscrits dans le registre tenu à la direction, et ils occupent toujours la même place vis-à-vis le même numéro.

L'ordre successif des numéros n'est point observé dans la classe pour éviter toute préséance.

Chaque jour et avant l'ouverture de la première classe, le préposé à la garde des épreuves en met dans les porte-dessins un certain nombre du genre qui doit être enseigné et choisi par l'officier en exercice.

Ces épreuves sont les mêmes dans tous les porte-dessins, et, comme les élèves sont plus ou moins avancés, l'inspecteur ou le professeur place immédiatement sous le verre le dessin proportionné à la force de l'élève; de même que, dans le cas où l'élève peut copier plus d'un dessin dans le cours de la classe, le professeur en substitue un second à la place de celui qu'il a déjà copié.

Tous les jours, après la sortie de la dernière classe, ou le lendemain, avant l'ouverture de la première, le préposé à la garde des épreuves change celles des porte-dessins et y place celles du genre qui doit être enseigné, et ainsi de suite, de jour en jour.

L'École ne fournit gratuitement aux élèves que l'instruction et les épreuves qu'ils copient, comme il vient d'être dit; ils sont obligés de se fournir de papier, crayons, etc., à moins qu'ils ne soient *fondés*, comme il sera dit ci-après.

A la sortie de chaque classe, il est remis aux élèves un jeton, dont la forme est ci-dessous, pour servir aux parens et aux maîtres de preuve d'assiduité de l'élève, qui ne peut les tromper, en ayant par eux l'attention de regarder si le nom du jour gravé sur le jeton est le même que celui auquel l'élève le représente.

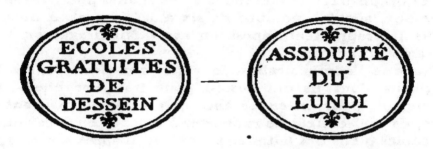

Les élèves sont pareillement obligés de représenter le jeton au suisse à leur entrée dans la classe, sans quoi ils n'y sont point admis.

La manière dont les élèves doivent se comporter soit à l'entrée, soit à la sortie de la classe et pendant qu'elle se tient, de même que vis-à-vis des professeurs ou leurs camarades, dans le chemin qu'ils parcourent pour se rendre à l'École ou chez eux, est prescrite par un règlement de l'Administration.

ÉLÈVES FONDÉS.

Tous les élèves indistinctement profitent de la même instruction ; on leur donne à copier les mêmes dessins ; ils sont admis aux mêmes concours, reçoivent les mêmes prix lorsqu'ils les ont mérités, et jouissent de tous les avantages de l'établissement. Il n'y a de différence entre les élèves fondés et ceux qui ne le sont pas, sinon que les premiers sont fournis gratuitement de papier, crayons, instrumens nécessaires pour travailler dans l'École et d'originaux pour étudier chez eux ; au lieu que les seconds ne reçoivent, comme on l'a dit, que l'instruction gratuite, et ne sont fournis que des originaux pour travailler dans la classe, sans pouvoir les emporter chez eux.

Les originaux, que l'on fournit aux fondés pour travailler chez eux, sont au nombre de six à la fois; et, à mesure qu'ils les rapportent, après en avoir fait usage, on leur en remet six autres.

Quoique l'administration fournisse aux élèves fondés les originaux dont ils ont besoin pour travailler chez eux, cependant, pour éviter les abus que les élèves peuvent en faire, ils sont obligés de rapporter à l'inspecteur des études les copies qu'ils ont faites chez eux; et, d'après son *visa*, le préposé à la garde des épreuves leur en délivre d'autres successivement, tant qu'ils en ont besoin.

A l'égard des crayons et papier, chaque fourniture est proportionnée à la quantité de fondation dont l'élève est pourvu, et dont il justifie l'emploi par la représentation de son travail.

Les fondations sont fixées par le bureau à trente livres de rente annuelle, perpétuelle ou viagère, moyennant laquelle tout particulier peut nommer un élève qui, pendant six années que dure le temps des études, est fourni d'originaux et de tout ce qui est nécessaire pour travailler, tant à l'École que chez lui, mais seulement dans le genre auquel il est admis; et, dans le cas où le fondateur désire que l'élève soit fourni de tout ce dont il a besoin pour travailler dans les trois genres, il doit faire trois fondations qui composent une bourse.

Les fondateurs ont le droit, au bout de six années d'étude, de nommer un autre élève, pour remplacer le premier qu'ils ont nommé.

Il en est de même lorsque, pour quelque cause que ce soit, l'élève ne continue pas de fréquenter l'École dans le cours des six années d'études, ou que le fondateur juge à

ropos de retirer sa nomination pour des raisons particu-
ères; mais ce droit de nomination, dont le fondateur
erpétuel jouit à perpétuité ainsi que ses représentants,
'appartient au fondateur viager que pendant sa vie seu-
ment.

PROFESSEURS.

Le soin de l'instruction est confié à trois professeurs
t trois adjoints.

L'un des professeurs a le titre d'Inspecteur des études.

Un professeur et un adjoint sont attachés spécialement à
haque genre.

Les professeurs sont choisis au concours, savoir : le pro-
esseur et l'adjoint pour l'architecture et ses dépendances,
armi les élèves couronnés par l'Académie d'architecture,
t les juges de ce concours sont des commissaires choisis
lans l'Académie. Les autres professeurs et adjoints sont
areillement choisis, au concours et au jugement de l'Aca-
émie de peinture et de sculpture, parmi les élèves de cette
Académie qui ont remporté au moins la première médaille.
es adjoints parviennent à la place de professeurs par la voie
lu concours entre eux; et les uns et les autres sont entière-
nent subordonnés, pour toutes leurs fonctions, au direc-
eur, auquel se rapportent toutes les opérations relatives à
'instruction.

L'inspecteur est spécialement chargé de surveiller la
olice intérieure de l'École et de veiller pareillement à ce
que les professeurs et adjoints remplissent exactement leurs
onctions; et, en cette partie, ils lui sont subordonnés. Il est
le service toute l'année, en qualité d'inspecteur; mais il ne
emplit les fonctions de professeur que les jours de la
emaine où s'enseigne le genre auquel il est attaché.

Chaque professeur et adjoint n'est de service que deux

jours de la semaine; mais, ces deux jours de service, il ne peut s'absenter de l'École qu'aux heures de repas.

L'instruction de chaque genre se partage entre le professeur et l'adjoint. La classe, pour cet effet, se divise en deux parties : les élèves d'une partie sont enseignés par le professeur, et l'autre partie par l'adjoint; et, comme les numéros des places ne sont pas par ordre successif et que les élèves ne se trouvent pas rangés suivant leur degré d'avancement, le professeur et l'adjoint se trouvent également chargés d'enseigner des élèves qui commencent et d'autres qui sont plus avancés.

Les fonctions de professeur et adjoint sont, indépendamment de l'instruction, de maintenir le bon ordre, le silence le plus exact et l'attention des élèves à leur ouvrage; de veiller pareillement à ce que les élèves ne s'écartent en rien de ce qui leur est prescrit par le règlement, soit pendant le temps de la classe, soit à leur entrée, soit à leur sortie.

Le professeur chargé du genre de la géométrie et de l'architecture démontre, sur des tableaux exposés en évidence, les opérations et les proportions relatives à ce genre qui sont susceptibles de démonstrations et applicables aux dessins que les élèves doivent exécuter, et qui sont renfermés dans les porte-dessins. Il est seul chargé de la démonstration.

Ses fonctions, quant au surplus de l'instruction, de même que celles des autres professeurs et adjoints, sont, à l'entrée de la classe, lorsque les élèves sont rassemblés et qu'ils arrivent successivement, de voir s'ils se placent à leur numéro, ensuite si le dessin placé immédiatement sous le verre du porte-dessin est celui qui convient à l'élève, suivant son degré d'avancement; et, dans le cas contraire, d'y substituer celui qu'il juge nécessaire de lui donner à copier, d'indiquer à mi-voix, et particulièrement à chaque élève, l manière dont il doit s'y prendre pour exécuter le dessin qu'il a sous les yeux ; de lui conduire la main s'il est nécessaire, et lui montrer l'usage des instrumens dont il doit se servir, et voir s'il entend et met en pratique ce qu'il lui a démontré, et enfin d'employer tout le temps de l'exercice à suivre, successivement et sans discontinuation, tous les élèves qui sont dans la partie dont il est chargé ; de guider le travail et de corriger les dessins.

Quelque temps avant la fin de l'exercice, le professeur ou l'adjoint parcourt les places, examine de nouveau chaque dessin des élèves, le corrige s'il est nécessaire, et le timbre du quantième du mois, de la première lettre du nom de l'élève, du numéro de la place et d'une marque de contentement ou de mécontentement.

Au moyen de ce timbre, les parens et les maîtres qui se font représenter les dessins que les élèves ont faits dans l'École, sont journellement en état de connaître leurs progrès ou leur négligence. Indépendamment de ce, le professeur ou l'adjoint tient une feuille divisée par colonnes, contenant tous les numéros de chaque exercice, et sur laquelle est inscrit le nom des élèves qui sont dans la partie dont il est chargé. Sur cette feuille et dans les colonnes qui y sont indiquées, il marque tous les jours, à la fin de chaque exercice et par des lignes indicatives, si l'élève a été absent, s'il a travaillé chez lui, s'il a fait des progrès, s'il a donné sujet de mécontentement, et généralement tout ce qui a trait à la conduite ou au travail de l'élève.

Le relevé de cette feuille est remis tous les mois, certifié des professeurs et adjoints, au directeur, qui juge de la conduite de chaque élève ; et, dans le cas d'absence réitérée dans le cours du mois, il en écrit aux parens pour s'informer si c'est pour cause légitime. Le résultat de cet examen est porté sur des bulletins tenus en forme de registre, dont ils se détachent pour être envoyés tous les trois mois, *gratis*, aux parens. De sorte qu'ils peuvent être continuellement instruits de l'assiduité de leurs enfans aux écoles, de leur absence, si elles ont été jusqu'à trois fois, et enfin de leur conduite et de leurs progrès.

ORIGINAUX.

L'objet de l'institution étant, comme on ne peut trop le répéter, d'enseigner les principes élémentaires du dessin relatifs aux arts mécaniques seulement, et devant en embrasser tous les rapports, autant par les exemples que par la démonstration, il n'a pas été possible de faire usage des traités ou cours complets qui existent sur les arts en général et en particulier, ne fût-ce que par la seule raison que les traités passent de beaucoup les bornes des élémens ou qu'ils ne sont pas spécialement appliqués aux arts mécaniques; il a donc fallu prendre dans chacun d'eux les principes généraux qui doivent faire la base des trois genres qui forment la division des études, diminuer ou multiplier le nombre des exemples, les adapter à l'objet de l'institution, et du tout former une suite d'instruction théorique et pratique, au moyen de laquelle, pendant les six années d'étude, un élève peut être en état de se rendre un ouvrier distingué.

Pour cet effet l'École a fait graver à ses frais un nombre considérable de planches, dont on a distribué les quantités analogues à chaque genre, suivant le plus ou moins d'étendue du genre et des détails qu'il exige. Toutes ces planches sont de grandeurs uniformes et suffisantes pour le développement des objets qu'elles représentent. Les épreuves que l'on en tire sont à la manière de crayon, à l'exception de ce qui a trait à la partie des mathématiques, qui est gravé à la pointe.

Ce sont ces épreuves que l'on met dans les porte-dessins,

et que l'on donne journellement à copier aux élèves ; sur quoi l'on observe qu'ils ne font usage que du crayon noir, qui est moins sujet que le rouge à gâter leurs vêtemens et leur papier.

La suite de ces planches forme l'instruction complète, la quantité de planches adoptées (*sic*) à chaque genre a été jugée suffisante pour remplir cet objet.

Il faut cependant distinguer dans ces différens genres de dessins :

1° Ceux que l'on nomme exacts, tels que la géométrie, perspective, coupe des pierres, architecture et ses dépendances qui n'ont qu'une manière d'être, ce qui met des bornes à leur collection. Ces sortes de dessins ne se prêtent pas au besoin des arts ; c'est au contraire aux arts mécaniques à se contenter des secours qu'ils y trouvent.

2° Les dessins d'imitation ou de goût. Ces derniers sont plus lians, ils se prêtent en tous sens, s'étendent et se restreignent suivant les besoins de l'artiste. Par exemple, les fleurs se traitent différemment dans

La Bourrelerie,	La Gaze,
La Broderie,	La Gravure sur métaux,
La Dentelle,	La Joaillerie,
La Dorure,	La Serrurerie,
L'Ébénisterie,	La Tapisserie, etc.

C'est toujours le même genre, mais qui se varie à l'infini.

Il en est de même des animaux, de la figure et de l'ornement.

Il résulte de cette division une multitude de variétés dans la figure, les animaux, les fleurs et l'ornement qui rend indéterminé le nombre de planches de ces différens genres, et qui dépend encore de la variation du goût, mais tourne toujours à l'avantage de l'instruction, les élèves pouvant choisir dans une plus grande multitude de dessins, ceux les plus analogues à leur profession ; mais, comme on le répète, le principe est toujours le même, les exemples seuls varient, et lorsqu'un élève a copié avec l'intelligence et l'exactitude nécessaires une quantité d'animaux, de fleurs ou d'ornemens qui forment le cours — il n'importe de quelle nature — son instruction est toujours complète.

L'administration voulant mettre les élèves non fondés à portée d'acquérir les épreuves qu'ils doivent se procurer pour travailler chez eux, les a fixées à un prix très-modique, et leur fait délivrer séparément telle épreuve dont ils peuvent avoir besoin, sans qu'ils soient obligés de prendre la collection entière ou même les collections particulières de chaque genre. L'administration procure la même facilité aux Écoles de province.

PRIX ET CONCOURS.

L'émulation des élèves s'excite par des prix qui leur sont adjugés dans différens concours.

Les premiers, que l'on nomme *concours de quartier*, se font tous les mois dans toutes les classes et dans tous les genres, ce qui fait par mois trois concours qui ne se jugent qu'à la fin du quartier.

Les seconds, que l'on nomme *grands concours*, n'ont lieu que tous les ans et se jugent au commencement de décembre.

Ces différens concours se font de la manière suivante :

CONCOURS DE QUARTIER.

Les élèves dans la classe, chacun à leur numéro, travaillent pendant deux heures et demie sans recevoir aucun conseil de la part des professeurs et adjoints, qui n'assistent dans la classe que pour maintenir le bon ordre.

A la fin de la séance et lors de la sortie des élèves, tous es dessins sont numérotés par l'inspecteur sous le même uméro de la place que l'élève occupe, et renfermés ensuite lans des portefeuilles, scellés du cachet de l'inspecteur et les professeurs, pour être ouverts lors du jugement, à la fin lu quartier.

Ce jugement se fait par le directeur, les professeurs et djoints, et les administrateurs y sont invités pour consater la validité et la forme du concours.

CONCOURS ANNUEL.

Le concours annuel se fait dans la même forme, mais epuis sept heures du matin jusqu'au soir. Le jour de la éance, deux administrateurs et le directeur se transportent l'École le matin, à l'heure indiquée ; ils arrêtent et signent 'état des élèves placés chacun à un numéro différent de elui de leur exercice. Ils reviennent le soir, avant la sortie, our faire renfermer les dessins dans des portefeuilles, sur esquels ils apposent leurs cachets respectifs, et déposent a portefeuille entre les mains de l'inspecteur, afin de prévenir toute surprise. On ne donne à copier aux élèves que es dessins nouveaux.

Il est à observer qu'on n'admet au concours de quartier ue les élèves dont les ouvrages méritent d'être exposés ans la salle où se fait la distribution annuelle des grands rix, et qu'on n'admet au grand concours que les élèves qui nt remporté les premiers prix de quartier.

Quelque temps avant la distribution des prix, le Magistrat vite le premier peintre du Roi et plusieurs professeurs es Académies de peinture et d'architecture de se rendre ux écoles, pour procéder au jugement du grand concours.

Le jour indiqué, et lorsque toutes les personnes invitées nt rassemblées, l'inspecteur représente le portefeuille aux administrateurs et directeur qui, après avoir reconnu leur cachet, en font la levée en présence des professeurs et adjoints. Les dessins sont séparés par nature de genre; les membres des Académies en font l'examen, donnent leur avis et prononcent sur le mérite des ouvrages. Il est interdit aux professeurs et adjoints de faire connoître leurs sentimens, ni rien dire qui puisse donner le moindre indice sur le nom des élèves qui ont concouru.

PRIX.

Les prix sont de plusieurs sortes, savoir :

Les grands prix au nombre de six ;

Les premiers et seconds accessits au nombre de douze ;

Les premiers prix de quartier au nombre de quatre-vingt seize ;

Et les deuxièmes prix en pareil nombre.

Les grands prix consistent chacun en des livres ou collections d'estampes de la valeur de trente-six livres, et l'espoir de la maîtrise dans la profession à laquelle l'élève se destine, s'il s'en rend digne par ses talens.

Les grands accessits consistent, ainsi que les précédens en livres ou collections d'estampes de la valeur de dix-huit livres pour les premiers et de douze livres pour les seconds dont le choix est relatif au genre d'occupation auquel se destinent les élèves qui les ont mérités.

Le bureau a fixé la valeur des prix de quartier, savoir :

Les premiers prix à neuf livres ;

Les seconds à six.

Il y a aussi des premiers et seconds accessits qui n'ont de valeur que par l'honneur d'avoir approché du but.

A la fin de l'année, le Bureau fait imprimer une liste de tous les élèves qui ont remporté ces prix ; et un exemplaire

le cette liste se joint au prix que l'on remet à l'élève lors
le la distribution, qui se fait dans la forme suivante.

Le dimanche avant Noël, le Bureau se transporte à une
eure indiquée dans la classe ou se trouvent assemblés les
lèves seulement qui ont remporté les seconds prix, et le
10mbre des personnes invitées que le surplus de la classe
eut contenir.

Après un discours prononcé par l'Inspecteur des études,
1n des adjoints appelle à haute voix les élèves, auxquels un
les plus anciens administrateurs fait la distribution.

Le Magistrat de Police n'assiste point à cette distribution, pour rendre plus solennelle et plus intéressante celle
qui se fait, le lendemain de Noël, des six grands prix, des
premiers et seconds accessits et des premiers prix, dans
une des salles du palais des Tuileries, où sont invités tous
es fondateurs, les gardes et les adjoints des six corps et les
ersonnes les plus distinguées. Cette distribution se fait
vec le plus grand appareil et à portée d'être vue de tous
es spectateurs.

Le Directeur ouvre la séance par un discours relatif aux
circonstances [1]; l'un des professeurs appelle à haute voix
es élèves qui ont remporté les six grands prix; ils s'appro-
hent du Magistrat qui, en les embrassant, leur remet le
rix qu'ils ont remporté et une reconnoissance, que le Bu-
eau s'engage de leur payer la valeur de la Maîtrise à laquelle ils se destinent, à la charge par eux de subir les
xamens des Jurés de la Communauté, de satisfaire aux
ispositions des règlemens concernant la réception dans les
Maîtrises, et de rapporter au Magistrat un certificat de leur
Communauté et de la réception de leur chef-d'œuvre, s'il y
lieu d'en ordonner.

1. La série des Discours prononcés par Bachelier de 1767 à 1789 a été re-
ueillie et publiée : *Collection des Discours de M. Bachelier*. Paris, 1790, in-8°.

Ces six élèves montrent au public les ouvrages couronnés, et prennent ensuite place avec le Bureau de l'administration.

Le Professeur continue l'appel des autres élèves, qui on remporté les accessits et les premiers prix ; le Magistrat les leur délivre, mais sans les embrasser ; ils ne jouissent pas de l'avantage de montrer leurs ouvrages au public, et ne prennent point séance avec le Bureau.

Indépendamment de ces prix, les quatre premiers élèves qui, pendant le cours de l'année, se sont le plus distingués par leur assiduité, leur application et leurs progrès reçoivent une gratification annuelle de cinquante livres chacun.

Les noms des six élèves couronnés sont mis dans tous les papiers publics, afin d'exciter l'émulation des sujets qui courent la même carrière et pour donner aux fondateur la satisfaction de voir la nation applaudir aux succès de leur bienfaisance.

III

Lettres patentes du Roi, *portant établissement d'une École Royale gratuite de Dessin à Paris.*

Données à Fontainebleau, le 20 octobre 1767. — Registrées en Parlement le premier décembre 1767.

Louis, par la grâce de Dieu, Roi de France et de Navarre : à tous ceux qui ces présentes lettres verront, salut. La perfection à laquelle, par nos soins et notre protection, se son élevés dans notre royaume les différens corps d'arts et métiers, Nous ayant convaincu de plus en plus que l'industrie

des artistes de ces différens corps formoit une des branches
du commerce la plus florissante et la plus avantageuse à
nos sujets, nous croyons devoir apporter encore plus d'attention à ce qui peut faciliter l'accroissement de leurs connoissances et de leurs talens. Ces considérations Nous avoient
déjà déterminé à permettre l'ouverture d'une École dans
laquelle on enseigneroit gratuitement les principes élémentaires de la géométrie pratique, de l'architecture et des différentes parties du dessein, pour procurer à l'avenir à chaque ouvrier la faculté d'exécuter lui-même et sans secours
étranger les différens ouvrages que son génie particulier
pour son art lui fait imaginer. Le nombre considérable des
élèves que le désir de s'instruire a attirés à ces nouvelles
écoles, pour concourir avec Nous par leur application à
rendre plus célèbre, s'il étoit possible, l'industrie de nos
sujets, Nous a fait penser qu'il ne manquoit plus à ce projet, pour qu'il devînt parfaitement utile, que d'en faire un
établissement que Nous honorerions particulièrement de
notre protection, en permettant néanmoins à ceux de nos
sujets qui nous ont déjà témoigné, ou nous témoigneront,
par la suite, vouloir contribuer à la dotation de cette École,
de nous donner cette preuve de leur zèle pour le bien et
l'utilité de notre Royaume. A ces causes, et autres à ce Nous
mouvant, de l'avis de notre conseil et de notre grâce spéciale, pleine puissance et autorité royale, Nous avons ordonné et ordonnons, voulons et Nous plaît ce qui suit :

ARTICLE I.

L'École gratuite de dessein, déjà ouverte à l'ancien collége d'Autun, et celles qui s'établiront successivement dans
notre bonne ville de Paris, en faveur des jeunes gens qui se
destinent aux arts méchaniques et aux différens métiers,
seront et demeureront réunies, sous le titre d'École royale

gratuite, et régies et administrées sous l'inspection du sieur lieutenant général de police de notre dite ville.

ART. II.

Il sera établi un bureau d'administration, auquel présidera ledit sieur lieutenant général de police, et qui sera composé d'un directeur et six administrateurs choisis parmi les notables de notre ville, ayant voix délibérative avec lui ; et pour le service dudit bureau, il sera nommé un secrétaire et un caissier.

ART. III.

Le directeur et les administrateurs, que Nous nous réservons de nommer pour cette fois seulement, choisiront, aussitôt après qu'ils auront été par Nous nommés, le secrétaire et le caissier; ils choisiront aussi, par la suite, les nouveaux administrateurs, que Nous voulons être changés à l'expiration de trois années d'exercice, de façon qu'il en entre chaque année deux nouveaux pour remplacer les deux anciens qui se retireront. Permettons néanmoins audit bureau de continuer, une fois seulement, les anciens administrateurs.

ART. IV.

Les règlemens pour le choix des professeurs, pour l'admission des élèves, pour les compositions à faire, pour les places et prix à distribuer, pour les concours tant des maîtres que des élèves, seront délibérés à la pluralité des suffrages, au bureau d'administration ci-dessus établi, et proposés par le directeur; ceux qui intéresseront l'ordre, la police et l'administration dudit établissement, seront aussi délibérés au bureau, et pourront être proposés par le directeur ou l'un des administrateurs.

ART. V.

Permettons aux six corps des marchands, aux autres
orps, communautés et particuliers de notre bonne ville de
'aris, même des autres villes de notre royaume qui Nous
nt témoigné leur désir de concourir audit établissement,
e fonder, à perpétuité ou à vie, les places d'élèves dont ils
ésirent avoir la nomination. Voulons que les mêmes dis-
ositions ayent lieu pour les fondations de prix à distribuer
ux élèves, et pour celles des apprentissages et maîtrises
ui seront accordées dans les concours; autorisant à cet
ffet la passation de tels actes qui seront nécessaires pour
es différens objets, toutefois en se conformant à notre édit
u mois d'août 1749[1], et notamment à l'article XVIII d'icelui.

ART. VI.

Voulons que toutes les maîtrises qui seroient acquises
our récompenser les élèves qui les auroient méritées dans
s concours ne soient payées que sur le pied établi en fa-
eur des fils de maîtres, pourvu toutefois que lesdits élèves
yent fait leur apprentissage dans les mêmes corps et com-
unautés dont les maîtrises leur seroient conférées. Si don-
ons en mandement à nos amés et féaux conseillers les gens
nans notre cour de parlement à Paris, que ces présentes
s ayent à faire registrer, et le contenu en icelles garder et
serer selon sa forme et teneur, cessant et faisant cesser
us troubles et empêchemens et nonobstant toutes choses
ce contraire. Car tel est notre plaisir. En témoin de quoi
ous avons fait mettre notre scel à ces dites présentes.
onné à Fontainebleau, le vingtième jour d'octobre, l'an de
âce mil sept cent soixante-sept et de notre règne le cin-
ante-troisième. *Signé*, LOUIS, et plus bas, par le Roi, PHE-

---

1. Il s'agit de l'édit du Roi concernant les établissemens et acquisitions des
ns de main-morte.

LYPEAUX. Et scellées du grand sceau de cire jaune. — Regis
trées, ouï, ce requérant le procureur général du Roi, pou
être exécutées selon leurs forme et teneur, suivant l'arrêt d
ce jour. A Paris, en Parlement, le premier décembre mi
sept cent soixante-sept.

Signé : YSABEAU [1].

IV

ARRÊT DU CONSEIL D'ÉTAT DU ROI *du 19 décembre* 1767

(Extrait des Registres du Conseil d'État.)

Le Roi ayant, par ses lettres patentes du 20 octobre der
nier qui portent l'établissement dans sa bonne ville de Pari
d'une *École royale gratuite de dessin*, ordonné qu'elle ser
régie et administrée par un bureau auquel présidera le sieu
lieutenant général de police et qui sera composé d'un direc
teur et de six administrateurs choisis parmi les notables d
la dite ville, ayant voix délibérative avec lui, dont Sa Majest
se seroit, pour cette fois seulement, réservé la nomination
Elle auroit jugé à propos de se faire représenter l'état de
personnes qui ont déjà contribué à la dotation de cett
École, et pour récompenser leur zèle et animer aussi celu
de ses autres sujets qui se porteront de même à étendre u
établissement aussi utile, Elle a cru ne pouvoir mieux con
fier la régie et administration des revenus de cette École
qu'aux bienfaiteurs qui ont formé une partie de ces même
revenus ; à quoi voulant pourvoir : ouï le rapport, le Ro
étant en son conseil a nommé et nomme pour directeur d
sa dite École le sieur Bachelier, et pour administrateurs le

---

1. A Paris, chez P. G. Simon, imprimeur du Parlement, rue de la Harpe
1767, in-4°. Et à Paris, de l'Imprimerie royale, 1767, in-4° de 4 pages.

ieurs Boutin, de Montullé, d'Augny, Lempereur, Poultier et Adamoly[1], lesquels administrateurs continueront leurs exercices pendant trois années, à l'expiration desquelles deux seront changés et remplacés par d'autres bienfaiteurs ou notables, et de même d'année en année, conformément à l'article III desdites lettres patentes. Veut aussi Sa Majesté que le bureau d'administration ainsi composé s'assemble dans le lieu qui lui sera indiqué par le sieur lieutenant général de police, en attendant qu'il soit par Elle pourvu à l'emplacement d'un chef-lieu dans lequel se feront les assemblées. Fait au conseil d'État du Roi, Sa Majesté y étant, tenu à Versailles le 19 décembre 1767.

Signé : PHELYPEAUX[2].

\

REGLEMENT POUR LES ÉLÈVES *ordonné par M. le Lieutenant général de Police et par le Bureau de l'École Royale gratuite de Dessin.*

Les jeunes gens qui désireront être admis comme élèves se feront inscrire chez M. Bachelier, peintre du Roi, directeur de l'École royale gratuite de dessin, et ne pourront y avoir entrée qu'autant qu'ils seront compris dans l'état signé de lui, pour être enclassés dans les différens genres d'études sur la liste du jour et de l'heure des exercices.

L'École sera ouverte dans chacune des saisons aux heures indiquées ci-après, et sera divisée en quatre exercices de deux heures chacun :

1. *Alias* Damily.
   De l'imprimerie de Louis Cellot, 1768. 2 pages in-4°.

TABLEAU DE LA JOURNÉE.

ÉTÉ qui comprend : Mars, Avril, Mai, Juin, Juillet, Août, Septembre et Octobre.	NOMBRE DES ÉLÈVES qui composent chaque classe.	HEURES	
		d'entrée.	de sortie.
	125	7	9 1/4
	125	9 1/2	11 3/4
	125	12	2 d'après midi.
	125	3	5 1/2
	500 jeunes gens instruits dans la journée.		
HIVER qui comprend : Novembre, Décembre, Janvier et Février.	125	7 1/2	9 1/2
	125	9 3/4	11 1/2
	125	11 3/4	1 1/2
	125	2 1/2	5
	500 jeunes gens enseignés dans la journée.		

TABLEAU DE LA SEMAINE.

NOMBRE DES ÉLÈVES.	JOURS DE LA SEMAINE.	EXERCICES DIVERS.
500	Lundi et Jeudi.	Géométrie et Architecture.
500	Mardi et Vendredi.	Figure et Animaux.
500	Mercredi et Samedi.	Fleurs et Ornemens.
1,500	élèves exercés deux fois par semaine.	

L'ouverture de chaque exercice sera annoncée par le son de la cloche. Les élèves viendront à l'heure précise et n'entreront point dans les classes avec cannes ni épées; ils les déposeront dans la chambre du suisse, ainsi que toute autre chose étrangère à l'étude.

Ils se présenteront avec décence et propreté, et ne pourront entrer qu'en remettant au suisse le jeton qui indiquera e genre de l'étude auquel chaque élève est admis.

Avant d'entrer, ils se muniront de tout ce qui leur est nécessaire et auront prévenu tout prétexte de sortir : ils ouvriront et fermeront doucement la porte de la classe.

A mesure qu'ils entreront, ils prendront le plus court chemin pour se rendre à leurs places, pendant la demi-heure accordée à cet effet, après quoi la porte sera fermée.

Les élèves resteront assis à leurs numéros, uniquement occupés de l'étude tout le temps de l'exercice, sans pouvoir quitter leurs places sous aucun prétexte; ils ne s'amuseront avec aucune chose qui pourroit les détourner de la leçon.

Ils ne feront point de bruit avec leurs outils, et ils ne laisseront sur les tables que ceux qui leur seront nécessaires.

Ils ne mangeront point dans la classe, et auront attention de ne distraire leurs voisins en aucune manière; ils ne parleront pas pendant l'exercice, si ce n'est aux professeurs et aux adjoints.

Ils pourront présenter au maître les dessins qu'ils auront faits chez eux, d'après les originaux de l'École, pour les faire corriger.

Lorsque le professeur démontrera sur les tableaux, ils garderont un profond silence, afin de retenir ce qui leur sera enseigné.

Chacun des élèves observera en tous points l'ordre, la décence et le respect dus au lieu, à l'étude et aux personnes qui y professent.

Il leur est défendu d'écrire leurs noms sur les murs avec le crayon, de les rayer et dégrader avec le couteau ou autrement.

Il ne sera permis d'employer sur le papier d'autre crayon que la pierre noire.

La fin de chaque exercice ou la sortie sera annoncée par le son de la cloche.

Les élèves ne sortiront point avant la fin de l'exercice; s'ils le faisoient, il ne leur seroit point délivré de jeton, ce qui les priveroit de rentrer au prochain exercice.

A la sortie, il sera remis aux élèves un jeton portant le nom du jour, afin d'être pour les parens et pour les maîtres une preuve de leur assiduité; et pour en garantir la perte, ils consigneront douze sous, qui leur seront rendus lorsqu'ils quitteront l'École, en remettant le jeton avec la reconnoissance qui leur aura été expédiée.

On exige des élèves une entière assiduité, pour qu'ils puissent profiter des avantages des leçons; c'est pourquoi ils seront rayés de la liste pour un mois d'absence sans cause légitime, et ils ne pourront s'excuser qu'en rapportant des certificats de leurs parens ou de leurs maîtres.

Dans le cas où un élève ne profiteroit pas des réprimandes qui lui seront faites, les parens ou les maîtres en seront informés.

Si, en entrant ou en sortant, ils causoient quelques troubles aux voisins ou aux passans, sur la plainte qui en seroit portée, il en sera rendu compte à M. le lieutenant général de police, et l'École leur seroit interdite pour un an, ou, dans le cas de récidive, l'exclusion seroit perpétuelle.

Toutes les choses que les élèves trouveront dans les classes, sans aucune exception, seront remises au suisse, et elles ne seront rendues à ceux qui les auront réclamées qu'après avoir prouvé qu'elles leur appartenoient.

Ceux qui détourneront les instrumens de leurs voisins seront repris publiquement pour la première fois, et en cas de récidive, chassés.

Il y aura tous les trois mois, dans chaque exercice des trois genres d'étude, un concours pour les prix, dans lequel n n'admettra point les dessins qui n'auront point été faits dans les classes.

Il y aura aussi chaque année un concours pour les grands prix entre les élèves de tous les exercices d'un même genre qui auront remporté les premiers prix de leur classe. Ces grands prix seront distribués dans une séance publique du bureau d'administration; ceux qui les remporteront auront droit d'entrer au concours des apprentissages et des maîtrises.

Il sera délivré des certificats portant témoignage de contentement aux élèves qui auront été assidus, à ceux qui se seront tenus le plus décemment, et à ceux en qui on aura reconnu de l'application, quoique leurs progrès n'y répondent pas. On en donnera aussi à ceux qui apporteront de bonnes études faites dans leur particulier.

Ils ne recevront point de prix ni aucune autre récompense, s'ils ne rapportent au directeur le dessin signé de lui lors du jugement et la copie au net du même dessin.

Le présent règlement sera lu tous les trois mois dans les classes; ceux qui y contreviendront seront punis suivant qu'ils l'auront mérité.

Arrêté dans l'assemblée tenue en l'hôtel de M. de Sartine, conseiller d'État, lieutenant général de police. A Paris, le vingt janvier mil sept cent soixante-huit [1].

1. Imprimé in-4°, p. 28 à 32, à la suite du *Mémoire concernant l'École royale gratuite de dessin*, *à Paris*, de l'Imprimerie royale, 1774, et in-8° pour accompagner les *Calendriers des élèves de l'École.*

VI

Règlement pour les Officiers des Écoles royales gratuites de Dessin, *ordonné par M. le Lieutenant général de Police et par le Bureau d'administration.*

Les recteurs prendront les ordres du directeur sur le choix des études de leurs genres; ils assisteront aux jugemens de tous les concours et visiteront les écoles.

L'inspecteur sera chargé de l'exécution des règlemens et de tout ce qui est relatif au bon ordre et à la police, dont il rendra journellement compte au directeur; il sera aussi chargé du dépôt des dessins et du timbre de son école.

Les professeurs et adjoints des différens genres de dessins seront choisis parmi les élèves de l'Académie royale de peinture; ces places ne seront données qu'à ceux qui voudront s'en servir comme d'un moyen de se perfectionner dans leur art et non de se faire un état; c'est pourquoi aucun d'eux ne pourra exercer que deux jours, et il leur est défendu d'enseigner hors des écoles.

Ceux de l'architecture et de la géométrie seront de même choisis parmi les éleves de l'Académie royale d'architecture.

Tous les professeurs et adjoints seront continués ou remplacés dans un concours annuel indiqué par le directeur, dans lequel la préférence sera donnée suivant le rang qu'ils occupent dans lesdites Académies.

Ils vivront en bonne intelligence et seront subordonnés au recteur pour l'instruction et à l'inspecteur pour tout ce qui concerne la police.

Ils se rendront dans la classe avant l'heure indiquée pour chaque exercice et ne s'y occuperont que des études.

Ils partageront entre eux la classe et diviseront le temps de manière que chaque élève jouisse également de leurs soins et ne puisse pas remarquer de préférence.

Ils ne quitteront point la classe pendant le cours des exercices; et en cas de maladie ils seront remplacés, savoir le professeur par l'adjoint et l'adjoint par un artiste agréé du directeur; ils jouiront des émolumens de la place tout le temps qu'ils occuperont.

Ils n'emploieront que des expressions douces et encourageantes envers les élèves, soit qu'ils corrigent leur travail ou qu'ils les reprennent sur leur conduite.

Ils ne communiqueront point leurs sentimens dans les concours, afin de ne point insinuer de prévention.

Ils ne sortiront point les originaux de leurs cases pour les remettre dans une autre ou pour les prêter aux élèves.

Ils assisteront à la sortie des élèves qu'ils feront défiler successivement en commençant par la voie plus près de la porte de sortie.

L'adjoint veillera à contenir les élèves et à les empêcher de faire du bruit dans la cour pendant l'intervalle des leçons.

Ils coucheront la veille de leur jour d'exercice dans la chambre qui leur est destinée aux écoles, et s'ils n'étoient pas rendus à onze heures du soir, l'inspecteur feroit avertir les personnes choisies par le directeur pour les remplacer.

Arrêté dans l'assemblée tenue en l'hôtel de M. de Sartine le 1er mars 1768.

Permis d'imprimer et distribuer à Paris, le 26 mars 1768 [1].

1. Chez Gueffier, au bas de la rue de La Harpe. 3 pages in-4°.

VII

Règlement pour les Portiers, *ordonné par M. le Lieutenant général de Police et par le Bureau d'administration de l'École Royale gratuite de Dessin.*

Les portiers, avant et après chaque exercice, nettoyeront partout dans l'intérieur de la classe; ils visiteront en même temps les verres des porte-dessins et donneront à l'inspecteur les numéros de ceux qui se trouveront cassés.

Cinq minutes avant chaque exercice, ils sonneront l'appel des officiers, et à l'heure précise celui des élèves; une demi-heure après ils n'en laisseront plus entrer ni sortir; et à la fin de l'exercice ils sonneront aussi la sortie.

Ils ne laisseront entrer aucun élève sans le jeton du jour, et il leur est défendu de recevoir, à défaut de jeton, aucune sorte de nantissement.

Ils auront soin que chaque élève sortant ait son jeton d'assiduité, et n'en laisseront rentrer d'autres qu'après avoir distribué le dernier; ils tiendront note des élèves renvoyés sans jeton, pour qu'ils puissent rentrer au prochain exercice.

Ils parleront poliment aux élèves, qu'ils appelleront toujours Messieurs, et lorsque les parens et les maîtres viendront s'informer de leurs enfans ou apprentis, ils les adresseront à l'un des officiers.

Ils nettoyeront tous les quinze jours les bustes, marbres, parois et vitres de l'École jusqu'à la hauteur de quinze pieds seulement.

Ils allumeront les poêles une heure avant l'ouverture des classes.

Ils feront une liste alphabétique et une suivant l'ordre des numéros des élèves de chaque exercice, et rempliront correctement les certificats qu'ils feront signer tous les trois mois aux élèves.

Ils écriront sur un journal les choses perdues et trouvées dans les écoles avec les noms de ceux qui les auront perdues ou remises ; et lors d'une réclamation suffisante, ils rendront la chose trouvée, dont ils retireront un reçu.

Ils ne laisseront entrer d'autres personnes dans les écoles que celles qui composent le bureau d'administration, à moins qu'elles n'aient un billet de M. le lieutenant général de police ou du directeur et de l'un de messieurs les administrateurs.

Ils ne se présenteront jamais qu'avec la livrée du Roi et ne laisseront entrer aucun élève vêtu malproprement.

Ils pourront recevoir les étrennes que les élèves voudront bien leur donner, mais il leur est défendu de les demander.

Ils se contenteront de leurs gages et n'imagineront aucun moyen de les augmenter par tel trafic que ce soit.

Ils suivront les ordres qui leur seront donnés par les officiers en exercice.

Arrêté dans l'assemblée tenue en l'hôtel de M. de Sarine. A Paris le 1er mars 1768 [1].

1. Chez Gueffier, rue de La Harpe, *A la Liberté*, 2 pages in-4°, imprimées la suite des autres règlements de l'École.

VIII

Arrest du Conseil d'État du Roi, *qui autorise le Bureau d'administration de l'École Royale gratuite de Dessin à continuer annuellement chacun des Administrateurs dudit Bureau dans l'exercice de la dite administration.*

Du 17 décembre 1773. — **Extrait des Registres du Conseil d'État.**

Le Roi s'étant fait représenter en son conseil les lettres patentes du 20 octobre 1767 portant établissement d'une École royale gratuite de dessin dans sa bonne ville de Paris qui seroit régie et administrée, sous l'inspection du sieur Lieutenant général de Police, par un directeur et six administrateurs, lesquels administrateurs, que Sa Majesté s'étoit réservé de nommer pour la première fois, devoient être remplacés dans les trois ans par le bureau d'administration, de manière qu'il entrât, chaque année, deux nouveaux administrateurs pour remplacer les deux anciens qui se retiroient à l'expiration de leurs trois années d'exercice, sauf néanmoins le cas où le bureau se détermineroit à continuer une fois seulement quelques-uns des administrateurs, suivant la faculté qui lui en étoit réservée et l'arrêt de son conseil du 19 décembre suivant portant nomination de six administrateurs, Sa Majesté a reconnu que le degré de perfection auquel devoit atteindre un établissement aussi utile à une partie de ses sujets que celui de cette École ne pouvoit résulter que d'un travail sûr et constant de la part des administrateurs; mais que le temps de leur exercice, limité à trois ou six années au plus, ne suffisoit pas pour mettre à fin des opérations utiles et dont le retard ne pouvoit qu'être très-préjudiciable au bien de l'École, malgré toute l'atten-

ion que l'on pourroit apporter au choix des nouveaux
dministrateurs.

A quoi voulant pourvoir, ouï le rapport, le Roi étant en
on conseil a autorisé et autorise le bureau d'administration
le l'École royale gratuite de dessin à continuer annuelle-
nent chacun des administrateurs dudit bureau dans l'exer-
ice de ladite administration, tant et si longtemps que leurs
ffaires particulières leur permettront de donner leurs soins
t consacrer leur zèle au bien de ladite École; voulant néan-
noins Sa Majesté que tous les ans il soit indiqué un bureau
ans lequel il sera procédé tant à ladite continuation des-
its administrateurs qu'à l'acceptation des démissions de
eux d'entre eux qui voudront se retirer, ensemble au choix
t nomination des sujets propres à les-remplacer; le tout
onformément à l'article III des lettres patentes du 20 oc-
obre 1767, qui seront, au surplus, exécutées selon leurs
orme et teneur. Fait au Conseil d'État du Roi, Sa Majesté y
tant, tenu à Versailles le 17 décembre 1773.

Signé : PHELYPEAUX [1].

IX

ARREST DU CONSEIL D'ÉTAT DU ROI, *concernant l'Ecole
Royale gratuite de Dessin.*

Du 13 avril 1776. — Extrait des Registres du Conseil d'État.

Le Roi s'étant fait représenter, en son conseil, les lettres
atentes du 20 octobre 1767 portant établissement, dans sa
onne ville de Paris, d'une École royale gratuite de dessin,
dministrée, sous l'inspection du sieur Lieutenant général
e la Police, par un bureau composé d'un directeur et de

1. A Paris, de l'Imprimerie Royale, M DCC LXXIV. 3 pages in-4°.

six administrateurs, Sa Majesté a reconnu que, par l'ar
ticle III desdites lettres patentes, il est ordonné que le
administrateurs seront changés à l'expiration des troi
années d'exercice, de manière qu'il en entre deux nou
veaux, chaque année, pour remplacer les deux qui se reti
reront; que le choix des nouveaux administrateurs sera fai
par le bureau d'administration ; et que, cependant, il ser
permis à ce bureau de continuer les anciens administrateur
une fois seulement, en sorte que leur exercice ne puiss
durer au-delà de six années. Sur la foi de cette loi, su
la forme d'administration qu'elle établissoit, sur l'espoi
qu'elle donnoit à ceux qui gratifieroient cette École, d
parvenir par le choix du bureau aux places d'administra
teurs, plusieurs personnes notables de la ville de Pari
se sont portées à lui faire des dons et à y fonder même de
places d'élèves. Néanmoins, par arrêt du conseil du 17 dé
cembre 1773 et postérieurement à ces dons, l'ordre qu
avoit été établi a été interverti ; cet arrêt autorise le bureau
d'administration à continuer annuellement les administra
teurs en exercice, tant et si longtemps que leurs affaire
particulières leur permettront de donner leurs soins au bien
de ladite école : quoique cette disposition n'ait eu pou
objet que les avantages qui sembloient devoir résulter d'un
travail suivi et constant de la part des administrateurs e
qu'elle ait eu tout le succès qu'on pouvoit attendre de l
meilleure administration, cependant Sa Majesté n'a pu s
dissimuler que cet arrêt n'ait altéré les engagemens con
tractés sur la foi d'une loi; qu'il n'ait privé les bienfaiteur
de l'École de l'espoir d'administrer successivement un éta
blissement auquel ils avoient contribué, et enfin qu'un pa
reil changement ne pût donner lieu à de justes réclamation
de la part des citoyens généreux qui, par un zèle vraimen
patriotique, ont concouru à la dotation de cette École.

Sa Majesté, désirant donner des témoignages particuliers de sa protection aux fondateurs d'un établissement aussi utile, et le porter au plus haut point possible de perfection et de solidité, a senti la nécessité de rétablir l'ordre prescrit lors de son institution, et de faire participer successivement à la régie et administration de cet établissement toutes les personnes notables à la générosité desquelles il doit en partie son existence. A quoi voulant pourvoir : ouï le rapport, le Roi étant en son conseil a ordonné et ordonne que, sans avoir égard à l'arrêt du 17 décembre 1773, qui sera regardé comme non avenu, les lettres patentes du 20 octobre 1767 seront exécutées suivant leurs forme et teneur ; qu'en conséquence, et conformément à l'article III desdites lettres patentes, il sera incessamment convoqué et tenu, en présence du sieur Lieutenant général de Police, commis par lesdites lettres, un bureau d'administration, dans lequel le directeur et les administrateurs actuels de l'Ecole royale gratuite de dessin procéderont au choix et à l'élection de nouveaux administrateurs, pour remplacer ceux desdits administrateurs qui auroient rempli soit les trois années d'exercice fixées par lesdites lettres patentes, soit les trois années suivantes pendant lesquelles ils pouvoient être continués une fois seulement ; ordonne en outre Sa Majesté qu'au bureau qui sera tenu pour ladite élection il sera accordé entrée et voix délibérative à douze fondateurs, qui y seront invités par le bureau actuel d'administration, et qu'il en soit invité un pareil nombre aux assemblées qui se feront tous les ans pour procéder à l'élection des nouveaux administrateurs. Enjoint au sieur Albert, lieutenant général de police de la ville de Paris, de tenir la main à l'exécution du présent arrêt. Fait au conseil d'Etat du Roi, Sa Majesté y étant, tenu à Versailles, le 13 avril 1776. Signé : LAMOIGNON [1].

1. A Paris, de l'Imprimerie Royale, M DCC LXXVI. 3 pages in-4°.

X

Lettres patentes du Roi, *concernant l'École gratuite de Dessin.*

Du 19 mai 1776. — Registrées au Parlement le 17 août 1776.

Ces lettres ordonnent l'exécution de l'arrêt du Conseil d'État du 13 avril 1776. Paris, Prault, 1788, in-4°.

XI

Lettres patentes du Roi, *concernant l'École Royale gratuite de Dessin.*

Données à Versailles, le 19 décembre 1776. — Registrées en Parlement, le 30 des mêmes mois et an.

Louis, par la grâce de Dieu, roi de France et de Navarre, à tous ceux qui ces présentes lettres verront, salut. Les avantages que les arts mécaniques retirent journellement de l'établissement de l'École royale gratuite de dessin dans notre bonne ville de Paris; la facilité que les jeunes gens qui fréquentent cette école trouvent à acquérir gratuitement les connoissances et les talens nécessaires pour se rendre habiles dans les professions auxquelles ils se destinent, un zèle enfin vraiment patriotique avoient déterminé plusieurs corps et communautés à contribuer, sous l'autorité et la protection du feu roi, notre aïeul, de glorieuse mémoire, à la dotation de cette école, les uns par des rentes qu'ils avoient volontairement constituées sur eux-mêmes,

es autres en consentant qu'à chaque réception de maîtres
et d'apprentis il fût perçu un droit au profit de l'École. Les
changemens survenus depuis dans lesdits corps et communautés, et la nouvelle existence qui leur a été donnée par
l'édit du mois d'août dernier [1] ont privé cette École d'une
portion des revenus qui lui étoient devenus nécessaires;
quoique les engagemens contractés à cet égard par les anciens corps et communautés ne soient pas de la nature des
dettes que nous nous sommes chargés d'acquitter, cependant, désirant favoriser tout ce qui peut étendre l'industrie
nationale, comme un moyen propre à rendre plus florissant
le commerce de notre royaume, et confirmer le désir que
a plupart des corps et communautés nous ont fait témoigner de concourir au soutien de cet établissement, Nous
avons cru qu'il étoit de notre justice de pourvoir au remplacement des revenus dont l'École royale gratuite de dessin
se trouve privée. Et si, dès les premiers momens de notre
avénement au trône, Nous avons honoré cet établissement
le notre protection, en lui faisant donation de l'ancien amphithéâtre de Saint-Côme pour y établir son chef-lieu, notre
intention est de lui donner aujourd'hui une nouvelle marque de cette même protection, qui influera plus particulièrement encore sur cette classe indigente de citoyens dont le
soulagement fixera toujours notre attention. A ces causes et
autres à ce nous mouvant, Nous avons, par ces présentes
signées de notre main, dit, statué et ordonné, disons, sta-
tuons et ordonnons, voulons et nous plaît : qu'à compter du
** janvier prochain, il sera reçu annuellement dans chacun
les corps et communautés d'arts et métiers de notre bonne

1. Il s'agit de l' « Édit du Roi par lequel S. M., en créant de nouveau six
corps de marchands et quarante-quatre communautés d'arts et métiers, conserve libres certains genres de métiers ou de commerce, réunit les professions
qui ont de l'analogie entre elles et établit à l'avenir des règles dans le régime
lesdits corps et communautés. »

ville de Paris : savoir, dans chacun des six corps, deux marchands, et dans chaque communauté, un maître ou une maîtresse au profit de l'École royale gratuite de dessin; le prix desquelles réceptions, sur le pied fixé par le tarif annexé à notre édit du mois d'août dernier, sera perçu en entier par les gardes, syndics et adjoints, pour être la totalité, sans aucune déduction, par eux versée dans la caisse de ladite École; Voulons, en conséquence, qu'à compter dudit jour, premier janvier prochain, les fondations, dotations et autres obligations quelconques contractées par les anciens corps et communautés, au profit de ladite École, demeurent éteintes et supprimées. Si donnons en mandement à nos amés et féaux conseillers, les gens tenant notre cour de Parlement à Paris, que les présentes ils aient à faire registrer; et le contenu en icelles exécuter selon leur forme et teneur, cessant et faisant cesser tous troubles et empêchemens, et nonobstant toutes choses à ce contraires : Car tel est notre plaisir. En témoin de quoi nous avons fait mettre notre scel à ces dites présentes. Donné à Versailles, le dix-neuvième jour du mois de décembre, l'an de grâce 1776 et de notre règne le troisième. Signé : LOUIS, et plus bas, par le Roi, signé : Amelot, etc.

Registrées, ouï le procureur général, etc., etc. A Paris, en Parlement, le 30 décembre 1776. Signé : DUFRANC [1].

1. A Paris, de l'Imprimerie Royale, M DCC LXXVII. 3 pages in 4°.

XII

ARIF POUR LES FONDATIONS TANT PERPÉTUELLES QUE VIA-
GÈRES, *les nominations annuelles de places d'Élèves
et les fondations de Prix.*

FONDATIONS PERPÉTUELLES.

Pour une place d'élève qui sera fourni par l'École de
papier, crayon, instrumens nécessaires pour étudier
dans les classes et d'originaux pour travailler chez lui,
sur le pied de 30 livres par an, faisant à raison du denier 25... 750 liv.

I. Pour ceux à qui il sera fourni des originaux
pour travailler chez eux, sur le pied de 15 livres
par an...................................... 375

FONDATIONS VIAGÈRES SUR LA TÊTE
DU FONDATEUR OU D'AUTRES PERSONNES
A SON CHOIX.

II. Pour une place d'élève fourni comme à l'article I, sur le pied de 30 livres par an........ 330
V. Pour une place à la même condition que
l'article II................................... 165

NOMINATIONS ANNUELLES.

Les personnes qui ne voudront pas faire de fondations,
mais avoir annuellement la nomination d'un élève, seront
admises en payant au commencement de chaque année :

V. Pour une place conformément à l'article I... 30 liv.
VI. Pour une place conformément à l'article II.. 15

FONDATIONS DE PRIX.

VII. Quant aux prix annuels, apprentissages et maîtrises, la valeur des fondations en sera fixée pareillement sur le pied du denier 25, relativement à leur objet et suivant les intentions du bienfaiteur.

XIII

MODÈLE DU CERTIFICAT *délivré tous les trois mois aux Élèves de l'École de Dessin.*

ÉCOLES ROYALES GRATUITES DE DESSIN.

N°

Le Sieur , âgé de an
Natif de
est admis aux exercices les à
heures aux conditions de se soumettre aux règlemens de l'École. Le présent certificat sera renouvelé *gratis* tou les trois mois, pour être envoyé aux parens, pour servir constater l'assiduité de l'élève.

QUANTIÈMES DU QUARTIER.

177...
{
1, 2, 3, 4, 5, 6, 7, 8, 9, 10, 11, 12, 13, 14, 15, 16 17, 18, 19, 20, 21, 22, 23, 24, 25, 26, 27, 28, 29 30, 31.

1, 2, 3, 4, 5, 6, 7, 8, 9, 10, 11, 12, 13, 14, 15, 16 17, 18, 19, 20, 21, 22, 23, 24, 25, 26, 27, 28, 29 30, 31.

1, 2, 3, 4, 5, 6, 7, 8, 9, 10, 11, 12, 13, 14, 15, 16 17, 18, 19, 20, 21, 22, 23, 24, 25, 26, 27, 28, 29 30, 31.

Explication des barres.

Cette forme désigne l'absence /.

Celle-ci le mécontentement |.

Les parens sont instamment priés, ainsi que les maîtres, le veiller avec attention sur l'assiduité de ceux dont ils sont chargés en examinant leurs jetons chaque jour; prendre garde que le lundi ils doivent leur rapporter un jeton du undi, ainsi des autres jours de la semaine; et d'avertir, lans le cas de maladie, de voyage, de déménagement, et lorsqu'ils renonceront aux écoles; et de passer, au moins tous les mois, pour s'informer des progrès de ceux qui les intéressent, chez M. Bachelier, directeur, aux Tuileries, cour Royale, vestibule du jardin, au n° 1.

Tous les mois, le directeur avertit, en outre, les parens et les maîtres des absences des élèves, quand elles vont jusqu'à trois [1].

1. Tous les documents contenus dans cet appendice et dont la provenance n'est pas spécialement indiquée sont tirés des Archives nationales, carton AD I^a VIII, 4.

ADDITIONS ET CORRECTIONS

Page 7, ligne 32, après les mots « Aide étrangère », ajoutez cette phrase : « Quelques jours avant la fête du Roi, l'Académie assemblée examine ces prix ; ceux qu'elle juge trop faibles pour être exposés au public sont retournés et ne sont pas admis au jugement. »

Page 9, à la note 2, ajoutez : O¹ 1922, p. 146.

Page 10, à la note 2, ajoutez : O¹ 1922, f° 131.

Page 25, ligne 13, au lieu de *d'avoir*, lisez : *d'obtenir*.

Page 26, à la note 2, ajoutez : « Article de d'Alembert. »

Page 28, dernière ligne, après Mettay, ajoutez la note suivante : « Sur cet artiste voir l'*Abecedario* de Mariette. »

Page 31, à la fin de la note, ajoutez : Cf. Arch. nat., O¹ 1922, p. 81.

Page 54, ligne 16, au lieu de 194, lisez : 294 ; et à la dernière ligne du texte, au lieu de : à reporter 4494 l., lisez : 4594. — Ajoutez à la fin de la note 2 : « Au début, sous Vanloo, le total des frais était de 4550 livres par quartier. » — Après O¹ 1926, ajoutez : et O¹ 1927.

Page 55, ligne 1ʳᵉ, au lieu de : report 4494, lisez : report 4594.

— — 5, au lieu de : total par quartier 4950, lisez : total par quartier 5050.

— — 6, au lieu de 19,800 liv., lisez : 20,200.

TABLE ALPHABÉTIQUE

FIN DE LA TABLE ALPHABÉTIQUE

Paris. — Imprimerie Pillet fils aîné, rue des Grands-Augustins, 5.

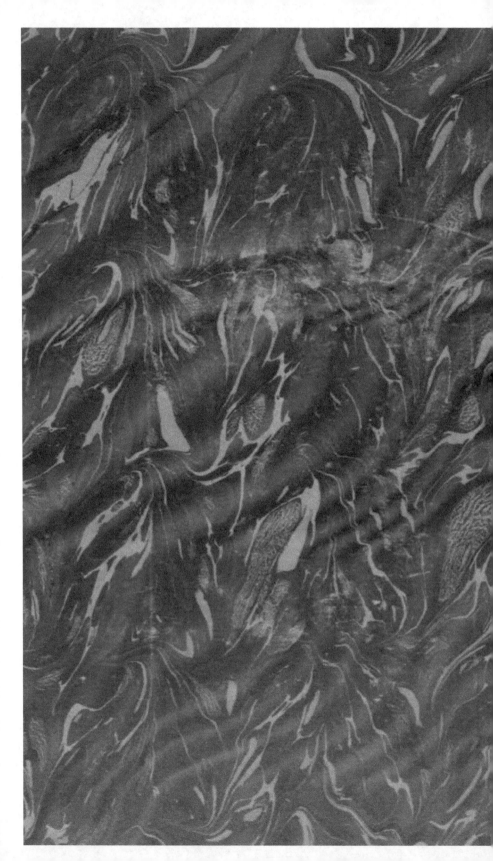

Check Out More Titles From HardPress Classics Series In this collection we are offering thousands of classic and hard to find books. This series spans a vast array of subjects – so you are bound to find something of interest to enjoy reading and learning about.

Subjects:
Architecture
Art
Biography & Autobiography
Body, Mind &Spirit
Children & Young Adult
Dramas
Education
Fiction
History
Language Arts & Disciplines
Law
Literary Collections
Music
Poetry
Psychology
Science
…and many more.

Visit us at www.hardpress.net

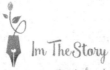

CPSIA information can be obtained
at www.ICGtesting.com
Printed in the USA
BVHW040429190819
556172BV00017B/2127/P